高校财务会计工作与统计学应用

戴　莉　王　欣　王　党　著

中国商务出版社

·北京·

图书在版编目（CIP）数据

高校财务会计工作与统计学应用／戴莉，王欣，王党著． -- 北京：中国商务出版社，2024.7. -- ISBN 978-7-5103-5204-1

Ⅰ．G647.5

中国国家版本馆 CIP 数据核字第 2024EF6823 号

高校财务会计工作与统计学应用

戴　莉　王　欣　王　党　著

出版发行：中国商务出版社有限公司

地　　　址：北京市东城区安定门外大街东后巷 28 号　　邮　　　编：100710

网　　　址：http://www.cctpress.com

联系电话：010—64515150（发行部）　　　010—64212247（总编室）

　　　　　　010—64515164（事业部）　　　010—64248236（印制部）

责任编辑：云　天

排　　版：北京天逸合文化有限公司

印　　刷：宝蕾元仁浩（天津）印刷有限公司

开　　本：787 毫米×1092 毫米　1/16

印　　张：13　　　　　　　　　　　　　字　　数：258 千字

版　　次：2024 年 7 月第 1 版　　　　　　印　　次：2024 年 7 月第 1 次印刷

书　　号：ISBN 978-7-5103-5204-1

定　　价：79.00 元

前　言

新形势下，随着我国加快发展高等教育战略决策的全面实施，高校招生规模不断扩大，在校生人数连续几年大幅攀升。高等教育的快速发展，为高校带来机遇的同时也带来了挑战，如果高校按照过去的模式运转，单靠政府拨款显然无法满足需要，高校投入资金多元化的格局已经形成。高校经费通常被纳入国家预算管理范围之内，随着我国市场经济的建立与快速发展，以财政拨款为主的高校财务管理体制正发生着重大改变。为了更好地满足高校财务的有效运转需求，必须对我国现行的财务会计管理机制进行完善。统计学为各个学科领域提供数据分析的方法，而大数据时代无疑让统计学扮演了更为重要的角色。新会计制度对高校财务管理提出了新的要求，进一步加强高校教育经费的监管，规范高校财务管理行为，提升高校财务管理在全面预算、内部控制、信息化建设等方面的水平，是高校教学、科研、后勤工作提质增效的重要保证。

本书是关于高校财务会计工作与统计学应用方面的书籍。首先本书对财务工作的基本内容与高校的财务治理和战略管理进行了简单的阐述，使读者对财务工作有一个基础的了解；其次对高校的资产管理、效益与成本管理及财务绩效管理与控制作了深入的研究与分析，使读者能够系统地掌握高校财务的一系列工作内容；再次对高校财务会计工作的监督及具体的操作流程进行了阐述；最后对统计学及相关应用作了深入的研究。本书构思新颖、逻辑严谨，将理论与实践紧密结合，对于高校财务会计工作及统计学应用的研究创新有一定的借鉴意义。

本书由山东青年政治学院戴莉、承德应用技术职业学院王欣和石家庄财经职业学院王党共同撰写完成。具体编写分工如下：第一章至第五章第一节第二节由戴莉编写；第五章第三节至第六章由王欣编写；第七章、第八章由王党编写。全书由戴莉负责审校、统稿。

作者在撰写本书过程中，借鉴了很多国内外相关的研究成果，在此对相关学者、专家表示诚挚的感谢。由于作者水平有限，书中难免有不足之处，在此恳请各位读者斧正。

作　者

2024.5

目 录

第一章 高校财务工作概述

第一节 高校财务工作的基本内容

高校财务管理是高校内部管理的重要组成部分。财务管理质量直接影响高校各项事业的筹划与发展。在知识经济时代，随着社会主义市场经济体制的发展，高校财务管理已不仅是对简单的资金流量的管理，而且还在高校范围内对资金的筹集、调拨、融通、组织、使用、结算、分配，以及资金使用效益等进行管理，即要实现对各相关利益主体经济关系的调整与资源配置，执行计划、组织、控制、协调及评价职能等所采取的各种方法和活动。

一、高校财务管理内容与特点

（一）高校财务管理内容

高校财务控制是指在实现高校财务管理目标过程中，对经济活动内容实施控制。高校财务管理内容包括对高校资金筹集、分配、使用的管理等，涉及预算、实施、决策、控制、分析、监督管理等环节。财务控制思想贯穿财务管理的整个过程，管理过程涉及控制的思想，控制过程存在管理的内容，财务管理与控制是不可分割的整体。

作为财务管理的一个分支，高校财务管理具有财务管理的共性，但也有其自身的特性。高校财务管理是高校组织本单位的财务活动，是处理各种财务关系的一项经济管理工作。高校财务活动是高校资金收支活动的总称，包括资金的筹措、使用、结余等。高校财务管理活动与高校日常管理紧密联系。财务管理的好坏，直接体现了高校管理水平的高低。高校财务管理的内容主要包括以下几点。

1. 资金的筹集

资金的筹集渠道主要有财政拨款、向主管部门申请各类专项资金、收取学费，以及筹措其他各种收入等。该项管理内容涉及资金收入预测和实施环节，即对筹集的资金项目与筹资总额进行预测，并对预测行为付诸实施，以取得实际的筹资收入。

2. 资金的分配

资金的分配是指根据学校的发展规划进行资金使用额度的预算分配，即将筹集的资金投向哪些方面。该项管理内容涉及预测和决策两个环节，即支出总额的预测、资金投向的决策。

3. 资金的使用

资金的使用是指在资金分配的基础上进行支出管理和控制。根据各项目的资金预算，对项目资金使用过程进行监控，使支出范围与支出金额符合预算的要求。该项管理内容涉及控制、分析两个环节，即控制超预算支出、分析预算执行情况。

资金的筹集、分配、使用都涉及监督管理环节，必须由作为第三方的内部审计部门予以监督控制。

（二）高校财务管理特点

在新形势下，高校财务管理有其时代性，呈现出新的特点，即经济活动多样化、核算体系复杂化、筹资渠道多元化及管理趋向规范化。

1. 经济活动多样化

在新形势下，高校为了生存与发展，在开展教学的同时，加大了科研项目、技术开发、咨询服务、对外投资和生产经营等各项经济业务活动力度，为高校财务管理增添了新的内容。为了符合信息公开化的要求，满足各经济利益主体的需要，高校更加注重成本效益管理。这对高校财务管理的精细化提出了更高的要求。

2. 筹资渠道多元化

随着经济社会的发展和高校独立法人地位的确立，高等教育体制发生了转变，促进了高校经费来源渠道与投资主体多元化格局的形成。高校除了积极争取国家、各级政府及主管部门的经费拨款与补助，还依靠拓展办学模式、开展科技协作、转让科技成果、吸纳社会捐赠、获取偿还性贷款等各种方式进行筹资。目前，我国已基本形成了通常所说的"财、费、税、产、社、基、科、贷、息"九个高等教育经费来源渠道，形成了多元化、多层次的筹资格局。

3. 核算体系复杂化

多元化资金来源使得高校办学成本越来越受到社会的关注，对高校会计核算提出了更高的要求。高校财务管理的目标也从单一的以资金收付核算为中心的记账式微观管理，转向以微观管理为基础，重点解决资金筹措、调拨，以及提高资金使用效益等宏观经济管理的轨道上来，依据高校资源市场规则，树立经营高校理念，为高校发展创造良好的经济环境。

4. 管理趋向规范化

高校应在遵守国家财务法规、政策和制度的前提下，建立健全且适合高校具体财务情况的规章制度，科学编制预算，加强预算管理，把高校全部收支作为预算进行统一管理。以往财务支出普遍实行"一支笔"审批制度，在新形势下，高校要集中校内各级各单位的财权及其责任，加强财务管理，维护财务纪律，严格、合理地执行经费预算制度，提高资金使用效率，确保高校发展计划顺利进行。在网络信息环境下，计算机普遍应用，会计电算化普遍实行，这使财务数据的取得更加全面、快捷、简单、准确，使高校财务管理系统更加规范。各高校要根据主管部门要求，按照统一格式填报各类报表，促使财务报告规范化；在校长负责制的基础上，健全校内各级经济责任制度，成立财经领导小组，对一些涉及学校发展的重大决策问题，通过财经领导小组人员进行集体决策；建立高校贷款风险预警机制，成立专门部门或安排专人负责贷款管理工作；确定财务处为全校财务管理的职能部门，配备具有相应会计专业技术职称的财会人员，提升财会人员的职业道德修养，注重对财会人员的培训。

二、高校财务管理模式

（一）高校财务管理模式类型

高校财务管理模式可分为完全分散管理模式、准分散管理模式、准集中管理模式和集中管理模式四种。

1. 完全分散管理模式

完全分散管理模式即校院两级管理中以学院为主导的财务管理模式，也就是国外的责任中心管理模式。这是一种基于分散财务权利和责任的财务管理模式，其前提是学校有权对所有收入进行调节使用。在该模式下，虽然资金仍是由学校实行统一管理，但是学校只留下很少一部分用以维持行政部门运转的经费和一部分应急经费，将绝大部分资金分配给学院。学院可以将学校分配的各项经费和创收作为留成收入，根据事业发展需要进行调整、使用。完全分散管理模式使学院能够更加直接地参与预算的制定和资源的配置过程，增强了各学院预算及资源分配的灵活性，能有效地解决资源不足所带来的问题。

2. 准分散管理模式

与准集中管理模式相比，该管理模式扩大了学院对资金的支配权与控制权。学校将国家教育事业费拨款中可供调配的资金（不含专项资金）的很少一部分供学校本级安排使用，剩余资金则全部分配给各学院，由学院支配。学院要根据学校的财经政策与规定，结合本院实际发展情况，编制学年经费的预决算，制定内部分配政策，并接受学校财务部门的指导与考核。学院有权自行安排学校分配的经费和学院的各种创收，实现资源在学院内的优化流动和配置。在该模式下，学院在对经费的调控指挥方面有较大的运作空间，有权支配和控制收入与支出。需要注意的是，专项资金不能与其他经费等同。

3. 准集中管理模式

准集中管理模式即高校将大部分资金留在校级统一调度使用，教职工工资、水电费支出及其他大部分开支由学校及其职能部门控制的管理模式。各学院对学校分配给它们的资金及自己创收的一部分资金拥有一定的自主权，对本院能够控制的开支有制定财务管理办法的权力。

4. 集中管理模式

集中管理模式是指财务权力高度集中，学校所有的资金由校长、财务负责人或经济管理委员会统一管理。学校只设置一级财务机构，除此之外没有同级或下级财务机构，一级财务机构统一协调处理各类业务，下拨各项经费预算，编制学校综合财务收支计划，核算预算外各种创收及制定创收的分配比例。学校有统一的财务制度，各学院没有制定本院财务规章制度和实施办法的权力。

（二）高校财务管理模式创新的保障

在新形势下，高校财务管理模式需坚持"宏观主控，微观适调"的原则，处理好责、权、利之间的关系，与社会主义市场经济大环境和高校自身的管理体系、发展模式相适应。创新能够让高校财务管理模式与时俱进，保障创新的实施尤为重要，制度保障与组织保障是保障创新的两大利器。

1. 制度保障

（1）完善全面预算管理制度

①成立会计结算中心，集中进行财务管理，高校要在校属各单位资金使用权、财务自主权不变的情况下，成立会计结算中心。

实行会计集中核算制度后，规范的办事程序、严格的会计监督将使各单位财务透明度进一步提高，财务收支的合法性进一步加强。会计结算中心根据学校预算及有关的计划、合同，对各单位的进出资金和每项结算业务的合理性、合法性进行监督，使之完全置于学校的监控之下。

②加大预算执行力度，强化预算约束力，高校内部的预算管理体系要与财务管理体制相适应。预算管理的组织体系及其运行机制是执行预算、实现预算目标的组织保障。已经审定的财务预算的执行情况关系到学校年度工作的完成情况，会影响高校事业的发展与规划，为此必须加大预算执行力度，强化刚性管理指标。对于重大项目经费支出，必须由归口领导审批，严格按照预算内容执行。

③预算编制的科学化、规范化，在预算编制过程中，要按轻重缓急进行排序，优先安排急需且可行的项目，实行专项项目滚动预算，可行但当年不能给予安排的项目自动滚动到下一年；各收支项目必须有合理的编制依据，要有详细、统一的定额标准，逐渐做到人员

经费按人数、公用经费按定额、专项经费按项目来确定；分别建立教学基础设施改造、公用服务体系建设、专项设备建设、队伍建设等专项建设项目库，并根据学校的教育事业发展计划，不断更新、完善，使专项建设目标与学校总体规划相适应，提高专项资金的使用效率。

（2）强化内部审计制度

①合理设置，增强独立性。高校应按照职责分明、科学管理的原则设置独立的审计机构，保证审计工作所必需的专职人员编制，配备具有内部审计岗位资格的审计人员；根据工作需要，聘请特约或兼职审计人员；在机构设置时，考虑分管领导的岗位牵制，增强审计独立性。

②加强内部审计队伍建设。高校内审领域比较宽泛，它要求审计人员不仅要拥有财会知识，还要拥有经济管理、计算机、工程技术等知识。因此，高校一方面应选拔业务素质高的人员充实审计岗位；另一方面要通过培训，提高现有内审人员的水平。当然，合格的、高素质的内部审计人员，除了应具有过硬的业务能力，还应具有严谨的工作作风和高度的责任心。

③积极沟通，确保内审结果客观。内部审计人员必须增强内部审计的纪律性，在接到有碍审计独立性的工作时，可采用沟通汇报和职务分离的方法。沟通汇报是指与学校领导说明这不是审计的职权，避免接受此类任务。职务分离是指如果沟通无效，则声明内部审计人员做的是非审计业务，在安排审计任务时，把相关运营活动的审计任务交给内部审计的其他人员来做。只有这样，内审人员的审计才能相对独立，审计结果才能更加客观。

④组织重视，制度健全。高校管理层要充分认识内部审计工作在内部管理、党风廉政建设等方面的作用和意义。只有领导重视，内审工作才能顺利开展，内审工作的质量才有可能提高。学校应定期研究、部署和检查审计工作，及时审批年度工作计划、审计报告，督促审计意见或审计决定的执行，使内部审计工作制度化、常规化。学校要建立健全内部控制制度、内部审计工作报告机制、内部审计成果运行机制、内部审计工作考核机制和内部审计人才培养机制等，还要支持内部审计机构与审计人员依法履行职责，并提供经费保证和工作条件，对成绩显著的内部审计机构与审计人员进行奖励。

（3）健全资产管理制度

①建立"大资产"管理体制。高校要成立"国有资产管理处"，横向上，学校全部固定资产、无形资产等各种形态的资产，纵向上，从资产的形成到使用过程中的调剂，再到最后处置的各个管理阶段及各个环节，统一由"国有资产管理处"管理，改变国有资产多方管理的现状，并建立资产的产权产籍管理和具体使用管理两权分离的管理机制，规范两权管理流程，强化两权的相互监督与制约，以有效防止资产流失。

②改革和完善高校的资产管理与核算制度。财务制度对固定资产的分类应与资产管理部门的分类统一，这样有利于进行资产管理，便于统计账目并核对。高校要制定固定资产

管理的考核指标体系，结合各自的实际情况，制定本校可实施的内部固定资产考核指标体系；在制定固定资产确认标准时，应从效用、使用期限、单位价值等方面来界定固定资产，相应提高固定资产的确认标准；推行固定资产折旧制度。

③完善资产管理与财务管理的内部衔接机制。从资产的形成到资产使用中的调剂，再到最后处置的各个环节，资产"存在"期间的形态、位置、数量、质量、价值等的各种变化，资产管理与财务管理都应从物到账、从账到物、从账到账适时保持动态一致。高校可充分利用信息技术，实现动态监控功能。

2. 组织保障

（1）加强财务管理组织机构建设

在"统一领导，集中管理或分级管理"框架下，当前我国所有高校，即使是规模较小的高校，也采用了权责更为明确、管理更为活跃、机制更为灵活、更能适应经济社会环境和市场需要的科学的财务管理体制。

①集中核算。按统一要求、集中调配的原则，高校所有资金收付都必须由其财务部门集中管理，校属各单位均不得自立收费项目和收费标准，更不得自行收费和私管资金。这样既能从资金进口控制和集中学校所有可支配资金方面，又能从资金出口加强控制与管理方面，提升学校资金实力和办学能力，彻底改变"重核算、轻管理"的片面做法，着重加强学校资金运作，拓宽资金来源渠道，控制资金应用方向，加强事前、事中、事后的资金效益管理，全面加强财务管理在高校经济管理工作中的核心作用。

②绩效考评。为实现"权利到位，责任到位，效益到位"的目标，高校应按照管理层次，建立学校和部门负责人经济责任制，并建立健全相应的经济效益考核、评价、奖惩机制。高校要设置专门的部门对校属各单位经济责任履行情况、开展经济活动的绩效情况，进行全面监督、考核、评价，及时找出财务管理过程中的问题，认真查找、分析原因，堵塞违规用款漏洞，严肃财经纪律；通过"源头控制，过程监管，绩效评价，有奖有罚"等具体措施来保证科学、合理地考核、评价校属各单位的业绩。高校财务管理要"统得有序，控得到位，管得有效，奖得有用"，确保高校内部责、权、利落到实处。

③项目控制。目前，我国高校实行以预算编制为基础、以绩效评价为手段、以结果应用为导向、覆盖全校所有资金和业务活动的全面预算管理和项目控制制度。高校每年在编制预算时，要坚持收支平衡、统筹兼顾、积极稳妥、勤俭节约、事权与财权相匹配的原则，将责任和权利进行明确划分并层层落实，对人员经费实行定员定额管理，将预算安排做细、做精；对项目经费采取部门内部评审、专家评审等多种形式，对项目的必要性、绩效性进行充分论证，优化支出结构，细化支出项目，突出项目目标管理。高校还要在通盘考虑整体资金来源与资金需求、科学合理确定全年度收支总额的基础上，对每项资金来源、每项资金使用设置具体的项目名称，安排具体的资金数额，并在实际执行过程中，统一监管、逐

一核算，严禁无预算、超预算支出，真正做到资金"预算到位，管理到位，控制到位，核算到位，使用到位"。

（2）收付实现制与权责发生制相结合

我国预算会计界认为事业单位应当根据业务性质合理确认收入的实现。预算会计界还认为权责发生制体现了收入与支出之间的配比关系，揭示了收入与支出的内在联系，有利于事业单位加强内部经济管理，提高社会效益。随着高校收入来源与支出用途的多样化，以及强化教育成本管理核算的需要，权责发生制将是一种必然选择。但是，会计核算基础必须适应高校的特点，因此不能完全将权责发生制作为高校会计核算的基础。

三、高校财务管理目标

高校财务管理目标是高校在组织财务管理活动中所要达到的目的，明确高校财务管理目标是做好高校财务管理工作的前提。

高校财务管理目标具有其自身的独特性，它不是独立存在的目标，而是以高校发展总体目标为前提，在高校发展总体目标的框架内，确定为高校发展服务的财务方面的具体管理目标。因此，高校财务管理目标不是一成不变的，而是随着高校发展总体目标的变化而变化的，但基本的管理目标是确定的。高校是公益性的教育事业单位，服务国家的经济社会发展，为社会提供教育准公共产品。根据高校特点，高校财务管理目标可分为以下几个方面。

（一）基本目标

建立运行有序、管理有效的财务管理与控制系统是高校财务管理的基本目标。建立健全内部管理制度，采取有效的控制措施是做好高校财务管理工作的前提，一个运行有效的高校财务管理系统是高校正常运转的保障。如果财务管理一片混乱，实现财务管理目标就无从谈起，高校的正常运转也会受到影响。

（二）主要目标

筹资最大化即筹集高校发展所需要的资金最大化，是高校财务管理的主要目标。筹资是通过各种渠道和方式筹措资金的财务管理活动，与"追求利润最大化"的企业财务管理目标不同，高校不是经营单位而是教育事业单位，"筹资最大化"才是高校财务管理的目标。高校的资金来源以政府投入、学费收入为主，以其他收入为辅。学费是政府审批的事业性收费项目，由高校收取用来补充教育经费的不足，是筹资的重要组成部分，但受学费标准与学生人数的限制。而其他筹资项目如社会捐资助学等的范围则更为广泛。高校应积极申请政府各项专项资金，争取社会的捐资助学，以达到筹资最大化的目标。

（三）终极目标

资金使用效益最大化即将高校筹集的资金发挥最大的使用效益，是高校财务管理的终极目标。高校如果不对资金的使用情况进行效益评价,盲目或随意支配资金导致资金的大量浪费,那么筹资再多也无济于事。资金使用既要保障高校的正常运转,又要服务高校发展大局,将资金重点投放到学校规划和优先发展的项目上,同时必须进行资金使用效益评价,这样才能实现资金使用效益最大化目标。

四、高校财务管理的新环境

环境对高校财务管理的影响不容小觑。在新形势下,高校财务管理面临着新的变化,如果墨守成规,以传统环境为标杆进行实践,则可谓刻舟求剑。因此,探讨高校财务管理新环境的情况尤为重要。

(一)新会计准则与制度

1. 新会计准则对高校的意义

(1)改革公共财政管理体制

近年来,我国对公共财政管理体制进行了一系列重大变革,正在不断完善财务会计制度体系,逐步做到与国际会计同步发展。公共财政管理制度要求"一个部门一本预算",即高校整体预算应包括在会计上独立核算的基本建设项目收支预算和后勤预算。

"一个基层预算单位开设一个零余额账户",国库集中收付制度要求高校必须设置相应的会计科目以反映零余额账户的信息。在政府采购制度下,相应采购款不是拨给高校,而是按照预算和采购情况直接拨付供应商,相应业务的会计核算也随之变化。要加强国有资产管理,调整固定资产分类与价值标准,真实、完整地反映资产使用状况,合理配置及有效利用资产,防止资产流失。此外,大量新的会计业务内容超出了原高校会计制度的范围。因此,根据公共财政管理体制改革的需要,必须制定新的会计制度指导高校的会计实践。

(2)规范高校会计核算

随着高等教育体制改革的不断深化,高校的内外部环境发生了深刻变化,经济活动更加复杂。管好、用好教育经费,确保经费使用规范、安全、有效,是当前与今后高校会计工作的重点。要保证能全面、准确、真实地反映高校整体资金收支状况,就必须进一步规范高校会计核算。高校会计核算应包括固定资产折旧核算、各种资产减值核算、各种收支按月核算及成本核算等。规范的高校会计核算是预算执行的关键,它按有关规定实施决算管理,从而保证预算的有效执行,保证各类财政拨款资金的正确与安全使用,完善资金结转和结余管理,统筹使用结转、结余资金;它按相关核算对象与核算方法,对业务活动中发生的各种费用进行归集、分配和计算,从而实现细化成本核算及加强成本核算。会计科目是按照经济业务的内容和经济管理的要求,对会计要素的具体内容进行分类核算的科目。只有根据实际应用调整会计科目,才能改变会计核算内容,达到规范会计核算的目的。

2. 新会计制度对高校财务管理的影响

新会计制度，在高等教育从规模扩张向内涵式发展的今天，全面规范了高校经济业务的确认、计量、记录和报告，使高校的财务管理工作面临新的挑战。

(1)高校财务管理工作重心从"核算型"转向"管理型"

与旧会计制度相比，新会计制度主要实现了九个方面的改革与创新，兼顾了高校财务、预算、资产、成本等方面的管理需要，对高校财务管理工作提出了更高的要求。随着高等教育的不断发展，高等教育经费来源渠道已经拓宽至财政拨款、收费收入、产业收入、社会捐赠、科研收入、贷款收入、利息收入等多方面。随着自我筹资能力的不断增强，高校更加注重经费使用的效果与效率。在这种形势下，高校财务管理工作重心必须改变将日常事务管理与会计核算作为主要职能的传统观念，必须将"核算型"会计转向"管理型"会计，将财务工作重心转移到对学校各项经济业务进行事前预测、计划，事中监督、控制，事后考核、评价，为学校决策提供服务上来。

(2)新会计制度强化了高校财务风险管理

新会计制度提出基建投资业务要定期并入高校会计"大账"：要求将校内独立核算的会计信息统一纳入高校年度财务报表，增强高校会计信息的完整性与可比性，明确反映高校债务总额与债务构成；要求高校加强资产管理与财务风险防范，加大债务监控管理力度。

(3)新会计制度强化了高校的受托资产管理责任

新会计制度增加了与国库集中支付、政府收支分类、部门预算、国有资产管理相关的会计核算内容，注重反映政府将高校资源或决策权委托给高校进行管理的效果与效率，全面规范了结转结余及结余分配的会计核算，以提高高等教育所产生的社会效益与经济效益。因此，新会计制度增加的会计核算内容强调了高校必须对受托管理的资源进行科学的会计核算与反映，以作为主管部门对高校实行内部控制机制及使用受托教育资源的效益、效率等进行客观、科学评价的依据。

(4)新会计制度强化了高校成本核算与控制

新会计制度在旧会计制度的基础上进一步规范了高校的收支核算管理、分类核算收入与支出，并要求将相应的收入与支出进行配比，强化了成本核算与控制；创新引入了"虚提"固定资产折旧及进行无形资产摊销等内容，能更加真实地反映资产价值，为高校内部成本费用管理、考核高校的资产使用效果、评价高等教育经费的使用效果与效率、评价高等学校的预算执行力提供信息支持。

(5)新会计制度强化了高校预算管理

新会计制度细化了高校事业支出科目，将原会计制度下"教育事业支出"科目核算的内容细分为"教育事业支出""行政管理支出""后勤保障支出""离退休支出"，分层次地反映高校各类支出的结构与信息，核算高校事业支出情况，满足高校预算管理需要，为高校内部成本费用管理、经费使用效率提供数据支持。同时，新会计制度调整了收入支出表的结构，增加了财政补助收入支出表，使之既能反映高校收入总额与支出总额信息，又能反映各种来源资金的收支与结转结余情况，还能反映高校预算计划和目标的完成与管理情况。

3. 新会计制度环境下高校财务管理的创新

高校财务管理工作是高校内部管理工作的一个重要组成部分。财务管理工作直接影响着高校的生存与发展。在实施新会计制度的前提下，高校必须更新财务管理理念，实现社会效益与经济效益并举的目标，实现内涵式发展。

（1）树立高校财务管理大局观

高校财务管理工作要把预算、核算、决策分析与评价，以及国家的高等教育发展目标、学校的整体战略目标相结合，走内涵式发展、可持续发展道路，切实优化高校的教育资源配置。一是要认识到高校建设应服从国家高等教育建设大局，要以国家高等教育建设全局为基础，在国家提供的财力、物力范围内，做好高校的经费分配与供给，努力提高经费的使用效益。二是财务部门在对本校教学科研整体建设实施财务服务时，要将本校的长期发展目标与短期发展目标相结合，切实服务学校发展。在分配教育经费时，财务部门必须分清轻重缓急，切实保障重点建设，同时要照顾到一般事业任务，使之顺利完成，意识到每项事业都是学校整体建设不可缺少的部分。三是财务部门要通过实行新会计制度来实施精细化的财务管理，以准确、完整的财务数据，为主管部门和学校管理层提供参考，协助处理好正常运行与发展的关系，并提出相应的决策建议。

（2）树立高校财务管理风险控制观

随着高校办学形式的多样化与筹资渠道的多元化，经费投入与学校建设发展对资金需求的矛盾日益突出。合理利用负债可在一定程度上缓解学校资金不足的情况，充分发挥财务杠杆作用。但在利用负债补充教育经费不足的过程中，高校必须树立风险控制观。财务管理人员要具备防范风险意识，合理组织高校资金，对贷款项目进行可行性研究，落实还款渠道与计划。在实施新会计制度的过程中，应强化高校财务风险分析，建立科学、有效的财务风险控制机制与财务风险预警系统，以促进高校实现健康、稳定及规范化发展。

（3）树立高校财务管理成本效益观

随着高校办学环境的变化，各高校之间的竞争越来越激烈。高校要提高自身的办学综合实力，在财务管理工作中就必须树立成本效益观，认真宣传国家财经法律及相关经济政策，加强教育成本核算，以绩效为导向，将办学成本与效益挂钩，力求用最少的资金培养更多、更好的高等人才。高校还要研究当前高等教育环境、社会经济环境对财务管理的影响与要求，努力探索及建立符合高等教育工作规律、符合新会计制度的财务管理体制与运行机制，获取最大的经济效益与社会效益，努力提高办学水平。

（4）树立高校财务管理决策分析观

高校财务管理工作要建立反映高校预算管理、资产管理、财务风险管理、支出结构、财务发展能力等方面水平的评价指标体系，定期进行分析评价，为主管部门和管理层正确把握高校的财务状况与发展趋势、预测高校的财务风险提供依据，并将结果应用到下一步的管理工作中。科学分析评价和结果的再应用，有助于促进高校充分挖掘潜力，加强预算管理，推动开源节流，促进高校预算顺利完成，提高高校资金使用效益，促进高校严格执行国家财经法规与财务制度，不断改进内部管理。

（5）树立高校财务管理业务一体化观

新会计制度的实施、财务信息化水平的提高，使高校财务管理业务一体化成为可能。信息化建设将财务、预算、资产、成本相结合，将财务业务流程与高校的其他管理活动进行整合，将财务管控融入高等学校的日常业务活动中，这将使得高校在业务处理方式与管理模式上发生变革。将财务工作与业务工作相结合，一方面可以使高校的相关财务战略、财务管理制度在业务部门得以落实，另一方面能及时反馈高校各业务部门在办理业务过程中存在的问题。借助新会计制度与现代信息技术实现的财务共享服务模式，能够实现财务管理创新的进一步提升，激发校内各业务部门参与财务工作、关心学校建设发展的积极性，促使各业务部门和教职工在学校财务管理方面出谋划策，提升学校整体财务管理水平。

（6）完善内部管理制度

完善的内部管理制度是组织机构高效运行的基本保证。基于新会计制度构建的高校财务管理工作体制，需要一整套能将高校战略管理、预算管理、资产管理、风险管理有机结合的内部管理制度来保障，实现战略与规划、规划与预算、预算与配置、配置与管理、管理与风险控制、管理与绩效评价的有效互动，以此加强学校的内部控制机制建设，对学校预算管理、收支管理、政府采购管理、资产管理、建设项目管理、合同管理等各项业务流程进行重新梳理和规范，实现教育资源配置的最优化、教育经费使用效能的最大化。

总之，高校的财务管理工作不应局限于简单地提供数据，而应以新会计制度的实施为契机，适应新会计制度核算需要，适时改变高校财务管理理念，稳步推进内部控制规范建设，构建服务高校战略规划、符合现代高校建设、利于实现高校内涵式发展的财务管理工作体制。

（二）知识经济时代

知识经济是以知识为基础的经济，技术含量很高。知识经济社会将是学习的社会，知识经济时代将是教育的时代。高校人才云集，其发展目标是传授知识、培养人才、创造最佳社会效益。高校既是培养科技人才的基地，又是高新技术创新的发源地。可以说，高校是高等人才与高新技术的摇篮。高校财务管理工作已经渗透到高校的各项管理工作中。在知识经济时代，高校财务管理迎来新的挑战，也迎来新的生存环境与改革发展机遇。

随着全球知识经济的兴起及电子商务的蓬勃发展,高校的经济环境、政治环境及教育环境发生了变化。为了适应环境变化,各大高校相继从20世纪末开始大规模地重组及合并,这对高校财务管理提出了新的要求。高校财务管理是高校组织自身财务活动、处理各种财务关系的一项经济管理活动。随着"以财政拨款为主、其他多种渠道筹措教育经费为辅"体制的确立,财务管理的主要职能表现为拓宽渠道,筹措资金;编制预算,分配资金;控制预算,使用资金;管理资产,合理配置;等等。做好财务管理不仅要分析财务指标、研究财务信息,还应建立一个综合财务信息系统,全方位、多角度地进行分析和研究,不仅要编制预算、预测分析、决策分析及控制等,还应站在战略性高度,对一些非财务指标的业绩评价作出全面分析。

(三)互联网高速发展

1. 信息化环境下高校财务管理创新

在互联网时代,信息传播迅速,高校财务管理模式要创新,就要站在市场前沿,掌握第一手资料,实现动态管理,最重要的就是建立信息化平台。高校要通过不断发展的网络技术,搭建信息化的财务管理平台,掌握高校财务的整体预算情况和各院、系预算的执行情况,保证校一级财务机构做好财务绩效监督工作,掌握财务收支情况,保证高校从资金来源到资金流动畅通无阻,提高财务运转工作速度。为了更好地利用信息化财务管理平台,高校要将复杂多元的第一手信息进行整合,并对整合后的信息进行加工、分析;对初始信息进行分门别类的筛选与核对,以保证信息的正确性;对核实的数据进行分析与判断,提出合理化的意见和建议。高校管理者根据得出的意见和建议作出决定,调整财务计划,为高校发展提供坚实的技术基础。

在高校财务管理过程中,信息的及时反馈直接影响财务计划决策的准确性和及时性,在整个高校发展过程中起到非常重要的导向作用。高校要创新财务管理模式,就必须重视信息化建设,加强对动态信息的管理,提高分析、辨别能力,加强反馈结果的准确性与及时性,以便更好地服务高校财务建设及高校教育建设。

2. 网络经济环境下高校财务管理创新

(1)高校财务管理内容创新

网络经济为高校财务管理带来了极大便利。首先,高校管理者要利用网络的便捷性做好财务收支两条线的管理。学校要将每年的各项经费收入都录入财务管理系统中,依据自身财务情况及发展目标做好资金预算。其次,高校要借助信息化财务管理平台管理国家划拨的专项科研资金,确保资金落到实处,提升学校的科研水平。最后,在网络经济环境下,传统的会计单一货币计量方式将被打破,支付方式逐渐向电子信用卡、电子支票、电子现金等方式转变。

（2）高校财务管理软件创新

在网络经济环境下，高校财务管理内容、管理模式、工作方式等都经历着创新与改革。这就要求高校财务部分要尽可能地强化对外联络工作，积极进行管理软件创新，以满足自身经营与管理需要。财务管理软件的创新是以网络为依托运行的，高校要想切实完善网上办公功能，就必须实现从局域网到互联网的转变。在网络环境下，高校财务管理软件应该具有完善的移动办公及网上办公功能，强化财务管理的模块化运作，使其不再受场地与时间的限制，尽可能地加强高校财务的安全性，确保高校教学科研活动与财务资源配置的同步协调，实现资源的合理配置。

（3）高校财务工作方式创新

高校应以自身发展的实际情况为出发点，积极展开财务管理工作方式的创新。具体而言，网络经济环境使得原先固定化的办公场所逐渐向网络化的虚拟办公场所进行转变，促使众多工作人员能够移动办公、网上办公。这样不但方便财务工作者进行日常工作，而且在一定程度上提高了高校开展财务工作的透明度。此外，高校财务工作者离开办公室后也可正常办公，不再受场地与时间限制，能够实时掌握各单位资金使用与管理情况，还能对下属单位、外联单位的财务往来进行在线监控，实现对款项余额的实时监督。利用互联网，高校能够促进各方业务往来，加快各类报表处理速度，在一定程度上提升工作效率，达到创新高校财务工作方式的目的。

（4）高校财务管理模式创新

随着高校办学中心的不断下移，传统的预算管理模式将有所改变。高校的预算管理将围绕二级学院预算展开，高校将以此为出发点，完善自身预算管理乃至财务管理的各项经营活动与内容。高校还应建立与完善自身的预算管理机制，确保制度制定的合理性、科学性、民主性，不断促进高校财务管理模式积极、有效创新。

3. 一卡通环境下高校财务管理创新

（1）引进先进的科学技术设备

这是解决财务人员计算量庞大问题以及提高财务信息化管理效率的重要手段。第一，高校应适当引进具备丰富经验和较高专业水平的财务管理人员，通过提高财务管理人员的业务素质，全面提高财务管理效率。第二，高校应对自身的财务工作情况进行分析，通过引进先进的财务信息管理设备与财务信息管理办法，为应用校园一卡通后的财务管理工作提供可靠的设备和技术保障，提高财务管理水平。

（2）规范财务管理人员行为

规范财务管理人员行为、提高财务人员专业素养，是解决校园一卡通给校园财务管理带来的相关问题的主要措施。财务管理人员是高校大量资金的接收者与计算者，其自身的工作行为不仅关系到高校财务部门的自身建设，也关系到整个高校的发展。一方面，高校应结合自身财务工作的实际情况，对现有的财务管理办法进行完善，并通过制定符合其发展方向的财务管理制度对财务管理人员的工作行为加以约束，从提高财务人员个人能力的角度减少校园一卡通对高校财务管理工作产生的不利影响。另一方面，高校应加大对财务人员的监管力度，防止财务人员监守自盗情况的出现，从规范财务管理秩序的角度，提高财务管理效率。

（3）保持财务工作的连续性

这是解决校园一卡通带来的财务管理工作间断性问题的有效方法。保持财务工作的连续性，并不是让财务管理人员始终保持着高度紧张的工作状态，而是通过制定或借鉴科学的财务管理手段和信息化的财务管理办法，帮助财务管理人员对校园一卡通进行管理，以减轻财务管理人员的工作压力，提高财务管理效率，提高高校的财务管理工作水平。第一，高校需要以先进的技术设备为依托、以高素养的财务管理人员为主体、以良好的财务管理环境为基础，全面开展财务管理工作，实现高校内各种资源的优化整合，加强财务部门的建设，提高财务管理水平。第二，高校应对其内部校园一卡通的应用情况及一定时期内一卡通资金的流动情况进行分析，并积极开展与其他高校的交流合作，结合自身实际工作情况，通过借鉴其他高校引入校园一卡通后的相关财务管理办法，提高自身的财务管理水平。

（4）加强校园财务管理的安全性

校园一卡通的应用离不开电子信息管理系统的支撑，其管理工作离不开互联网技术的支持。高校财务管理系统存在着一定的网络安全风险，加强校园财务管理安全性的工作已经势在必行。一方面，高校应对财务信息管理给予相应的重视，将财务信息安全管理工作提升到高校战略发展的高度，自上而下地形成一卡通安全风险防范意识。另一方面，高校应加强对财务管理人员和学生群体的财务安全培训工作，使其掌握相关的财务风险防范知识，从根本上提高财务管理系统的安全性。

第二节 高校财务治理与战略管理

一、高校财务治理

高校是高等教育运行的基本实体单位，高等教育现代化首先是高校制度现代化，构建现代高校制度是高等教育现代化的关键。构建及完善现代高校制度，实现高等教育可持续发展，是高校在社会主义市场经济条件下和教育国际化大趋势下的必然选择。完善高校治理结构是完善中国特色现代高校制度的途径之一。要提高高校治理效率，应建立并完善高校治理结构。高校治理的主要功能是配置责、权、利。在这三个要素中,权力的配置是前提,高校治理结构建立的基础是高校权力的配置。在高校的权力结构中,财权是一种最基本、最主要的权力。高校财务治理是高校治理最基本、最核心的内容。

(一)高校财务治理的含义及其与财务管理的比较

1. 高校财务治理的含义

高校是一个兼具社会性与经济性的组织。作为一项制度安排,高校治理结果是各利益相关者之间利益与权力博弈均衡的结果,是基于决策权的行政权力与学术权力均衡的结果。有学者提出,要达到高校在变化中的力量平衡,需要平衡好高校与政府、市场、社会之间的利益关系,平衡好学术与政府、市场、社会之间的价值关系,平衡好高校内部各种力量特别是行政系统与学术系统之间的权力关系。还有学者进一步指出,高校治理结构是现代高校制度的基石,现代高校制度的核心是高校自治、学术自由、教授治校。

现代高校制度是一系列关于高校运行管理的措施与方法体系,是确保高校的学术性、高校生存与发展的运行体系。一般认为,高校治理是在高校利益主体多元化以及所有权与管理权分离的情况下,协调高校各利益相关者之间的关系,降低治理成本,提高办学效益的一系列制度安排。治理结构的本质是关于资源配置及其利益的规则体系。高校治理结构旨在研究建立能在冲突和多元利益状况下管理其一般事务的组织架构及机制。

高校治理结构的基本构架应包括以下三个方面:一是权力结构的制衡与协调,主要是处理好行政权力与学术权力之间的关系;二是组织结构的制衡与协调,包括决策机制、执行机制和监督机制;三是主要利益相关者的制衡与协调,包括管理者、教育者及学习者等的利益相关者的协调与制衡。

财务理论界对财务治理内涵的研究虽取得了一定成果,但并未真正给出完整、确切的财务治理定义。许多学者出于不同的研究目的,根据自身对财务治理内涵的理解,概括出了多种财务治理定义。这些定义大都将财务治理置于公司治理框架之下,参考公司治理定义,从制度安排角度,将财务治理与财务治理结构等同。

财务治理要解决的是在效率和公平的前提下,对各相关利益主体的权力、责任和利益进行相互制衡的一种制度安排问题,是联系各相关利益主体的正式和非正式关系的制度安排与结构关系网络。财务治理的特点是侧重非数量即结构关系方面的研究,力求通过研究财务关系,理顺并优化财务关系为组织带来经济效益。因此,高校财务治理的含义是,基于资本结构等制度安排,通过一系列制度、机制以及行为的安排、设计和规范,形成有效的财务激励与约束机制,实现高校财务决策科学化,保证以投资者为中心的利益相关者的利益,对高校财权进行合理有效配置的过程。

2. 高校财务治理与高校财务管理的比较

高校财务治理与高校财务管理是有区别的:高校财务治理侧重财务主体的结构性配置

安排和制度性的层面，是高校实现办学目标的基础；高校财务管理侧重控制财务主体的财务行为和具体的财务经营活动，是高校实现办学目标的财力保障。财务治理与财务管理相互促进，共同发展。高校财务治理必须与高校财务管理相结合，共同作用于高校治理。

高校财务治理与高校财务管理，层层递进，通过利益协调共同实现高校办学目标。财务治理中的财务激励是建立和完善分层的财务决策机制及对财务经理与财务团队的激励机制，使各层次代理人恰当运用财权履行其职责。财务管理通过各种具体化的财务决策来达到各种财务激励的目的。

总之，高校财务治理就是一种有效的制衡机制，既是规范高校内部、外部不同利益相关主体间责、权、利关系的制度安排，又是针对高校内部管理者的激励与监督机制。高校财务治理与高校财务管理有着相同的追求目标，高校财务治理需要通过具体的财务管理活动来实现，高校财务管理需要在财务治理结构框架下运行。只有将高校财务治理与高校财务管理紧密结合起来，使其相互促进，才能达到高校持续发展的目的。

（二）高校财务治理模式的现实选择

在构建现代高校制度进程中，依法构建政府与高校的合理关系，改善和优化高校内部治理结构，实现高校与社会的和谐发展、互利双赢是其中的应有之义。这就需要我们从我国高校所处的环境着手，优化高校财务治理模式。就目前来说，以下两个方面的具体要求是优化高校财务治理模式的现实选择。

1. 财务治理结构的重建

重建高校财务治理结构的基本思路：首先，要定位政府对学校财务的管理程度，这是高校治理的主要内容之一；其次，要明确高校利益相关者及其对高校的重要程度，增强利益相关者在治理结构中的嵌入度；再次，将有关财权进行合理分配，这是重新构造高校财务治理结构的关键环节；最后，嵌入监察机制。下面主要对利益相关者的明确、财权的合理分配、监察机制的嵌入进行分析。

（1）利益相关者的明确

我国高校利益相关者包括内部的教职工、学生、所在的政府、企业、科研经费出资人、捐款人、银行、校友、学生家长、媒体及其他相关公共机构等。

（2）财权的合理分配

财权合理分配的基本要求是按照"统一领导、独立管理、集中核算、共同监督"的财务治理体系，正确处理好集权与分权的关系，提高制衡的有效性。财权具体分配如下：

①校董事会（财务治理决策机构）——高校财务决策权。以党委书记为校董事会主席并坚持校党委领导下的校长责任制。校董事会成员除党委书记、校长外，还应包括各方利益代表，如教职工代表、学生代表、校友代表等。校董事会作为最高决策层制定学校的宏观发展战略，统一决定学校的财务政策，对具有全局性的事项进行决策，审议学校预决算

报告，监督及考评学校的运作绩效。

②校务委员会（财务治理执行机构）——高校财务执行权。校长兼首席执行官，主要负责提出学校年度预决算报告，在预算内提出或审议重大资金调度及安排，合理规划并有效执行各项筹资、投资及支出活动。

③校监事会（财务治理监督机构）——高校财务监督权。建立校监事会能够使高校的财务监督工作更加独立和有效。该机构除了具有监督权，还应促使高校建立公开、透明、互动的财务信息披露系统，披露与学校财务有关的全部重大问题，保证利益相关者公平地获得真实、准确、完整、及时的财务信息。

需特别指出的是，对于大部分高校而言，政府相关部门作为投资者的代理人，对高校的大政方针拥有最终裁定与决策权。当各个利益相关者发生利益冲突时，政府相关部门应权衡和调节各种利益冲突，将对立与摩擦降到最低。

（3）监察机制的嵌入

高校治理的主要内容可以通过监察机制有效连接起来，形成完整的高校财务治理结构框架。监察机制贯穿高校的财务政策及方针决策层、财务制度及策略执行层和财务各个监督层，其涉及学校外部和学校内部，但主要是外部监督。这种多元化的机制能够保证高校财务治理结构的科学、独立和公平，从而加强高校财务工作的经济责任绩效考核，避免学校资源的浪费、财务风险的出现和管理工作的低效。

2. 以岗位责任制为核心的经济责任体系的完善

针对大部分高校的现状以及今后的发展趋势，建立先进、科学、合理的财务治理体制尤为重要。学校财务处为全校财务治理的职能部门，在学校分管财务校领导或总会计师的领导下开展工作，其主要职能为全校的财务治理和会计核算；各部门及院系的财务活动均不能游离学校财务处的治理监督，财务部门应当参与有关经济活动决策的研究，并充分发表自己的意见。对于正确的意见，有关部门应当予以采纳。

财务机构负责人对财务机构治理的财务工作负总责；各级资产治理人员对自己所经管资产的安全、完整、有效负治理责任；各级业务岗位人员按岗位责任制的规定自主完成所承担的工作并对工作结果负责；财会人员对自己从事岗位的会计工作负责。同时，按照经济责任制的要求，对因管理不善、控制不严等造成经济损失的有关人员依法追究相应责任。

二、高校财务战略管理

（一）战略管理与财务战略管理的含义及特点

1. 战略管理的含义及特点

（1）战略管理的含义

"战略"最初是一个军事领域的词，虽然世界各国军事家对战略的定义有所不同，但是他们普遍将战略视为一种指导全局的计划与策略。

随着社会的发展，战略思想被应用到多个学科领域，战略的含义得到了极大的拓展，促成了许多新学科视角的出现，战略管理便是其中之一。自20世纪80年代以来，战略管理作为一种全新的视角在企业界得到了广泛应用，战略管理理论也得到了极大发展，并形成了相对完善的理论体系。

（2）战略管理的特点

①长远性。组织战略着眼于组织未来的生存和发展，即战略管理更关注长远利益，而不只是关注短期利益。因此，评价组织战略是否有助于实现组织的长期目标和保证长期利益的最大化是判断战略优劣的重要标准之一。这也是战略管理与一般战术或业务计划的最主要区别。具体而言，在企业中，如果一个项目短期内能赚些钱，但长期市场潜力不大，且无助于提高企业的核心竞争力，从战略管理的视角看，该项目就不应该建设。反之，若一个项目短期内可能造成亏损，但是长期市场潜力巨大，或代表了技术的未来发展方向，从战略管理的视角看，该项目就应该实施。战略管理的长远性要求组织根据组织外部环境和组织内部条件的变化，对关于组织生存的战略问题进行长远规划。

②竞争性。在市场经济环境下，竞争无处不在，组织制定战略的重要目的之一就是能在激烈的市场竞争中与对手抗衡，在市场和资源的竞争中取得胜利。因此，战略管理本质上是一种竞争战略的制定和实施过程，它不同于那些不考虑竞争因素，只是为了改善组织现状、提高管理水平而制定和实施的行动方案，这也是组织战略管理在市场经济环境下产生和发展的原因。

③层次性。虽然组织类型、规模、结构各不相同，但其进行战略管理的基本层次一致。一般来说，对于较大规模的组织，战略管理可分为三个层次：一是总体战略或组织战略，主要包括稳定战略、发展战略、紧缩战略等全局性的管理战略；二是竞争战略，主要研究不同行业经营战略等方面的选择，主要涉及如何在选定的领域与对手进行有效的竞争；三是职能战略，主要包括财务战略、生产战略、研发战略、营销战略等。

在实际工作中，组织不同层次战略的侧重点及范围不同，高层次战略变动总会波及低层次战略，低层次战略的影响范围相对较小，特别是职能战略，一般只在部门范围内产生影响。

④全局性。组织战略管理是从全局出发、适应组织长远发展需要而进行的管理活动，它所规定的是组织的总体行动，所追求的是组织的总体效果，是指导组织一切活动的总谋划。虽然组织战略管理包含和规定着组织的某些局部活动，但在战略管理中，这些局部活动是作为总体活动的组成部分出现的。因此，把握战略管理的全局性要注意处理好局部利益与整体利益之间的关系，作出正确的战略部署。同时，全局性还要求组织战略必须与国家的经济社会发展战略相一致，与世界经济技术发展方向相一致。

2. 财务战略管理的含义及特点

（1）财务战略管理的含义

财务战略管理是为谋求组织资金均衡有效地流动及实现组织战略，为增强组织财务竞争优势，在分析组织内外部环境因素对资金流动影响的基础上对组织资金流动进行全局性、长期性和创造性的谋划，并确保其执行的过程。财务战略管理立足于组织的长期发展，是保持并不断增强组织长期竞争优势的决策支持管理体系。当组织中的管理从业务层次向战略层次转变时，战略财务管理便成为组织中财务管理的必然趋势。

（2）财务战略管理的特点

财务战略管理是战略理论在财务管理方面的应用与延伸，它不仅体现了"战略"共性，而且勾画了"财务"个性。财务战略管理具有以下特征。

①以财务战略目标为导向。成功的战略只有在明确的目标指导下才能实现。财务战略目标为组织战略目标服务，指明了财务战略管理的总体方向，明确了财务战略管理的具体行为准则，在整个财务战略系统中处于主导地位。

财务战略管理目标的设定必须服从组织战略管理的要求，与组织战略协调一致，从财务上支持和促进组织战略的实施。

②以组织竞争力为核心。在经济实践中，组织竞争力受诸多因素的影响。经济资源和财务资源是组织发展的必要资源，但仅仅拥有一定的资源并不能完全保证形成组织的竞争力。以组织竞争力为核心的财务战略管理具有明确目标，并为财务战略决策提供了选择标准，为财务战略管理行为提供了导向。同时，组织竞争力需要科学的财务战略来创造、培育和发展，从而保持长久的竞争优势。

③战略成本管理是提升组织竞争力的主要参数。成本是决定竞争力的重要因素之一，因此战略成本管理是财务战略管理研究中的重要方面。在激烈的市场竞争和急剧变化的市场环境下，成本效益已成为组织获得与保持竞争优势的关键。

战略成本管理实质上就是将成本置于战略管理的高度，将其与影响战略的其他要素结合起来，对组织成本进行全面分析与控制，以寻求成本改进，并获得竞争优势的战略成本管理过程。在以组织竞争力为核心的财务战略管理中，战略成本管理是联结组织竞争力与财务战略管理的要点。

④以财务战略决策的选择、实施、控制、评价为内容。财务战略决策决定着组织财务资源的配置。财务战略决策的选择、实施、控制与评价应当从全局角度出发，注重整体性，符合组织的总体战略，还要协调部门间的配合，减少内部职能失调，与其他职能战略相适应。

⑤理财环境因素对财务战略管理有重要影响。财务战略管理是面向未来的管理。它不仅关注某一特定时间的环境特征，而且关心环境的动态变化趋势；不仅要对政治、经济、文化、法律等宏观环境进行综合分析，还要对产业、竞争者、财务状况等组织内部因素进行

微观环境分析，并且要处理好环境的多变与财务战略的相对稳定之间的关系。

财务战略管理关注组织的长远、整体的发展，重视组织在市场竞争中的地位，它以实现长期可持续发展、打造核心竞争力为目标。对财务战略的制定、实施、控制和评价必须在综合考虑内外部各种环境因素的基础上进行。

(二)高校财务战略管理的特征

高校财务战略管理在利益群体、产品与服务模式、价值观念等方面与其他组织财务战略管理存在较大差异。高校财务战略管理主要体现为以下特征。

1. 公共性

高校具有公共性，承担着为国家发展教育与科技的重要职责，并接受公众的监督，而且其接受公众监督的程度与公共性成正比。因此，高校在制定其财务战略规划时，不仅要考虑自身的办学条件与特色，还要考虑满足国家和地区建设与发展的需要，符合国际高等教育发展与科学技术进步的趋势。为了确定未来的发展战略，高校要考虑全部利益相关者的诉求，这一点与其他组织明显不同。

2. 更多的环境制约

影响高校发展的环境因素包括市场环境因素和政治环境因素。与企业主要依靠市场获取资源不同，高校主要依靠政府管理部门(如拨款)，或依靠其自身提供的服务补偿(如学费)来获取各种资源。因此，虽然高校财务战略管理也关注效率和效果，但是经营压力要小于企业。与企业相比，高校财务战略管理面临更多的制约，各种法律、法规、制度、章程规定的义务与责任在一定程度上减少了高校的自主性与灵活性，导致高校在专业设置、招生规模等问题上不仅受到市场的制约，而且受限于政府的规定，从而影响其财务战略管理决策。

(三)高校实施财务战略管理的意义

随着社会的发展与时代的变迁，高校实施财务战略管理是高校财务管理工作的飞跃，也是高校向科学管理迈出的重要一步。财务战略管理实现了高校财务管理职能、空间上的扩展，未来高校的生存与发展、成功与失败，在很大程度上取决于其财务战略管理质量的高低。

1. 有利于高校创造和保持持续竞争优势

高校传统的财务管理以成本、费用的最小化及财务风险的控制为目标，并将这一目标贯穿到预算、决策和风险管理等财务管理活动中。财务战略管理以创造和保持高校的可持续竞争优势为目标，关注高校的未来发展，通过财务战略的选择，为高校在未来的竞争中击败对手提供科学依据。可以说，以提高竞争力为目标的高校财务战略管理，改变了传统财务管理的视角，将财务决策提升到战略的高度，也为高校在市场竞争中创造和保持可持续竞争优势提供了可行的战略选择。

实施财务战略管理要求高校关注当前的运行状况，重视学校的长期发展、可持续发展能力、持续竞争优势。为使高校能够按照财务战略导向从事学校的运营与资源配置，高校管理者应树立长期、全面的财务战略目标，抛开一时的得失，追求高校可持续发展情况下的最佳资源配置。

另外，财务战略管理除利用财务信息外，还利用非财务信息，改变了传统财务管理中单一财务的业绩计量手段与模式，使高校能够根据不同的财务战略，制定不同的业绩评价标准，将业绩评价与战略管理有效结合。这样不仅有利于实现战略目标在高校内部由上至下的传递，而且有利于在业绩评价中实现结果与过程的统一，为促进高校竞争力的提升和竞争优势的持续奠定了基础。

2. 有利于高校适应日益复杂的竞争生存环境

传统的高校财务管理是以高校内部为重点，基于财务信息，以货币为尺度进行的管理。传统的高校财务管理重结果，忽略过程，缺乏高校与其他竞争对手互动的分析与研究。财务战略管理则以高校的竞争优势为主，将视野拓宽到学校外部，关注整个高等教育市场与竞争对手的情况，不仅利用财务信息，而且利用有助于实现高校战略目标的非财务信息。在评价高校财务战略管理的业绩时，将高校竞争力以及竞争地位的提升作为重要的评价标准，能够帮助高校认清自己与其他高校之间的关系，进行准确的市场定位。

目前，许多高校之所以资金周转不灵，财务状况恶化，甚至不能偿还到期债务，主要是因为高校领导对高校生存环境的变化威胁认识不足，未能及时作出应变的财务战略决策。面对竞争多变的生存环境，高校领导必须从战略高度重新认识财务管理，以战略眼光开展财务管理工作，正确判断学校所处环境及变化趋势，将提高高校的适应力、应变力、竞争力放在首位。

有效的高校财务战略管理使高校在战略高度上把握未来发展方向，顺应环境变化，抓住有利的发展时机，提高财务实力，保持可持续竞争优势。高校要根据不同的战略目标、外部环境，拟定不同的高校财务战略，从而保证在竞争激烈的市场环境下，与时俱进，取得长足发展。

3. 有利于高校提高资产运营效率

高校传统财务管理体系围绕高校教学、科研活动执行相应的职能及任务，以各责任中心的费用预算为起点编制预算，其编制的预算往往与高校战略目标无任何关联，资源配置与资产运营存在低效率、低水平的缺陷。财务战略管理则围绕高校战略目标编制预算，以高校战略为预算编制的出发点，从战略的高度对高校各种资源与教学、科研活动进行预算和安排，预算所涉及的范围也不再局限于高校内部的教学、科研、行政、后勤等基本活动，而是把人力资源管理、教学管理、科研管理等价值链活动纳入高校预算管理体系中，并在预算编制中综合考虑反映学生、其他高校及政府主管部门等其他战略性因素。

财务战略管理促使高校从战略高度实施财务管理，将高校财务管理引向高效、有序。高校如何筹措资金，如何保证高校长期资金的可靠性和灵活性，如何不断降低高校长期资金的成本，如何投资以获得经济利益与竞争优势，在高校环境风险增加的情况下如何在筹资、投资等组成的综合性财务活动中规避风险等，这些问题均要求高校必须重视财务战略管理，运用战略思想与方法，谋求低风险、低成本，资本结构最优，实现长期、稳定、可持续发展。因此，要从战略高度统筹规划，增加融资渠道，节约办学成本，高效率是高校在竞争中制胜的法宝。基于战略的资金流动，才是高效的资金流动；基于战略的资金增值，才是有意义的资金增值。财务战略管理是提高高校资产运营效率的关键。

（四）实施高校财务战略管理的措施

随着我国高等教育事业的不断发展以及市场经济环境的日趋复杂，高校必将实现从传统财务管理向财务战略管理的转变。具体而言，实施高校财务战略管理的措施包括以下几个方面。

1. 建立和完善现代高校治理结构

基于发展战略构建高校治理结构是高校实现战略目标的必然要求。从财务战略角度看，如果不建立现代高校治理结构，就会导致严重的经济后果。当前高校的竞争战略是建立在现代高校管理制度与高校治理结构基础上的，通过高校治理形成高校"政治制度"，实现对高校相关利益各方冲突的协调与平衡。不同治理结构方式导致高校在教学、科研、筹资、投资及监督机制等方面采取不同的决策方式，形成不同的制度。在财务战略决策中，由于政府主管部门、高校管理者的目标不同，高校治理的一个重要内容就是使高校管理者的行为符合政府主管部门的要求。可以说，高校治理结构对财务战略决策有着重大的影响，是实施财务战略的基础。同时，这些财务战略决策又会反作用于高校治理结构，影响高校的治理效率。因此，高校财务战略管理与高校治理结构是紧密相连的。

任何财务战略管理决策都离不开特定的制度基础，每一所高校的财务战略都是在一定的高校治理结构条件下形成的。高校财务战略管理的实施，绝对离不开高校的治理结构。

2. 重视高校财务环境分析

财务环境分析对高校财务战略管理具有重要意义。从高校财务环境分析入手，确立高校财务目标，是高校财务战略管理的出发点与立足点。财务环境分析在财务战略管理中的重要地位，是由高校财务战略管理的性质与特点决定的。可以说，高校财务战略管理的全过程，均离不开高校外部财务环境及内部资源条件分析的基础，在财务战略管理目标统领下，高校对财务战略进行决策、实施、控制与评价。正确的高校财务战略必须依赖于对内外部财务环境的正确分析与把握。

尽管在确立高校总体战略时已对环境进行了详尽分析，但由于在层次与视角上的不同，总体战略与财务战略之间存在较大差异，所以在确立财务战略时，仍要进行环境分析，分析时主要强调环境及竞争态势中的财务方面。因此，在制定高校财务战略时，必须在总体战略的指导下，对财务环境作出分析，同时要着重分析一般环境、行业环境及竞争态势中有关财务的重要方面。在财务环境分析过程中，要着重分析宏观社会、经济领域可能影响高校财务战略的各种因素及其变化，分析国内外行业竞争态势及演变趋势，掌握竞争对手的财务状况、财务战略。可行的财务战略只能是基于详尽财务环境分析而确定的财务战略。

如果高校财务环境发生变化，就必须对高校财务战略作出相应的调整甚至重新确立。无论是高校总体战略还是财务战略，都必须基于环境变化作出正确的反应，否则会对高校发展造成严重的负面影响。当然，在强调环境对战略影响的同时也必须明确：并不是说只要环境变化，战略就必须马上随之变化，这种多变的战略就不是战略，而是战术了。战略之所以是战略，正是由于它的前瞻性，是建立在科学、精准的预见基础上的。所以，高校确定的财务战略既要有良好的预见性，又要能很好地对意外事件作出反应，这些都要以对财务环境的客观分析为基础。

3. 在高校总体战略下科学确定财务战略

高校财务战略只是全面支持高校总体战略的子战略之一，必须在高校总体战略的指导下科学确定。高校的总体战略目标决定了财务战略目标，脱离总体战略目标设立的财务战略是没有存在价值的，只有将其纳入高校战略的大系统，才能显现其意义。财务战略作为高校功能性子战略之一，不仅为高校总体战略目标的实现提供资金保证，也为高校各战略的实现提供财务支持。

同时，高校财务战略管理具有相对独立性，它既有战略管理的共性，又有财务管理的特性。在战略管理大环境下，财务活动不仅是高校财务部门的"局部"业务活动，也是对高校战略目标实现和高校可持续发展有着重大影响的业务单元。财务战略管理不只是高校日常管理活动中附属的职能，还是有着不同于其他职能战略的具体管理内容的综合管理活动。可以说，只有在高校总体战略的指导下科学地进行财务战略管理，才能让高校财务战略更好地为高校发展保驾护航，实现高校总体战略目标。

4. 重视财务战略与其他职能战略之间的协调

高校财务战略作为高校竞争战略的子战略之一，除了从属于总体战略，还要受其他战略（如教学发展战略、科研发展战略、学科提升战略等）的影响。因此，在确定高校财务战略时，要重视职能战略之间的相互制约和相互支持。高校资源在全校范围内运用，要达到资源配置的均衡有效，财务战略必然需要其他职能战略的配合。实现财务战略与其他职能战略的配合可以采用以下两种方法：一是设立高校战略协调委员会，负责对各职能战略开发提供指导。该委员会应由来自各职能部门的代表组成，以有助于各职能部门间的有效沟通，调动其积极性与创造性，促进战略实施。二是由校长或一名副校长负责各职能战略间的相互协调。由校长或副校长进行协调，其权威性强，有利于战略的有效实施，但有可能挫伤各职能部门管理人员的积极性与创造性，并导致战略管理官僚化。

其他各职能战略与财务战略的关联度存在差异，高校必须重视协调与财务战略关系密切的职能战略，在战略协调方面关心真正重要的问题，保证财务战略有效执行。

5. 合理配置财务资源

高校财务战略的实现需要以合理的财务资源配置作保证，合理配置财务资源也是高校财务战略的一个目标。高校财务资源配置主要涉及高校融资中的资源配置与高校投资中的资源配置，即对资金来源的组合及对资源使用的安排。高校财务资源配置是高校投融资的组合，是高校资本结构的组合与安排。选择适当的融资方式以实现高校最优资本结构是高校融资财务资源配置的基本原则。选择合理的投资机会、适宜的投资方向及投资规模以利于高校的长远发展是高校投资资源配置的基本原则。

高校财务资源配置效率取决于不同环境下财务资源配置的合理性。不同的高校财务战略对高校的资源配置有不同的影响：某一财务战略下的科学财务资源配置对另一财务战略来说可能是错误的；对某一财务战略来说十分重要的财务资源配置，在另一财务战略下可能是无关紧要的。合理的财务资源配置，能提高高校财务资源的使用效率，能为高校提高竞争力、实现可持续发展提供必要的物质基础。

6. 加强高校战略成本管理

为了实现和维持高校的竞争优势，高校管理者必须审视高校内部资金流动过程，加强高校战略成本管理，形成一套不断改善与提高高校价值链中作业价值的战略成本管理方法。在高校战略成本管理中，首先要丰富高校成本管理的内涵，以高校教学、科研等活动的作业链为中介，对费用的发生进行控制；其次要明确高校战略成本管理的长远目标，高校战略成本管理的目的是使高校获得未来长期的竞争优势，不应以短期成本的高低为判断标准；最后要突出高校战略成本管理的全面性，即不是站在高校某项管理的单一角度谈成本控制，而是在对高等教育整体及其他高校进行分析的基础上，以高校全局为对象进行战略成本管理。

第二章 高校资产管理

第一节 高校资产管理概念

一、高校资产概念

（一）资产的概念

资产是一种可以投入经营与生产中的生产要素，能够产生经济效益。会计学中定义的资产通常以货币计量，是由企业拥有或控制的经济资源，既是企业用来运营周转的工具，也能为企业带来经济效益。综上，资产就是一种以货币形式计量的、具备服务潜力的经济资源，能够为所属产权主体带来经济效益。

（二）高校资产的概念

高校资产对于我国来说，是一种重要的教育资源，属于国有资产，为高校在教学及科研等方面提供物质基础，为高校生存、发展提供有力的支撑。高校资产与其他各种资产的属性及特点相同。高校资产包括流动资产、无形资产、对外投资以及固定资产等，因此高校资产可以作为一种经济资源，这种资源能够直接为高校所用，或者与其他资源或产业相结合，间接为高校的教育事业等提供物质保障。高校的资产同样以货币计量，由高校占有和支配，其他单位或企业无权使用。高校资产同样包括各种债权、财物资产及其他权利，也可以分为有形资产和无形资产。

二、高校资产的形成

高校对所拥有的资产只具有使用权与占有权，而没有实质上的控制权，高校资产所有权由国家持有，这是高校资产最不同于其他资产的地方。

计划经济时代，国家实行全收全支型管理模式，集中管理高校，统一安排高校的招生计划及教育经费，国家拨款是高校资产的主要来源，实行"报销式"拨款模式，即"花钱靠拨款，缺口向上要，结余全上交"的运行模式。然而，随着市场经济的快速发展，越来越多的高校响应国家号召自主办学，打破了原有的"报销式"拨款的办学模式，高校的资产组成逐渐丰富起来，在国家拨款的基础上，增加了学费、社会捐赠、产业经营收入、科研经费、投资性收益等经济来源，多元化、多渠道的筹资来源决定了资产的多样性。高校资产通常包括六个方面的资金来源：①国家财政拨款；②按国家规定使用资产组织的各项收入，包括预算外的收入以及其他各项收入；③社会组织、机构及个人的捐赠与资助；④高校投资产生的收益；⑤科研、知识产权、商誉等各种无形资产；⑥银行贷款。高校所涉及的领域也有了较大变化，由原来的科研、教学逐渐拓展到金融、科技、服务业、商业等各个领域，高校逐渐发展为集成型的事业法人。

三、高校资产的分类

（一）高校资产按其经济性质可分为经营性资产和非经营性资产

根据经济性质，高校资产有经营性与非经营性之分，这两种资产并存是高校资产的重要特点，经营性资产就是校办企业或高校兴办、经营的公司、产业，非经营性资产是指高校按照国家教育事业的规划发展和进行科研项目所占用的资产。高校不断扩大发展规模，投资领域的范围愈加宽广，投资项目愈加丰富，预算外资金在总资金中占据的比重越来越大。

1. 高校经营性资产

保值是高校资产经营的前提，增值是高校资产经营的目的，经营性资产就是直接投放到生产经营当中的高校资产。盈利是高校经营性资产存在的主要目的，如投资项目、校办产业等，这种类型的资产通常经历了由少到多的发展过程，经济总量在这个过程中逐渐壮大，例如，有些高校最初只有小卖部、小型印刷厂及招待所等产业，为高校的正常运转提供后期保障。而如今，各种市场前景较好、科技含量较高的产业为高校提供了更多选择，还有一些高校开始设立自己的公司或企业，其盈利为高校教育事业的发展提供经济支持。

2. 高校非经营性资产

高校为完成教育目标而占有、支配使用的资产，不会参与到生产经营活动中，此类资产就是非经营性资产。高校非经营性资产不需要直接参与到各项生产经营活动中，因此不具备增值性的特点。此类资产主要包括各种科研教学设备、地产、建筑、图书资料、文物等。

高校资产的经营性与非经营性的划分并不固定，高校应根据自身发展的实际需要，按照资产管理的相关规定进行操作，完成非经营性资产到经营性资产的转化。

(二)高校资产按其流动性质可分为固定资产、无形资产、流动资产

1. 固定资产

固定资产，是指政府会计主体为满足自身开展业务活动或其他活动需要而控制的，使用年限超过1年(不含1年)、单位价值在规定标准以上，并在使用过程中基本保持原有物质形态的资产，一般包括房屋及构筑物、专用设备、通用设备等。需要注意的是，单位价值虽未达到规定标准，但使用年限超过1年(不含1年)的大批同类物资，如图书、家具、用具、装具等，应当确认为固定资产。通常情况下，购入、换入、接受捐赠、无偿调入不需安装的固定资产，在固定资产验收合格时确认；购入、换入、接受捐赠、无偿调入需要安装的固定资产，在固定资产安装完成交付使用时确认；自行建造、改建、扩建的固定资产，在建造完成交付使用时确认。固定资产同时满足下列条件的，应当予以确认。

①与该固定资产相关的服务潜力很可能实现或者经济利益很可能流入政府会计主体。

②该固定资产的成本或者价值能够可靠地计量。

2. 无形资产

在高校拥有的资产中，一部分资产虽然不以实物形态存在，但能够在高校进行各种经济活动时发挥一定作用，能够为高校提供可能超于同行收益的效益，是一种稳定的经济资源，此类资产即高校无形资产。主要存在于高校科研、教学、管理、技术服务及社会经济中，大致归纳为以下三个方面：权利方面，包括著作权、版权、专利权、商标权及土地使用权等；技术方面，包括科研信息、教学经验、管理经验等；内涵方面，包括高校在校园文化、教学质量、办学水平等方面共同产生的高校的整体形象、威望声誉及知名度等。

3. 流动资产

流动资产，是指在一年内或一个长于一年的管理周期内消耗或变现的资产，是高校资产结构中流动性较强的一部分，包括现金、银行存款、短期投资、存货及应收、预付款项等，能够保障高校的权益，明确其他相关债权人权益。高校应根据变现能力的强弱对流动资产加以划分，为债权人进行信贷决策提供相关清算信息。

四、强化高校资产管理的应对策略

高校为管理、保养及维护资产，建立了资产管理体系，该体系决定了高校资产管理的效能与作用水平，还决定了高校资产的运行情况。因此，明确各单位、部门及职员的职能和责任，强化资产管理手段，重点解决教学设备、办公设备等固定资产的重复购置、资产使用随意、记录混乱、浪费严重等问题，优化各种资源的配置，保证资产保值或实现资产的增值，是高校资产管理工作的要点。

(一)拓宽资金渠道，降低资金成本，建立健全风险管理机制

目前，我国高校普遍存在国家财政补贴少、事业性收入低且不稳定、债务占总资产的

比重大等问题，要想改变这一现状，满足科研教学方面的发展需要，就必须彻底改变"负债再多都由国家买单"的思想，大力开拓筹资渠道，尽力增长筹资金额。

此外，高校还应做好以下几点：

①加大对资金的监管力度，完善审批制度，将不相容的岗位分离，分别做好稽核与对账管理；定期核对收支账目明细，做好库存现金的盘点工作，严禁白条抵库，严禁坐支，管控资金在规定范围内使用，消除高校在资金管控方面的安全隐患；严格按照"收支两条线"的规定管理资金流动，严格执行限额管理制度管理库存现金。

②积极争取国家政策支持，主动与财政部门、教育主管部门等进行沟通，扩大高校办学自主权，大力争取财政专项资金，确保国家财政拨款稳步增长。

③强化高校清理催收事业性收费（即学费、住宿费）力度，做好清缴工作，建立信息化网络平台，将学生的个人缴费信息录入其中，并做好信息核实工作。加强各院系与教务处、学生处的联系，将学生的缴费情况与选课的成绩挂钩，以确保学生的学费及时、全部缴纳，杜绝拖欠，严格遵守"收支两条线"的管理原则，及时足额地向财政专户上缴非税收入，积极申请财政拨款指标，以保证财政拨款指标及时下达，满足教育教学发展与科研事业发展的需要。

④正确利用高校丰富的教育资源，利用高校的社会影响力，扩大函授、脱产、短期培训等各项办学规模，积极开拓各项社会有偿服务，为社会提供优质可靠的教育服务，既能满足社会人员对知识与文凭的需求，又能获取服务费用，为学校增加办学资金。此外，高校还可以通过积极拓宽社会捐赠、产业合作、赞助等筹资渠道，建立或参与基金会、校友会等形式，获取社会各层的资金支持，增加办学经费，发展教育、科研事业。

⑤加强票据管理，规范票据领用、开具、核销等各项流程，对票据办理手续的各个环节严格管理，保证票据真实、有效、安全。

⑥严格按照发改委批准下发的收费标准管理收费工作，按照规定流程开具符合标准的收费票据，不得随意变更收费标准与范围，严禁巧立名目滥收费，严格按照"收支两条线"的规定管理收费资金，杜绝资金挪用、截留等现象，必须保证资金及时、足额地收取与上缴，执行强效的奖惩措施，防止收入管理不当情况的发生。

⑦与国家金融机构保持并加强战略合作关系，积极争取更多的信贷资金，合理处置闲置土地资源，优化各方面的资源配置，最大可能地筹集办学资金，最大限度地降低各项债务，科学分析管控投资风险，尽量缩减资金的消耗、闲置成本，减轻还贷压力，优先、合理保障高校教育事业发展。

⑧将各部门的财权、事权与责任相结合，根据各部门的发展计划、目标、绩效等科学合理地分配各项资源，并做好风险评估管理工作，建立灵敏、有效的风险预警机制。完善高校内部债务管理制度，严格做好各项资金的审批管理，尤其做好大额资金流动的财务风险

防范工作,并针对各种财务风险做出预防和解决措施,尽可能保障每项资金的安全。严格实行岗位职责分工制度,将不相容的岗位职务分离,风险管理人员应系统、详尽地分析各种可能存在的风险,针对风险点提出解决方案并严格执行,根据实际经济活动定期提交关于风险评估详情的书面报告。

(二)定期清理往来款项,降低借款余额,健全往来款项清理催缴机制

目前,高校设置了多个科目分别处理往来款项,导致了年末余额大、往来期限长的问题,针对这些问题,高校可通过建立有效的催缴机制与完善严格的核销机制,并采取一定的管控措施,对这些往来款项加大催缴催收力度,尽量简化往来款项的科目,将管理重心转移到项目资金的流向上,实施精准化的预算编制管理,精准把控资金的投入,充分使用资金,发挥其最大效用,使往来款项结余少或无结余。职工借款必须限期归还,逾期罚款;职工垫付的款项也必须限期报销,逾期扣款。分类管控高校各下属单位及全体教职工的零星开支,统一使用高校办理的银行贷记卡或公务卡,对于其中的垫付款,经办人员必须严格遵守报销款项的相关规定,严格执行报销流程,在到期前一周内完成报销工作。对于设备采购、办公用品采购等大规模的支出项目,各部门必须在验货合格后依据票据核销流程严格处理报销款项或支付货款。对于期限长、原因不明且难以支付或回收的各种往来款项,各部门必须将责任落实到个人,按规定严格执行审批核销或转销工作,做好每一项往来款项的追踪管控工作,减少往来款项余额。

(三)加强税务管理,减少纳税风险,建立健全纳税筹划机制

要解决高校当前税务管理乱、个人税负高的问题,就必须加强税务管理,建立健全纳税筹划机制。

首先,高校应参照政府税务部门处理代开发票的模式,改革各部门开具税务发票时由高校统一垫付所涉税费的现象,税费由各部门自行缴纳,各部门应先将税费交到高校财务处,财务处收取登记完成后再开具发票,避免高校垫付税费后收不回或忘记收回的问题。

其次,高校应聘请校内或校外的税务专家,帮助高校全面解读所涉及税种的征税范围,分析各种税收政策及高校的收入种类,结合减免税收的优惠政策,厘清各项税收项目,做出最佳的账务处理方案,严格依法缴税。高校应设置专门的会计科目,详细了解国家的各项税收政策,根据不征税收入、减免税收入、征税收入、涉税收入等严格单独核算,避免因对政策错误解读而出现的交错税、少缴税、未按减免政策多缴税的现象。

最后,为了降低税负,高校应仔细分析所有涉税收入的涉税种类、相关环节及税率等,对国家相关税收政策进行充分了解与分析,尤其是减税、免税政策及其优惠条件,努力为自身创造更多符合优惠政策的条件,再结合纳税期限及自身实际情况制定最佳纳税方案,在符合法律规定且不影响自身财务活动的前提下,用足税收优惠政策,减轻财务压力。

(四)健全对外投资管理制度与责任追究制度

为提高自身市场竞争力,适应复杂的经济环境,高校需要改善对外投资中存在的范围小、投资少、风险意识弱、防范意识低等问题,建立健全可行的对外投资管理制度,并安排好投资管理部门与岗位,明确岗位的职能与责任,确保对高校投资项目有充分的研究与了解,并作出可行性评估报告与风险评估报告,做好投资的决策、执行、审批等工作。需要注意的是,投资管理由高校领导班子统一领导,其中不相容的岗位应职权分离。高校领导层通过分析与研究,并结合专家的知识、经验、技术与论证等,对每一个对外投资项目进行全面的可行性分析,结合高校的投资目标及投资工作发展规划,科学选定最合适的项目并拟定投资计划。领导层应科学筛选投资项目,严格把控投资金额,杜绝盲目投资,严格控制投资活动,按计划有序执行。

高校在对外投资时,应严格按照国家相关规定,审核投资项目的相关资料与分析报告,并按照风险控制制度与投资管理制度就投资的详细事项与违约责任等,与乙方签订具有法律效力的合同或协议,结合合同合理安排高校资金的投放与支配,保持资产结构合理,处理好流动性资产与营业性资产之间的关系,在保证有适当流动性资产的同时追求更大的效益。此外,高校还应建立完善的会计控制制度于严谨的投资资产保管制度,严格追踪管理对外投资项目,全面评估并跟踪关注投资的风险,明确各个岗位的责任,完善责任追究机制,对于对外投资中产生的严重决策失误、违规办理投资业务以及不按规定履行投资决策等问题,追究相关部门及负责人员的责任;完善账户管理体系,依照相关规定做好投资的账簿记录,将投资项目的价值变动及收益情况详细、准确、全面、及时记录下来,严格监督控制对外投放的资金,以便及时回收处置。高校应加大对对外投资项目的管控力度,杜绝随意投资、无效投资,对于多种备选投资项目,全面做好分析与评价工作,谨慎投资,预防及规避投资风险,提高投资效益。

(五)强化知识产权意识,重视无形资产管理,确保学校合法权益

高校应强化对无形资产的保护意识,重视无形资产的价值并建立健全管理体制,对于各项知识产权、专利权、著作权等无形资产,高校应按照国家相关规定,严格申请办理相应的证明、证书等。目前,各大高校普遍拥有面积广大的土地,但高校的固定资产管理系统并未体现土地的使用权及其市场价值,部分高校将土地资源视为无形资产,将实际的征地补偿费用记录在无形资产的管理系统中,但仍未体现土地的使用权及其市场价值。此外,高校拥有丰厚的知识资源、科研成果、科研人才、师资力量等,然而,仍没有一所高校申请学校知名权、著作权及非专利技术等无形资产。各高校通过外购、自行开发及其他方式取得的土地使用权、著作权等应当合理计价,及时入账,这有助于高校全面梳理其无形资产,为高校系统地管理无形资产提供了契机,为其制定无形资产管理制度创造了良好开端,使无形资产发挥其最大效用,以提升高校的核心竞争力,提高高校的知名度。

第二节 高校资产管理绩效评价指标

一、高校固定资产管理绩效评价指标体系研究

(一)评价指标的选取原则

高校在构建固定资产管理绩效评价指标体系时,首先,应选出具有较强科学性的评价指标。然后应站在评价固定资产管理绩效的角度,结合固定资产的特点,按照评价指标体系的构建流程,构建该体系。同时,还需要遵守以下原则。

1. 系统性原则

高校应结合资产现状、使用绩效、协同配置及外部影响等多维度、多层面综合考虑,结合定性与定量两种形式,制定系统性固定资产管理绩效的评价指标,全面提升高等院校对固定资产的管理水平。

2. 客观性原则

高校应在固定资产管理体制的基础上,辅以协调配置机制,结合科学合理的评价流程,根据实际情况制定相关评价指标体系,进而客观地反映被评价对象的各项指标。

3. 科学性与全面性原则

高校在选取固定资产管理绩效的评价指标时,应全面、科学地考虑管理对象与管理内容的内涵及本质,广泛借鉴、参考相关专家学者的建议及研究成果,尽可能消除主观意识对该评价指标产生的影响,排除其他不稳定因素,保证所选取的评价指标具有一定的科学性。

(二)评价指标体系的初步构建

高校应将相关文献及专家学者的研究成果与高校对固定资产的实际管理情况相结合,对资产管理绩效的评价指标进行深度分析与研究,深入了解其理论基础,剖析内涵,科学地提升该评价指标带来的运行效能,进而保障科学、合理地构建该评价指标体系。

1. 资产保障能力

资产的运营规模不仅能直观反映效益覆盖的范围与资产保值情况,还能大幅度减少国有资产浪费、流失的情况;高校优化资产的结构,使资产得到更加科学、合理的配置,有助于强化其对高校事业发展的支持作用;资产的使用质量能够从更新率和利用率两个

方面反映高校固定资产的使用情况，从而提高高校协同配置固定资产的能力，促进教育事业的发展。

2. 资产管理水平

固定资产的管理水平取决于以下三个方面：首先，取决于其管理团队，管理固定资产的组织与团队是其实施的主体，在组织架构、管理能力、管理观念等方面均影响和制约着资产管理的效果及其产生的绩效；其次，取决于管理制度，管理制度是其重要的载体，完善可行的管理制度能够实现人、财、物在管理过程中的合理配置，促进资源、信息共享，促进外在保障力与内在驱动力完美配合，产生有效的激励作用与约束效果，有利于资产的管理；最后，取决于管理信息系统的建设程度，建立完善科学的管理信息系统有利于引导信息的流向，控制信息资源的共享，公开化、透明化的固定资产信息使资产管理信息系统具备精准、直观的特点，有助于提升高校管理固定资产的水平。

3. 资产安全能力

对于固定资产管理，资产安全能力是一项十分重要的指标，高校的固定资产是否依据科学的方式规范地运行能够在资金的预算来源中体现出来，高校应做好预算管理，严格管控资产，避免资金闲置甚至流失，优化资源配置方案，保障高校教育事业的发展。在资产安全能力方面，资金的投入与使用都应严格监督控制，严禁挪用、截留、公款私用等。资产安全能力能够通过资金的使用效果表现出来，因此，监督与管控是资产安全的重要保障。

4. 资产运行效益

科研成就与人才培养是衡量资产运行效益的两个指标，固定资产形成的运行绩效最终将体现在教学科研与人才培养方面。科研成就能够展示科技成果的转化程度，展示应用型大学的建设成果，是社会进步的前提，是社会生产力形成的基础。从总体上看，高校培养的人才质量不仅能说明高校资产的运行效益，还能就此分析出教育成果的转化程度，培养高质量人才是高等教育的根本目标。

5. 外部影响评分

外部认同度及学术交流程度是衡量外部影响评分的重要指标，能够将高校固定资产对外部的影响客观地呈现出来，这两项指标虽然属于无形资产，但对高校管理固定资产非常重要，对提升高校竞争力也有重要的作用。

（三）高校固定资产管理绩效指标的筛选与修正

高校为管理固定资产的绩效构建评价指标体系时，可参考德尔菲法，其操作步骤：选择专家、设计调查问卷、发放调查问卷、咨询专家、统计并分析结果。在操作过程中，系统地筛选出最科学、最合适的评价指标，使该评价指标体系的构建具有一定的科学性。

1. 选择专家

为保证高等院校固定资产管理有科学合理的绩效指标，高校在实施德尔菲法时，首先应由资产管理领域或财务管理专业的专家学者，科学选取绩效指标，再聘请国资处、财务处或高校相关管理人员、学者等，让其对高校的固定资产管理绩效评价指标体系进行修正。

2. 调查问卷设计

以高校目前运用的管理固定资产的制度为基础，结合理想的绩效管理体系，主要从资产的管理水平、运行效益、保障能力、安全能力及外部影响五个层面设计调查问卷。

3. 指标筛选与修正

在调查问卷的设计过程中，高校需要对评价资产运行效益的指标进行多个层面的筛选，最终确定人才培养与科研成就两个二级评价指标，再根据专家的意见确定这两个二级指标的权重。

4. 问卷发放

将问卷交给专家，并说明问卷的用途及填写的注意事项。根据专家反映的问题进行调整，再将问卷交回专家手中，重复上一步骤，直至获得专家的肯定。

5. 专家咨询

围绕指标的调整与权重评估方面，咨询专家分析调查问卷后提出的问题，将整理得到的咨询结果，向专家反馈。结合所有专家给出的建设性建议，反复修正高校管理固定资产的评价指标。

6. 结果统计分析

收集多方专家的建议，整理最终得出的调查问卷，使用 SPSS 软件（统计分析软件）统计并分析各项数据，根据分析结果选择最终的绩效评价指标。

（四）高校固定资产管理绩效评价方法的选择

1. 评价方法介绍

在评估资产管理绩效时，处于相关领域的学者更多地注重使用多指标对复杂事物进行综合性的量化衡量与比较，各大高校借助先进的技术手段与工具，采用综合评价的方法，建立起固定资产管理绩效的指标体系，达成量化与测量绩效评估的目的。可采用以下几种评价方法评价资产管理的绩效。

①适用于整体比较的灰色关联度法。灰色关联度法能够从整体层面上比较复杂的事物，分析事物的影响因子在演化过程中的相对情况，以了解研究对象的变化方向与变化速度等。比较分析演变过程中一致性强、相关性高的部分，能够快速、详细地了解研究对象与影响因子之间的关联程度并深度发掘研究对象间的紧密性。

②基于累计方差贡献率的因子分析法。在研究变量时，从变量群中提取公因子，就能获得同组内活跃度较高的变量因子，累计各组内因子的贡献度，并对比不同的对照组，即可得出累计方差贡献率，其中贡献率最高的公因子能够将变量的差异程度详细地描绘出来。累计方差贡献率和提取的公因子个数能够反映出不同变量之间的关系，通过分析因子，就

能得出评价指标的权重。

③降维处理实现主成分分析。测量变量时，需要抛弃原始变量，运用方差降维处理新提出的变量，新变量与原始变量无关，根据得出的价值函数分析评价指标。

④用于系统评估的层次分析法（简称 AHP）。层次分析法能够按等级确定评估目标的权重并为其赋值，逐级运算对评估对象打分，通过分数来衡量评价指标。

⑤模糊综合评价法。在德尔菲法的基础上，使用这种评价方法能够为指标建立权重集，通过分析指标的隶属程度得到评价矩阵与累计分值，再对其逐级运算就能得出最终评价结果。

2. 评价方法的确定

评价高校固定资产管理绩效的工作通常由领导群体做决策，是一项较为烦琐的、跨层次的工作。因此在为该项工作构建相关评价体系时，应秉承客观公正的态度，使用科学方法构建评价模型，直观反映高校固定资产管理中存在的绩效差异。结合上述多种评价方法及高校固定资产管理的实际情况，在不同的研究情境中选择不同的、适合的评价方法，就能发现高校在管理固定资产过程中存在的主观意识影响大、信息不对称等问题，属于典型的模糊多属性决策问题，符合模糊数学的范畴。

由于研究对象的属性及特点较为特殊，高校在进行研究评价固定资产的管理绩效时，无法通过具体的量化指标客观分析研究对象，因此只能在德尔菲法的基础上通过模糊综合评价方法完成相关的模糊数学运算，得出具有科学依据的结论，进而完成高校固定资产管理绩效的评价指标体系研究，衡量固定资产运营的效益与效果。

二、高校无形资产管理绩效评价指标体系研究

（一）评价指标的特点

为高校选取无形资产管理绩效的评价指标时，应多关注代表性较强的指标。指标群通常比较复杂，由多个或多级具有权重与一定评价尺度的指标组成，每个指标均具备一定的逻辑结构，指标之间互相关联，是系统化的指标群，因此，只有构建出层次分明的指标体系才能反映出高校无形资产的特点与属性，表现出高校无形资产的管理水平。选取指标时需要考虑以下几点。

1. 代表性

应选取代表性强、内涵丰富且对一定范围内的高校办学特点的变化比较敏感的指标。选取指标时，还应注意其科学性、准确性、合理性，保证其计算范围清楚、含义明确。

2. 相对完备性

只有完备的指标才能站在客观、公正的角度，将评价对象的特征与属性全面、完整地反映出来，任何重要因素的缺失均会对绩效评价的效果造成影响。对于高校无形资产的管

理绩效有很多具有代表性的评价内容,研究时可从全方位多个角度多个层次选取多项评论要点,综合深入分析各项评价指标,找出其中的共性和差异,追求指标的全面性,在有效指标丰富甚至过多时保证评价成本和工作效率。

3. 简明科学性

选择评价指标、设计评价体系时,必须以科学性为重要原则,以获取各个高校无形资产管理绩效最客观、真实的状况,特点以及指标之间的实际关系。需要注意的是,选取的指标应既直观、真实,又简明,能反映最真实的绩效情况。在构建指标体系的过程中,可借鉴吸收国内外先进的经验分析评价目标,形成评价指标体系的基本框架,再加以科学的分析与计算,从重要程度、指标权重及相关程度方面分析各项指标,再辅以提炼、简化环节处理指标,最终构建出简明、科学的评价指标体系。

4. 相对独立性

高校在选取评价指标时应注意其相对独立性,各项指标之间不应存在互为因果或互相包含的关系。在此基础上逐层构建出完整的评价指标体系。当指标之间存在不可避免的关联时,应进行精简处理,保留能够反映本质的关键信息,以确保评价结果的可靠性。

5. 可测可比性

绩效管理属于一种导向管理办法。其评价内容只有客观、实际、可量化且具有可操作性等,才能将高校管理无形资产的绩效反映出来。此外,评价指标既要反映出评价对象不同于其他同类高校的特点,又要反映出评价对象与其他高校的共性特征,且具有一定的可比性,如数据、结果、内涵、判断尺度等都是可比的。

6. 数据易取性

数据要尽量容易获取,便于计算和引用,要能被大多数高校所理解,这样才更容易被引进应用。

(二)无形资产管理绩效评价指标体系构建途径

1. 无形资产管理绩效评价指标体系构建原则

①共性与个性相结合原则。指各大高校应根据高等教育的要求与运行规律设计评价无形资产绩效的指标。无论何种类型、何种属性的高校,教学、科研及社会服务都应是最基本、最主要的功能,其评价指标体系的构建应考虑这些主体功能。另外,高校应结合自身的办学特色,从办学的理念、规模、类型、人才培养以及服务内容与对象等方面做出精准定位,设置长远的发展目标,最大限度地发展大学的多样性。

②定性与定量结合原则。定量评价具有较高的准确性,有利于高校计算评价结果,进行横向比较,能够有效降低评价结果的主观随意性。数字较文字的呈现效果更为直观、明晰,更有利于比较、分析和整理,尽管高校许多方面的活动都难以测定,还是应尽量使用"绝对值""序数性""基数性"等方法对其进行权威的测量,并将测量结果充分用于绩效评价中。

然而，评价高校无形资产管理绩效本身就是一项烦琐的系统工程，很难量化其表现的内容及各种影响因素，因此，可利用定性的手段对其进行归纳、概括、提炼并综合分析。在指标体系的构建过程中，可将定量方法作为主要测量方法，将定性方法作为辅助评判方法，使之相互补充、配合，利用各自优势，对高校的无形资产管理进行全面、具体、客观的评价。

③总量与人均相结合原则。在绩效评价中，高校必须坚持将人均与绝对总量相结合的原则。目前，大多数高校的评价指标体系只能体现无形资产的绝对总量，人均指标远未达标，在这种指标不均的情况下得出的评价结果无法做到公正、客观。因此，高校应选取人均指标，以获得公正、客观的评价结果。

④质量与规模相结合原则。高校的办学规模、办学质量、人才培养质量等虽然都是衡量高校管理绩效的重要指标，但高校的绩效与其数量和规模不一定构成正比关系，即使一所高校具备很大的办学规模，师生数量庞大，也无法说明该高校的教学科研质量高、效益好。因此，在进行绩效评价时，应坚持将质量与规模相结合，综合筛选、提炼要素，不能因为某些高校的规模小就否认其办学质量，确保评价结果客观、公平。

2. 无形资产管理绩效评价指标体系构建思路

高校在多项指标共同构建的评价指标体系中，能够得到全面、可靠的无形资产管理绩效评价指标。指标体系是一个有机整体，能够表现出高校对无形资产的管理水平与效果。在设计评价指标体系时，高校应站在决策者与信息使用者双方的角度，依照相关构建原则，通过分析指标内涵、分解预期目标等环节，完成该体系的构建。为了使绩效评价指标体系具有科学性、实用性、可比性以及较强的动态性，应在设计中融入可比性因素，构建时不仅要结合高校无形资产管理本身的特点，还要深入考虑其共性；不仅要了解各高校管理体系之间的本质区别，还要融入各高校管理绩效的对比性与可行性。

3. 无形资产管理绩效评价指标体系目标分解

被合理使用的无形资产，能给持有者和使用者带来某方面的权利、技术以及其衍生的经济效益等。高校的声望越高，越能吸引更多的人才、聚集更丰富的知识、获取更密集的信息，在教学、科研、技术成果等领域的优势就越显著。高校的无形资产通常包括①通过日常教学、科研所产生的各项技术专利、知识专利与各种非专利技术，这些资产具有较大的价值；②高校师生的科研创造、著作、发明以及接轨国际的科研成果等；③高校的名望声誉、经营性资产、文化环境等。无形资产和有形资产共同为高校未来的发展提供物质上的强大支持。因此，在为高校设计无形资产管理绩效评价指标体系时，选取的指标不仅要能考核管理的成果、效益及效率三方面，还要能反映高校实际的无形资产情况。

第三节　高校资产管理措施

高校的资产主要包括固定资产、流动资产、无形资产及对外投资。管理好这四类高校资产，使之发挥更大效益，必将有助于高校的稳定运行与顺利发展。

一、高校固定资产管理措施

高校固定资产一般可分为六大类：一是房屋及构筑物，包括教学用房、行政办公用房、后勤服务用房、师生宿舍及相关土地使用权等资产；二是专用设备，如计算机设备、打印机、投影机、文化体育设备等；三是通用设备，包括机电设备、仪表仪器、日常电子设备、行政办公设备及车辆等；四是文物与陈列品；五是图书、档案；六是家具、用具、装具及动植物等其他资产。作为高校资产的重要组成部分，固定资产具有价值高、使用周期长、使用地点分散、管理难度大等特点。

高校固定资产是高校完成教育教学与科学研究任务、实现教书育人目的的物质基础，也是高校办学条件与实力的衡量标准。目前，高校资产体量剧增，管理松散，固定资产的使用效率低下，采购、处置随意等情况屡禁不止。管好、用好固定资产，已不单单是资产管理的职责所在，也是高校整个内控体系协同优化的突破口。因此，高校必须从优化内控的角度，改善高校固定资产管理模式。

（一）领导高度重视，加强顶层设计

高校领导层应高度重视固定资产管理，将其与教学、科研放在同等重要的位置，固定资产管理是高校教学、科研管理工作的基础，因此高校领导层要加强顶层设计，将固定资产管理纳入高校建设发展的重要方面。加强资产管理政策与业务方面的培训，让各级教师与工作人员了解高校推进资产管理工作的重要性，为具体工作展开统一思想。

（二）分级负责，责任到人

高校需明确资产管理组织架构，负责对固定资产进行统一协调、统一管理。培养高校内部储备管理人才，发展资产管理组织力量。要在高校内部梳理管理职责，明确资产调剂、租赁、对外投资、处置等业务流程，划分归口管理部门，逐级分配审批权限，将资产分配到使用人或部门资产管理员，切实做到责任落地。各部门要建立完善的电子资产台账，加强资产的实物管理。高校应定期清查盘点资产，确保账实相符。财务管理、资产管理、资产

使用等部门或岗位应定期对账,一旦发现账实不符,就要及时查明原因,并按相关规定做出妥善处理。

(三)加大固定资产清查力度

高校要加大资产清查力度,摸清固定资产"家底"。要定期开展全校性的固定资产盘点工作,全面、清楚地掌握高校固定资产的明细情况。对于一些固定资产较为集中的部门,应重点清查固定资产的在用情况,做到账账相符、账实相符,同时要掌握其分布与利用情况,防止固定资产闲置或流失情况的发生。

(四)实施信息化管理

高校要积极推进固定资产管理信息系统建设,以使固定资产管理工作更专业、更规范。通过信息系统,做好固定资产的统计、报告、分析工作,实现对固定资产的动态管理。高校内部部门和固定资产管理员可通过分级授权,随时登录查询相应的固定资产信息,实现固定资产信息共享,掌握固定资产存量及其增减变化情况,及时反映固定资产状态的相关信息,为分析固定资产使用效益、处置闲置固定资产等提供有效依据。同时探索加强固定资产信息管理系统与财务账务系统的数据交互,以实现有效对接,解决账实不符的问题。

(五)制订固定资产配置规划

高校应健全资产配置机制,根据高校学科发展、人才培养、专业建设、科学研究等中长期发展规划,在高校的统一领导下制订3年至5年的固定资产配置规划。在编制年度财务预算时,应按照高校制订的固定资产配置规划,在摸清固定资产存量及其使用情况的基础上,对各部门申报的增量固定资产进行综合评审,先在校内调剂使用长期低效运转或闲置的固定资产,在确实无法调剂使用的情况下,再安排年度固定资产购置预算,杜绝盲目购置。

(六)让固定资产实现"双线"共享

高校内部可实行"线上"与"线下"相结合的资源共享机制,将超标配置、低效运转或长期闲置的固定资产信息输入共享池,以便集中管理、调剂使用,从而降低固定资产的购置、闲置成本。对价格昂贵且利用率较低的专用设备及教学场馆,利用物联网技术与二维码标签,引导和支持更多单位通过扫码实现固定资产共享共用,提高固定资产使用效率,推进固定资产管理集约化。

(七)强化事中、事后的跟踪监管

对于固定资产采购执行、资产租赁、处置、投资等环节,除了对审批节点的重点关注,还应加强其事中、事后的跟踪监管。利用信息化的手段对事中、事后的数据与事前审批的数据进行分析比对,全面反映各环节的数据透明、过程留痕及效益实现情况。例如,变卖固定资产过程、处置收入及租赁合同履行情况等,均应纳入信息管理系统,为决策分析与绩效评价建设提供数据支撑。

(八)加强内部监督,完善绩效评价

高校应明确各相关部门或岗位在固定资产管理内部监督中的职责权限,规定内部监督的程序和要求,对内部控制建立与实施情况进行内部监督检查和自我评价。同时,要建立健全定量与定性相结合的固定资产管理绩效评价体系,创新评价计算方法,立足多维视角与多元数据,利用"成本效益法""比较法""因素分析法"等,提高固定资产管理绩效评价结果的客观性与准确性。评价指标的确立,应以固定资产的管理效益为前提,将操作规范性、费用合理性、固定资产利用率、卡片信息错误率、及时性等作为指标把控元素,并给予相应的奖惩。

二、高校无形资产管理措施

无形资产指的是不具有实物形态而能为使用者提供某种权利的资产。无形资产包括商标权、著作权、土地使用权、非专利技术、商誉及其他财产权利等,具有自创性、高效益性、无可比性等特点。

大部分高校只注重有形资产的使用、管理与核算,往往忽视对无形资产的管理。重有形资产管理而轻无形资产管理、重实物形态资产管理而轻非实物形态资产管理的现象非常严重,加上缺少相应的规章制度及科学的评估体系,导致高校无形资产流失现象日益严重。为了激发科研人员的研发潜力,使无形资产更好地发挥经济效益与社会效益,高校应着重加强对具有自创性的无形资产的管理,建立科学的规章制度,对无形资产进行科学准确的价值评估。

(一)提高管理意识,加强制度建设

高校要加大对无形资产重要性的宣传力度,并成立无形资产管理部门。要通过制定无形资产管理的各项规章制度,明确师生应承担的责任和义务,同时也要求无形资产管理机构及有关人员严格执行无形资产管理的各项规章制度,做到秉公办事,使无形资产管理尽快走向规范化、制度化,使无形资产的管理"有法可依",从根本上杜绝无形资产流失。

(二)管理好高校自创的无形资产

高校除了对从外购进的无形资产进行管理,还必须设置一个专门的部门,对高校自创的无形资产进行统一管理。如高校的声誉,高校组织编写的教材讲义、学生毕业论文或学位论文的著作权及使用权,高校的专利技术等,均属于高校自创的无形资产,必须做好管理工作。

(三)建立无形资产评估体系

高校无形资产具有无实物形态,能在较长时间内为高校提供经济利益,其所提供的未

来经济利益具有高度不确定性的特点。鉴于这些特点，在对无形资产进行计价时，高校应以投入的科研资金及智力成本为主要计算依据，并且充分考虑日后的经济及社会效益，从而对无形资产的价值进行准确评估，以便日后对其投资或转让时确定合理的交易价格。

（四）建立激励机制，激发科研人员潜能

高校可通过无形资产对其管理防止无形资产的流失与盗用，保护无形资产的完整。要协调好无形资产与高校其他资源的搭配组合，促进高校无形资产价值的转化，更好地发挥其经济与社会效益。这是高校无形资产管理的根本目的。无形资产特别是技术类无形资产，其价值的时效性很强。因此，高校要真正促进技术类无形资产的产生，就必须运用合理的激励机制来激发科研人员的内在动力与研发热情，使其能够快速地、不断地创造出更新、更高的技术成果。

三、高校流动资产管理措施

高校流动资产是指能在一年以内变现或耗用的资产，包括现金、各种存款、应收款及暂汇款项、借款、存款等，是高校资产的重要构成部分。高校流动资产管理在维持高校工作正常及高效运转方面发挥着十分重要的作用。高校流动资产的管理状况直接影响到国家教育经费的合理使用及高效利用，进而影响到人才的培养层次及经济社会的发展层次。随着人们对高等教育需求的不断增强，随着国家对高等教育投资力度的不断加大，高校应加大流动资产管理力度，促进高校流动资产的合理使用及高效利用。

（一）充分认识国有资产管理的重要性

公立高校的资产属于国有资产。高校资产管理是一项复杂的系统性工程，这项工作的意义与价值众所周知。高校所有员工不仅要重视对国有资产使用过程的管理与监督，还要特别关注资产形成以后的保值、增值等情况。只有这样，才能真正将高校资产的高效管理落到实处，才能收到良好的效果。另外，要着眼于制度建设，做好顶层设计，构建科学高效的内部控制管理体系。各部门也应严格按照高校的具体规定实施内部管理制度，负责日常具体的资产管理工作，从而实现其资产的高效配置，最终提升资产管理效率。

（二）加快实施资产信息化管理方式

实践经验表明，资产效率和日常工作效率的提升，均离不开信息化的手段，因为信息化有利于管理者迅速发现管理行为中的诸多问题，从而采取相应的措施予以解决。因此，高校需要加强流动资产管理网络化建设。对流动资产实施信息化管理，即通过使用诸如计算机、网络通信等工具及手段，来实现资产管理数据传播的及时化、跨区域化、高效化。高校流动资产的管理必须在管理方式及管理手段的选择上借助网络、计算机等现代工具，进而提升高校资产特别是流动资产的管理水平。

（三）将资产管理与预算管理相互结合

资产预算有利于更好地提升资产管理水平，进而促进企业各项活动的高效开展；而资产预算管理又有利于规避资产管理中的诸多不合理因素，进而实现资产管理的高效化。大量成功实践表明，资产管理与预算管理相结合已经成为提升企业资产管理水平的有效途径。因此，高校除自身应不断提升资产管理水平外，还应在购置资产时先行编写资产购置计划，并将资产购置计划纳入高校的部门预算中，从而使部门预算成为杜绝高校资产不合理利用的一个重要约束机制。同时，高校各单位和部门也应严格地按照预算和政府采购办法来指导自身的资产购置行为，并最终建立资产预算监督管理机制，以指导自身的执行情况。

（四）坚持定期开展清查监督工作

高校资产管理的合理化、高效化，必须从建立专门的监管小组开始，通过资产采购计划制、项目立项审批监管制、领用保管使用备案制及资产报废审核制等方面，形成资产全过程、全方位的审批监管机制，从而确保高校资产购进的透明性、使用的公开及报废的合理性等。通过开展高校资产清查及核算工作，能较为全面地摸清高校各个部门与各个环节的资产入账、出账情况。对于高校资产特别是高校流动资产的清查与核算工作来说，定期清查，既是优化高校资产、促进高校资产管理水平渐趋理性的选择，也是优化社会资源配置、提升社会结构渐趋理性的一条路径。

四、高校对外投资管理措施

高校对外投资是指高校依法利用货币资金、实物、无形资产等方式向其他单位的投资。高校对外投资在一定程度上调动了高校的积极性与主动性，促进了高校经济总量的持续与快速增长。但高校对外投资目前却存在一定的问题与隐患，因此高校必须采取必要的措施，加强对外投资管理。

（一）对投资项目进行可行性研究，并执行有关审批程序

高校应制订对外投资审批管理办法，建立操作可行、管控明确、机制灵活的管理体制，并进一步明确高校内部投资审批制度。首先，高校所有对外投资应进行充分的项目可行性论证与风险评价。其次，要建立对外投资决策制度，实行集体讨论、民主决策，避免投资主观性。最后，要明确对外投资的审批权限与程序，严格按照权限与程序执行。

（二）规范对外投资企业的经营管理

高校要成立资产管理专业机构，第一步是在高校建立国有独资性质的产业实体，比如高校资产经营公司；第二步是以实体公司的形式对外投资，其他团体或个人不允许对外进行投资，规避高校直接经营企业的经济与法律风险，确保国有资产的保值增值；第三步是实体产业集团全权负责高校的对外经营活动，积极引入社会资金，促进校办企业股东多元

化，实现产权清晰、资产明确、校企分离。

要对高校资产进行分类管理，明晰资产权属，实现有偿使用成本核算。高校经营性资产与非经营性资产分类建账、分别管理。高校经营性资产划归资产公司具体运营，承担保值增值责任。对所办企业占用高校房产、无形资产、技术成果等相关资产，采用收取租金、相关使用费等有偿使用原则。

要规范企业法人治理结构。按照现代企业制度的要求，完善以股东会、董事会、监事会为代表的企业"三会"法人治理结构，形成各负其责、协调运转、有效制衡、机制灵活的管理体制。

要建立科学合理的绩效评价与激励约束机制。高校应明确被投资企业负责人的经济责任。每年对被投资企业下达业绩考核指标，签订责任书，年终进行考核，提出奖惩及任免建议。被投资企业经营管理者要定期向高校报告日常经营状况，对发生的重大采购、重大资产出售与处置、重大诉讼及仲裁等事项，要及时报告。

（三）建立健全投资管理监督机制

要建立健全行业活动与投资行为监督管理的基本制度。明确可供投资的资产、投资方向、外商投资决策的内部审批权限与程序、高校对国有资产运营的监督责任，以及国有资产保值增值责任主体和投资决策责任制。

要建立健全投资企业高校干部管理制度。明确应派出高校干部管理哪些企业。明确干部选拔任用程序、重大事件报告制度、外派人员考核奖惩责任制。

要建立健全校办企业财务监督机制与审计监督机制。被投资企业必须严格执行企业会计准则、会计制度及各项内部财务管理制度，及时报送有关财务报表与财务资料，接受投资者的检查与监督，定期委托中介机构进行财务审计。对于经营不善、财务状况差、亏损严重的企业，要清理整顿，及时化解投资风险；引导外国投资者投资国有企业，实现资产增值。

第三章 高校效益与成本管理

第一节 教育成本效益与成本管理

教育成本属于经济范畴，是指为培养学生所发生的物化劳动和活劳动的耗费。这种耗费既同社会生产力相联系，也同社会生产关系相联系。教育成本不仅与经济效益相关，也与经济利益相关。教育成本不仅是反映各方面对教育资源消耗的重要指标，还是国家确定教育投资及教育收费的主要依据；不仅是评价教育投资效益的必要前提，还是考核与提高教育管理水平的重要措施之一。

一、对教育产品经济性质的认识

（一）公共产品的含义

公共产品是私人产品的对称，是指具有享用上的非竞争性和受益上的非排他性的产品，也称"公共财货""公共物品"（下同）。按照西方经济学中的定义，可将其理解为能被绝大多数人共同消费或享用的产品或服务，一般由政府或社会团体提供。常见的几种重要的公共产品有国防、环保、科技、教育、文化。

（二）对教育产品的定性认识

1. 教育属于公共产品的认识

有些人认为教育是一种事业，强调教育的外部性，认为教育通过人才资本的提升能对经济发展作出贡献。

2. 教育属于准公共产品的认识

教育实际上是一种服务，这种服务具有一定的非排他性和一定的非竞争性。因为，对于处于同一间教室的学生来说，甲在接受教育的同时，并不排斥乙听课。也就是说，甲在消费教育产品时并不排斥乙的消费，也不排斥乙获得利益。但是，教育产品在非竞争性上表现不充分。因为，在一个班级内，随着学生人数的增加，校方需要的课桌、椅也相应增加，教师批改作业及课外辅导的负担加重，成本增加，故增加边际人数的教育成本并不为零；若学校的在校生超过某一限度，学校必须进一步增加班级数与教师编制，成本也会进一步增加，因而具有一定程度的消费竞争性。正是因为这类产品具有一定程度的消费竞争性，所以称之为准公共产品。确切地讲，高等教育作为准公共产品，其产生的费用要由政府和受益者共同承担。

3. 教育属于私人产品的认识

主张教育属于私人产品的认识，照搬了公共产品理论与企业理论，认为教育有足够手段来排斥消费者。不过，此认识放弃了教育"育人"的本质特点，忽略了高等教育传承文化的功能。

二、教育成本与效益的一般界定

（一）教育成本的一般界定

1. 教育成本的内涵

作为一种生产性投资，教育投资既存在投入与产出的比较问题，也存在成本与效益的计算问题。因此，教育部门应像物质生产部门一样，进行成本核算。教育成本的实质就是教育资源耗费的价值表现形式，或者说是耗费的物化劳动与活劳动的总和。它既包括以货币支出的教育资源价值，也包括这些资源用于教育而非用于其他经济活动所造成的价值损失（即机会成本）。

2. 教育成本的构成

教育成本作为经济范畴，是指培养学生所耗费的社会劳动，包括物化劳动和活劳动，其货币表现为由社会和受教育者个人或家庭，直接和间接支付的培养学生的全部费用。但并非所有投入学校或社会的教育资源都属于教育成本范畴，只有那些用于培养学生的，可通过直接归集与间接分配到学生的可用货币计量的资源，才属于教育成本。严格来讲，教育成本包括以下三方面。

①培养成本，又称生产成本，即学校为培养一定数量和层次的学生所支出的一切费用。

②增量成本，即学生为学习或读书所增加支付的那部分生活费用。

③机会成本，即学生因学习而未能参加工作等带来的机会损失。

对学校而言，教育成本往往被视为学校为培养学生支出的费用，其他两项则忽略不计，即以培养成本代替教育成本。本书中的教育成本除另有说明外，均基于此理解。

(二)对效益的理解

对效益的理解,有广义与狭义之分。

1. 广义的效益即指效用与收益

效用是指人从消费某种物品(或劳务)中所得到的满足程度。收益有很多概念,可归纳为两种类型,即经济学收益与会计学收益。在会计上对收益有许多解释,但一般认为,收益代表投入价值与产出价值之比,或者是产出大于投入的差额。由此可见,广义的效益不仅局限于某种经济活动,还关注相关的多种经济活动,或者说不仅仅关注某种经济活动本身。这里对效益的定义基于广义的理解。

2. 狭义的效益一般指经济效益

即仅关注经济活动本身。对经济效益有两种理解:一种认为,经济效益是指经济活动中劳动耗费与劳动成果的比较,其中,劳动耗费是指经济活动中实际消耗的活劳动量与物化劳动量;另一种认为,经济效益是指经济活动中的劳动占用与劳动成果的比较,其中劳动占用包括活劳动的占用和物化劳动的占用。一般认为,全面的、科学的经济效益观不仅要注重当前经济效益,更要注重长远经济效益;既要关注微观经济效益,又要关注宏观经济效益;同时,还要考虑与社会效益、生态效益的有机结合。

由此可以认为,效益是人们在各项经济活动中应首先遵循的原则。各种投入都要讲效益,尽可能以较少的投入取得较多、较好的产出,以满足人们的需求。效益的不同理解影响着人们对效益的不同评价。遵循的效益观及对效益的关注程度,决定了人们对投入行为或方向的选择,从而决定了人们对教育成本采取何种管理模式。

三、成本管理概述

(一)成本管理的产生与发展

现代成本管理是成本管理发展到一定阶段的产物。成本管理理论与实践的演进历程,以作业成本管理(Activity-Based Costing Management,ABCM)为分水岭,大体可将成本管理分为经验管理阶段、科学管理阶段和现代成本管理阶段。

(二)战略成本管理的基本内涵

战略成本管理的基本思想,包括成本的源流管理思想、与企业战略相匹配思想、成本管理方法措施融入思想及培养职工的成本意识思想等,主要是从战略角度来研究成本的各个环节,从而进一步找到降低成本的途径。想要正确理解战略成本管理的基本思想,就要把握以下内涵。

1. 战略成本管理以贯穿成本源流管理为核心理念

战略成本管理认为，控制成本发生的基础条件是成本降低的根源，因此它强调以改变成本发生的基础条件为目的的方法措施，其主要方法有重构价值链、控制成本动因等。比如，按照成本管理方法措施的业务流展开，包括开发与研究过程的成本管理、时间成本与质量成本管理、适时制的应用、价值链的纵向整合等。

2. 战略成本管理实质上是一种全面成本管理

战略成本管理是一种集全方位、全过程、全员管理于一体的现代成本方式，原因在于：第一，它强调从产品设计开始就关注成本的意义；第二，它强调从成本预测、决策、计划、核算、分析及考核等各个方面找出降低成本的途径；第三，它强调培养职工的成本意识，要求人人参与，不能只有领导参与成本的管理。因此，管理要从成本发生的源流着手，控制成本需要全体职工的共同参与，要培养职工的成本意识。

3. 战略成本管理以产品全生命周期成本为主要管理对象

战略成本管理以实现企业可持续发展战略为最终目标，从整个物质产品的循环过程来看待成本的耗费及补偿，注重对产品整个生命周期进行目标成本管理，实行产品设计的一体化管理，从根本上降低成本。

4. 战略成本管理的主要环节

成本管理的内容环节与取决于成本管理的职能，一般包括成本预测、成本决策、成本计划、成本控制、成本核算、成本分析、成本考核七项。成本核算是基础，是原始的成本管理，也是狭义的成本管理；成本管理的其他内容是在成本核算的基础上，随着企业经营管理要求的提高及管理科学的发展，逐步发展形成的。现代成本管理是广义的成本管理，实际上就是成本会计。

（三）成本管理中有关成本概念的界定

1. 相关成本与无关成本

相关成本，即与决策有关的成本，与无关成本对应。沉没成本是一种典型的无关成本，即已经发生而无法由现在或将来的决策所改变的成本。下列属于相关成本的范畴：一是差量成本，即决策者在两个备选方案中进行选择时，就同一项或同一类可比成本之间的差异或差量；二是机会成本，即因选择某项方案而放弃其他方案而损失的收益。

2. 可控成本与不可控成本

不可控成本是指管理者不可控制或在管理者控制范围外的成本。从成本管理的角度看，可控的成本才是责任成本管理的重点。不过，可控成本与不可控成本是相对的，在一定条件下，二者可以相互转化。

3. 固定成本与变动成本

按照成本与业务量的依存关系，成本分为固定成本与变动成本。固定成本是指在一定时间和一定业务量的范围内，其费用发生总额不随业务量的增减而变化的成本。变动成本是指在一定时间范围内，其费用发生总额随业务量增减而变化的成本。正确理解变动成本要注意：一是单位业务量分摊的变动费用是相对固定的；二是其中一些费用虽然随业务量的变化而变动，但不成正比例变动，这部分费用称为半变动费用。

4. 标准成本与责任成本

标准成本，即为达到控制成本的目的，在生产经营活动开始前，根据产品结构及生产工艺过程，采用科学方法进行测算所预先制定的产品生产经营耗费限额。责任成本，即为考核成本责任者的成本责任而制定的成本。责任成本提出的目的在于落实成本责任，考核成本管理工作绩效，为加强成本管理提供信息。

四、支出、费用及成本的比较

（一）在一般及经济意义上的比较

1. 一般意义上的含义

一般意义上的"成本"常常被理解为"为特定目的而发生的各种耗费"，如经常提到的产品成本、各种投资成本等。

2. 教育经济学上的含义

我国教育经济学上经常提到的"办学成本"，一般是指学校培养成本，即"学校为培养人才所耗费的物化劳动和活劳动"。此处成本作为一个理论概念，是指培养一位人才所耗费的劳动，因此办学成本在教育经济学上也可称为办学费用。

由此可见，在含义外延和使用范围上，办学成本相对办学支出、办学费用较窄。但是在实际生活中，三者常常混用，尤其是办学费用与办学支出。在教育经济学上，并不严格区分费用和成本，办学成本可理解为办学费用。

（二）在高校财务意义上的比较

1. 办学支出与办学费用

在我国高校财务中，办学支出一般指高校在人才培养过程中为获得另一项资产和清偿债务所发生的耗费资产的流出。就某一会计期间而言，办学支出可以是现金支出，也可以是非现金支出。就长期而言，所有办学支出最终由现金支出来实现。在高校财务中，办学支出比办学费用所包含的范围广泛。只有那些在学校教育教学活动中为培养高素质人才而发生的各种支出才是费用；而其他原因发生的支出，如偿还借款、支付应付账款、为购买固定资产而支付的款项等，均与培养人才无关，均不能构成学校的办学费用，并非所有的办学支出在一发生时就是办学费用，但办学支出最终都会转化为办学费用。

一般来讲，高校的办学费用按经济用途可分为应计入培养成本、科研成本的费用和不应计入培养成本、科研成本的费用。其中，前者可分为直接费用与间接费用，后者可分为管理费用、财务费用和营业费用（即组成期间费用）。按经济内容可分为劳动对象方面的费用、劳动手段方面的费用及活劳动方面的费用。

2. 办学费用与办学成本

办学成本是指对象化的费用。例如，高校教育成本是相对一定的人才而言所发生的费用，是按照人才培养层次等成本计算对象对当期发生的费用进行归集而形成的；办学费用是资产的耗费，它与一定的会计期间相联系，而与培养人才类别无关；高校教育成本与一定种类和数量的人才相联系，而与发生的会计期间无关。因此，在高校会计工作中，办学成本的含义与一般意义上的成本一致，即一种为特定目的而发生的耗费。

由此不难看出，在我国高校财务中，办学费用的内涵比办学成本的内涵深。这里可以把办学成本理解为办学费用的一部分，但是在实际应用中，二者又是平行的，可以相互转化。在办学支出、办学费用和办学成本中，只有费用构成一项会计要素或会计报表要素，且和收入相对应而存在；只有办学成本能被当作一种计量费用的手段，而办学支出、办学费用则不能。

从确认角度来看，办学支出的确认较简单，一般只要流出或发生了，即可确认某项支出。办学费用的实质是资产的耗费，但并不是所有的资产耗费都属于办学费用。在高校财务中，教育成本的确认过程即一定时期办学费用归集与分配的过程，即从办学费用对象到某一人才的过程。一定时期所发生的办学费用构成了办学成本的基础。在高校财务管理中，办学成本较为宽广，其确认要依其专门界定，某一项成本总是有专门的界定或确指，如固定成本、沉没成本、机会成本等，现代成本管理还引入了作业成本等。

第二节 高等教育成本的界定与核算

一、高等教育成本概述

（一）高等教育成本的相关概念

1. 高等教育成本的含义

高等教育成本是指高校在教育活动中用于培养学生所耗费的教育资源的价值，具体有广义和狭义两种理解。

广义的高等教育成本，是指培养一位合格的高校毕业生，国家、社会和家庭所耗费的全部费用，或学生在高等教育阶段，接受教育服务所耗费的资源的总价值。它主要由四部分组成：一是高校为培养学生所发生的一切资源耗费；二是学生个人或其家庭支付的学费及生活费；三是政府和社会将资源用于高等教育而损失的收益，即公共机会成本；四是学生因接受教育服务而损失的收益，即个人机会成本。

狭义的高等教育成本，是指高等教育机构用于培养学生所耗费的，可用货币计量的教育资源的价值，是一种通过财务系统专门的方法计算的实际成本，不包括社会和个人投资于高等教育丧失的机会成本。机会成本是通过投入在最佳使用状态下的价值来衡量的，是为达到最佳选择所花费的成本，而不是为教育支付的实际费用。

2. 与高等教育成本相关联的两个概念

在目前的一些相关文章中，高等教育成本的概念总是与高校办学成本及高校教育成本纠缠在一起，使高校办学成本核算变为一个复杂的问题。

①高校办学成本。高校办学成本是高等教育成本的属概念，指高校为培养学生所发生的一切资源耗费，既包括直接的有形损耗与无形损耗（如折耗），也包括间接的机会成本。由于在实际核算过程中，个人和社会的机会成本属于理论意义上的成本，难以选取合理的标准加以计量，因而较难进行统计。在教育投资决策，如计算教育成本时应充分考虑，而在通常的会计核算办学成本中，可暂时舍去。从会计学角度看，高校办学成本是在高校一定会计期间内为了培养学生所耗费的一切资源的总价值，所耗费资源的补偿主要来自政府拨款，社会捐赠，学生交给学校的学费、住宿费、伙食费。

②高校教育成本。有学者提出了"高校教育成本"这一概念，认为它属于高等教育成本的下位概念，是指高校培养学生所耗费的费用，即高校为学生提供高等教育服务而耗费的教育资源的价值。高校教育成本显然与高校办学成本相同。为了增强概念的确定性，减少不必要的歧义，可用高校办学成本涵盖高校教育成本。

（二）高等教育成本的构成

狭义上的高等教育成本，主要由以下几个部分组成。

1. 教学费用

教学费用即高校在培养学生的过程中直接用于教学的费用，具体包括：①直接服务于教学的教师的基本工资、绩效工资及社会保障所缴费用；②直接用于教学的费用，如仪器购置费用、教学中的消耗性费用及其他教学物资购置费用；③教学辅助费用，如图书馆的建设、网络信息资源的购置、学术报告举行所需的费用等。

2. 学生费用

学生费用即直接用于学生的各类费用支出，如奖学金、助学金、特困补助、医疗费补助等。

3. 科研费用

科研费用包括纵向科研费用和横向科研费用。参考美国卡内基教学促进基金会制定的高等教育机构分类，根据一定周期内纵向科研费用数量，将目前我国的高校分为研究型、研究教学型、教学研究型及教学型四类，据此各类高校的办学成本应有所区别。对横向科研费用，各高校均应根据自己的实际情况将适当比例的科研经费计入办学成本。

4. 社会服务费用

在办学成本构成中增加社会服务支出，是为了促进高校成为社会发展的助推器，引领社会前进的力量。例如，产学研基地、农业特派员费用等。

5. 管理费用

管理费用即学校管理部门所发生的各项费用支出，具体包括：管理与服务人员的工资及维持学校的正常运转所花费的各项费用支出。至于后勤服务支出，应根据高校后勤社会化的改革要求，依不同情况具体对待。

6. 折耗及修缮费用

固定资产都有一定的使用年限，因此固定资产的投资应按其使用年限分期计入办学成本之中。与之相关联的是，固定资产在使用过程中还需要不断维护和修缮，因此这笔费用也要计入相应期间的办学成本。

此外，按成本对教育运行的功能可分为人员经费、公用经费及专项经费。人员经费包括基本工资、补助工资、其他工资、职工福利费、社会保障费和助学金等；公用经费包括公务费、业务费、设备购置费、修缮费、其他费用和房屋折旧费等；专项经费包括按照项目管理的不在上述分类中的具有专门用途的费用。

（三）高等教育成本的特性

1. 成本补偿的间接性及滞后性

高等教育成本与制造业成本不同。学费只是教育成本的一部分，不能完全补偿高等教育投入。高等教育成本的补偿不是发生在教育过程中，而是发生在学生毕业后所从事的各种工作之中。与物质产品周期相比，高等教育成本回收期更长，往往要等到学生毕业之后通过就业或创业才会有补偿的可能性。由此可见，教育资金投入产生效益具有明显的滞后性。研究发现，教育成本回收周期长、效益滞后，然而这种投入的效益是显性的甚至是倍加的，比一般物资生产领域的投入所产生的效益要大得多，并且这种效益是持久而稳定的。

2. 成本核算区间的不确定性

在企业里，不同期间、不同产品的生产成本的界定是非常清晰、明确的。高等教育的中心任务是人才培养，教育成本投入涉及经济效益、社会效益。高等教育成本的界定在不同期间、不同专业乃至不同毕业生之间的界定存在较大的模糊性或不确定性，具体表现：第一，成本项目或要素内容的不确定性，即应计入教育成本核算的费用支出，目前没有一致的规定；第二，费用支出计入教育成本时数额的不确定性；高校教育成本项目部分费用支出要准确界定计入成本的数额存在相当大的困难，如科研支出等，为社会解决应用性问题所进行的科研，其成本支出与培养学生关系不大；第三，成本受益对象及受益期限合理划分不容易。

3. 单位成本递增趋势

在物资产品生产领域，随着科技的进步、管理的加强，单位产品的生产成本递减。随着时间的推移，教育成本却在递增，造成其递增的原因是多方面的，教育成本主要受资金取得额度大小、人才培养质量要求、现代科技在人才培养领域中的运用等因素的影响。事实上，高校教育并不以追求成本最小化为目标，相反，大量高校存在追求成本最大化的倾向。院校的主要目标是办学成绩卓越、声望显赫、影响深远。为了追求这些有成果的教育目标，高校所需费用实际上是无止境的，也就是说，高校费用支出的刚性决定了教育成本不断递增的特性。

4. 人力成本构成比例偏高

在我国高校成本构成中，人力成本一般占到经常性支出的50%左右，老牌高校更是接近60%，教育活动协作性强，教育资源共享程度高，各项人力投入具有综合性，如行政管理人员、教辅单位人员的工资性支出。尤其是随着教育改革的深入，许多地方高校十分重视高层次人才的引进，导致高层次人才引进费用不断增加，同时加重了人力成本构成比例。

二、高等教育成本的核算与计量

（一）高等教育成本的核算

1. 高等教育成本核算的含义

高等教育成本核算即利用一定的技术手段与方法，对高等教育运行过程中发生的各种费用、形成的成本进行核算，以此确定在人才培养过程中用于一定人才对象的劳动价值耗费的总和。高等教育成本核算包括两个基本环节：一是按照规定的成本开支范围，对各项费用进行汇集，计算出为培养学生而支付的实际发生额；二是根据成本核算对象，采用适当的方法计算出高校教育总成本与学生平均教育成本。

高校教育成本核算是由高等教育固有的产业属性决定的，是市场与政府共同配置高等教育资源的内在要求。由于高等教育具有明显的产业经济属性，在高校管理中理应引入经营管理的理念，如市场需求、投入产出、成本核算与补偿等方面。以人才培养为中心的事业单位，高校虽不像企业单位那样直接从事物质资料等有形产品的生产与销售，但同样存在着投入与产出，需要消耗大量资源。因此，在市场经济条件下进行高校教育成本核算对微观办学与宏观教育管理具有十分重要的意义。

2. 高等教育成本核算的基础

高等教育成本核算的基础是指通过会计核算方法来计算成本所采用的记账基础。会计核算基础具体有四种，即完全的应收制、修正的应收制、完全的实收制、修正的实收制。从我国目前高校的实际情况来看，以修正的实收制为核算基础较适宜。

高校作为社会培养高级人才的非营利性组织，政府补助是其资金的重要来源。为了便于完整地反映各部门预算执行的情况，准确、及时地反映教育经费支出的情况，客观上需要高校会计核算对这部分预算资金进行反映。因此，现行高校会计制度要求会计核算采用收付实现制，在会计科目的设置上与政府预算收支科目保持一定的对应关系，与我国公共财政预算管理制度相适应，能够满足实施全面预算管理的需要。要进行教育成本核算，就必须按权责发生制原则，设置成本费用归集分配的会计科目，进行教育费用的归集与分配。为了既能在会计核算中反映国家预算教育经费支出，满足国家教育经费统计需要，又能在现行的会计核算体系下进行成本核算，满足高校内部管理者与外部使用者的需要，比较可行的是，以收付实现制为主的同时结合权责发生制，进行会计核算与教育成本核算。

3. 高等教育成本核算的基本内容

高校经费支出并非都属于教育成本核算的范畴。教育成本核算不同于一般的成本核算，也不同于高校的日常收支核算。因为高校的教育经费支出并不都用于教育培养，如不承担教育教学任务的离退休人员的工资及其他费用等支出，原则上应计入教育成本。

①确定教育成本核算对象。教育成本核算对象是反映归集费用的对象。教育资源耗费的受益者应是成本归属的对象。

②确定教育成本核算期限。成本核算期限应与"产品"的生产周期一致。由于高校的主导"产品"的生产周期即人才培养周期是以学制来确定的，所以人才培养成本的核算期限理应就是学制年限。考虑到人才培养的周期一般较长，以此作为人才培养的唯一成本核算期限又不利于及时加强成本控制，因此，结合高校学期、学年活动规律性较强的特点，以学期或学年为成本核算期限比较合适。

③确定教育成本开支范围。教育成本核算的过程，实际上就是费用的归集与分配的过程。为了正确归集与分配各种费用，应根据权责发生制和"谁受益谁负担"的原则，正确划分费用的归属期，由受益期的各受益对象合理负担。凡是由本期成本负担的费用，即使已经支付，也不能计入本期成本；各成本对象之间的费用管理应按成本受益原则来划分，按各个成本对象有无受益和受益程度来分摊。受益者分担成本，未受益者不分担成本，收益多少分担多少。具体而言，要划分以下几种费用界限。

第一，划清各种费用界限，确定成本开支范围。组织教育成本核算，首先要根据教育成本内涵，确定高校发生的各项开支是否属于教育费用，应不应计入教育成本。

第二，划分收益性支出与资本性支出的费用界限。在高校的支出中，收益性支出是指在办学过程中发生的人员费用与公用费用等经常性项目的支出；资本性支出通常是为取得固定资产、无形资产等长期性资产而发生的支出。

第三，划分应计入和不应计入教育成本的费用界限。高校发生的各项费用支出包括教学费用支出、科研支出、基建支出等。高校投入的各种资源，只有用于培养学生所消耗的资源才能构成教育成本。

第四，划分应计入和不应计入本期教育成本的费用界限。按照权责发生制的要求，确定不同期间的费用。只有采用权责发生制才能严格划分经费发生的受益期间，按照"谁受益谁负担"的原则分摊费用，科学地计算高校人才培养成本。

第五，划分各成本对象之间的费用界限。为了正确计算各专业、各年级学生的教育成本，必须按照受益原则，把本期教育成本费用在各成本对象之间进行划分。

④登记教育成本费用明细账。计算各教育成本对象的成本数额，必须通过费用成本的明细分类核算才能完成。因此，教育成本核算必须按规定的成本项目为各成本计算对象开设相关的成本明细分类账户，根据各种费用凭证，运用正确的会计科目和记账方法，将发生的各种费用在各费用成本明细分类账户上进行记录，真实、全面地反映高校教育成本的耗费情况。

（二）高等教育成本的计量

高等教育成本计量是提高经费办学效益的客观需要，也是不同成本核算对象公平分担成本的内在要求。高等教育成本的计量，能够为确定学费及财政补助标准提供主要的参考依据或方法。

1. 高等教育成本计量的特点

高等教育成本计量具有模糊性，主要表现在以下方面。

①成本构成项目的模糊性。教育经费支出中有哪些项目归属成本范畴，学术界至今意见不一，尚无统一规定。

②成本计算数额的模糊性。计量方法的不同或分配标准的不确定性，使得某些支出项目较难准确计算出应计入成本的金额。如高校科研具有服务教学与服务社会的双重功能，其中计入教学成本的金额需具体分析。

③成本标准的模糊性。由于培养合格人才的具体标准尚未统一，因此培养学生必须投入的软件和硬件设备没有统一要求，培养学生的成本标准与成本定额没有明确界限。

④共同费用分摊的模糊性。高等教育由于教育活动协作性强、教育资源共享程度高，支出中共同性费用较多，因此教育成本的核算较物资生产企业更为复杂。如图书资料、体育设施等投入均属于共同性费用，科学合理的分摊方法直接影响成本计算的准确性。

2. 高等教育成本计量的方法

高等教育成本计量的方法一般有以下三种。

①统计调查法。统计调查法即利用现成的高校财务资料或抽样调查获得的资料，经过适当调整而获取高等教育成本数据的方法。目前的教育成本研究中所用的教育成本数据一般是用此方法得到的。

②会计调整法。虽然迄今为止还没有进行教育成本核算，但是各高校都存在教育经费收支的会计记录。利用这些现存的会计记录，经过调整，可将教育经费支出数据转换为教育成本数据。这一方法与统计调查法有一定的相似之处。如果统计调查的基础数据是会计记录，且将统计调查数据调整为教育成本时依据了会计核算的成本计量原则，这两类方法得到的结果就基本一致。因此，在没有进行教育成本核算的情况下，要得到比较系统准确的教育成本数据，采用此方法比较适宜。

③会计核算法。教育成本核算是利用会计系统，通过设置、登记账簿，记录教育资源的耗费，计算教育成本。只有会计系统的账簿记录，才能提供系统、准确的学校教育成本信息。因此，如果要系统、准确地计量教育成本，一般采用此方法。

3. 我国高等教育成本计量的现状分析

①会计基础不同导致成本计量口径及方法不一致。首先，为区别资本性支出与收益性支出，大型设备购置费、基建（含大中型修缮工程）费不应全部一次性计入当年成本，而应采取一定的折旧与摊销方法分期计入。其次，在收付实现制下，离退休人员经费列入人员经费支出，但在计算教育成本时，一般认为，离退休经费支出不应计入高校学生培养成本，因为离退休人员与培养过程无关，在职人员尚未发生的有关"五险一金"费用应计入培养成本。随着新高校财务制度的出台，此问题将得到解决。

②经费支出的不同分类增加了成本计量的难度。经费支出按照支出用途而未按照支出方向进行核算，这不利于对成本计量对象进行归集与分配。例如，教师的科研经费计入学生培养成本的问题，对于高校来说，科研过程在很大程度上是对一个学生的培养过程。一般认为，教师的科研经费属于教育成本中的其他直接费用，科学研究使教师的水平不断提高，使教学方法、内容不断充实与更新，学生参与科研的过程也是进行研究训练和创新教育的过程。因此，其也应是构成教育成本中不可缺少的内容。

③不同层次、不同专业的学生人数折算标准不一。在目前的计算方法中，由于投入无法按照成本对象进行核算与归集，即无法分开核算专科生、本科生、研究生的培养成本。

针对上述困难，我国并没有现成的教育成本核算资料，在实际工作中，往往是用现有教育经费统计资料和相关统计资料估算高等教育成本。在分析高等教育成本时，都是直接用生均教育经费替代生均教育成本。在此要说明的是，利用教育经费统计资料和相关统计资料对教育成本进行估计是可行的，但毕竟是一种估算的成本，不能做到十分准确。从教育成本数据的质量要求来看，它主要是为各级政府制定学费标准、拨款依据，为学生或家长了解教育成本，以及为学校内部成本控制提供信息。

三、新财务制度下高等教育成本的运行机制

高校教育成本核算范围是一个交叉性的集合，一个多功能的整体和一个综合的系统。在新财务制度下，保障高等教育成本核算的有效运行是一项复杂的系统工程。

(一)全面而深入地实施新高校财务制度

近年来,社会各界对高校的财务会计信息的准确度与透明度要求很高,对与收费相关的生均培养成本的计算十分关注。高校财务管理实行基于权责发生制的成本核算与绩效评价,能够更准确、更全面地反映高校提供的教育服务所耗费的资源成本,更好地将投入与产出进行配比,对高校的财务状况和工作业绩的综合评价更准确、真实、客观。新制度从权责发生制要求及便于成本核算的角度,增加了如下内容。

1. 规定了费用的定义、计入方法及内容

费用是指高校在开展教学、科研及其他活动过程中发生的资产耗费与损失。界定费用概念是开展成本核算的基础。在权责发生制基础下,对不同类型的支出采取相应方式归集费用,是成本核算的前提。高校的支出应分为资本性支出和收益性支出。高校发生的收益性支出计入当期费用;发生的资本性支出以资产折耗的形式分期计入费用。资产折耗包括高校的固定资产折旧和无形资产摊销。

2. 进一步明确了费用核算的方法与内容

成本计算的过程实际上是将费用归集和分配到成本对象的过程。成本核算是指将高校业务活动中所发生的各种耗费按照核算对象进行归集与分配,计算出当期的总成本和单位成本。因此,费用归集后才能进行成本核算,而费用按其用途分为教育费用、科研费用、离退休费用、管理费用和其他费用。同时,将教学、科研费用具体组成内容分为人员费用、公用费用和资本折耗费用,将教学费用、教辅费用、学生事务费用归并到教育费用。教育费用是指高等学校在教学、教辅、学生事务及其他教育活动中,发生的人员费用、公用费用和资本折耗费用。教育费用属于人才培养成本的范畴。

3. 其他间接费用的有关规定

①明确管理费用的组成,主要包括高校行政管理部门发生的人员经费、公用经费、资产折耗等费用;高校统一负担的工会经费、诉讼费、中介费、印花税、房产税、车船税等。将行政管理部门的费用及其他期间费用并入管理费用,有利于对管理费用的管理与控制。

②将"离退休费用"独立出来。离退休费用是指高等学校统一负担的离退休人员社会保障和福利待遇方面的各类费用,将其独立出来主要是考虑:高等学校是人力资本集中的地方,离退休人员费用比重较大且必须加以保证,如果将其归并到管理费用之中势必会加大管理费用的口径,不利于真实客观地反映管理费用。

③其他费用是指高校无法归属到上述费用的其他各项费用,主要包括高校对附属单位的补助、上缴上级费用、财务费用、捐赠支出等。

(二)逐步建立全面成本管理体系

高校要像抓教学质量那样,推行全面成本管理,坚持专业管理和群众管理相结合的原则,形成全员抓成本管理的网络,使成本管理渗透到高校教育教学管理的各个方面、各个环节，真正形成人人关注成本、人人控制成本的新局面。

1. 成立专门机构，明确成本管理职责

高校财务部门应设立财务成本管理科或高校教育成本管理中心，明确成本管理职责，定期向学校反映高校教育成本核算信息，为高校加强财务管理等提供准确的财务管理信息。从纵向上讲，要建立校、院、系三级核算体系，以院为基本核算单位，全面进行设备折旧、材料及低值易耗品摊销和成本费用的核算与管理。从横向上讲，要强化学校财务、财产、物资的管理，增强成本意识，制定配备标准。

2. 制定切实可行的全面成本管理方法

从成本管理的角度看，高校办学成本高、办学效益低的原因，除成本意识淡化外，主要是责任不清、措施不力、管理不严等。高校应针对这些问题，建立一套完整的成本管理保证体系，实现多层次的成本费用管理目标责任制，将成本费用目标层层分解、落实，建立横向分解落实到学校内部有关部门、纵向分解落实到教研室及教师个人的管理网络，并将成本管理目标责任制同经济责任制挂钩，贯彻责、权、利相结合的原则，将目标成本完成好坏与经济效益高低相结合，奖优罚劣。

（三）建立各级财务成本管理工作机制

虽然国家、各级教育主管部门和各级各类教育单位，为提高教育经费使用效益提供了不少办法，做了不少工作，也开展了一些探讨，诸如教育规模效益、合并效益、经费支出绩效评价等，然而至今高校教育成本工作运行机制还未真正形成。

1. 高校主管部门明确成本核算职责，加强对高校的指导

高校教育投资效益问题若不从规范成本、核算成本、降低成本入手，则好比"无本之木""无源之水"。因此，建议在高校主管部门内部建立高校教育成本核算工作机制。比如，在教育部财务司设立高校教育成本核算中心，各省（市）教育厅财务处明确专人负责高校教育成本核算工作。同时，指导高校开展成本管理。比如，可实施高校教育成本核算试点工作，在试点的基础上将成功经验在全国高校内全面铺开，加快高校教育成本核算实践的发展步伐。

2. 增设高校教育成本核算考核指标

在高校办学水平评估指标体系中，建议增设高校教育成本核算考核指标，加大指标权重，目的在于增强高校成本意识，促进高校财务管理科学化、规范化，并合理配置高校教育资源，提高办学效果。这对全面改善及加强高校管理，节约开支，防止或减少损失、浪费现象，从而提高学校发展能力有着积极的现实意义。

第三节　高等教育的成本控制

高等教育成本管理是高校为了实现成本目标自觉地进行成本控制的活动及过程。其目的是控制教育成本，提高教育经费效率，为多出人才、出好人才提供财务保障。教育成本管理是在学校经济运行过程中，通过对教育成本采取预测、计划、核算、控制、评估等一系列措施，以求达到用最合理的人力、物资、资金配置与耗费谋求最大社会效益和经济效益的一种管理方法。其中，成本控制是学校经济控制的基础，是现代成本管理的核心，应贯穿经济业务的全过程。在成本控制中，应以制度控制为切入点，以院、系或部门为成本责任中心，通过对责任中心可控成本全过程的约束、调节和及时修正，保证成本计划的完成。

一、高等教育成本控制概述

（一）高等教育成本控制的基本界定

1. 高等教育成本控制的含义

"控制"一词，一般被人理解为掌握和限制。在管理学中，控制是对绩效进行衡量与矫正，以确保企业的目标及为实现目标所制订的计划得以完成。在经济学中，控制是按照一定的条件和预定的目标，对一个过程或一系列事件施加影响，使其达到预定目标的一种有组织的行动，或者说，是指一个系统通过某种信息的传递、变换或处理，发出指令，调节另一个系统的行为，使其稳定地按照既定的轨道前进，以达到预定的目标。

一般地，高等教育成本控制可理解为高校管理者通过预算等手段对教育成本进行规划、调节，并使其实际按照预期的方向发展，以保证教学、科研和管理活动的正常进行，保障学生的切身经济利益的过程。如果教育成本控制得好，就能够使高校的每一分钱得到合理使用，使高校的资金运转井然有序。如果对成本不加以控制，对预算不加以分析，对浪费熟视无睹，对超支不加以干涉，势必造成资金的无序使用，使得成本效益低下，进而影响高等教育的健康发展。

2. 高等教育成本控制的内容

成本控制是一项系统工程。高等教育成本控制内容大体分为以下三部分。

①事前成本控制。事前成本控制也称成本计划控制，即科学地制订目标成本计划，力求对运行结果通过预算手段实行目标管理。成本计划的基础是成本预测，即根据学校的办

学目标、实际条件及有关历史资料，采用科学的方法对各项目的成本进行预测，以此为编制成本计划提供依据。成本计划的主要内容实质上是人力、财力、物力的优化配置。

②事中成本控制。为确保目标的实现，在成本管理中还要重视教育运行过程中的成本控制，让成本管理渗透到每一个运行过程，即要做好事中成本控制。常用的方法：一是计划分解，也就是将成本控制的标准分解到各部门、岗位和各阶段、各环节，让部门领导及教职工均明确意义，并将成本管理与切身利益挂钩；二是事中分析，如日报、旬报及月报成本分析等；三是日常检查；四是日常信息沟通。

③事后成本控制。事后成本控制即通过成本会计核算对财务报表及其他渠道形成的信息，运用成本分析法，定期（一般是会计年度终了）或定项（一般是项目验收交付后）进行综合分析、评价与考核，以总结经验、发现问题，并找出原因，提出控制措施。控制措施，主要是针对执行结果与计划的偏差提出的。根据偏差的大小和控制能力，控制措施常划分为两种：一种是通过改变预定目标来控制偏差；另一种是通过适当改变投入的标准、质量、数量，以及人、财、物、信息和系统结构等来提高系统控制力，使其尽快满足目标成本要求。

3. 高等教育成本控制的原则

①重人才培养质量。人才培养质量的保障和提高是高等教育成本控制的出发点与落脚点。高等教育成本控制必须为保障和提高高校人才培养质量服务。如果高校只是单纯地控制成本，无视成本与人才培养质量之间的关系，其结果可能会影响人才培养质量。因此，没有一定质量标准的办学成本控制，将会抑制高校的人才培养质量，造成本末倒置的局面。高校要和谐发展，应以人才培养质量为中心，其教学活动和教学辅助活动都要围绕人才培养质量展开；高等教育成本控制作为重要的教学辅助活动之一，在其实施过程中应遵循优先考虑人才培养质量原则。

②全面成本管理。要提高教育成本效益，减少成本浪费，就必须动员校内各部门和全体教职工对教育全过程实行成本管理，减少各环节的成本浪费，全面提高成本使用效益。成本管理既涉及各部门，又涉及个人，提高每一个单位成本的利用效率要靠全员来实现。另外，为提高教育成本管理效益，学校需建立分级归口管理成本体系，每个项目应有专人负责，并按业务分类归口到有关职能部门，建立教育成本管理体系，推行教育成本管理责任制，在纵向和横向上把好成本管理关，提高成本利用率。

③效益最优。高等教育成本控制必须坚持社会效益与经济效益相结合。由于教育的准公共产品的性质，很多人认为高校所追求的效益应仅仅是社会效益，如果高校只追求经济效益就会背离其性质，也会造成学生接受高等教育权利的不平等，造成高校的功利化倾向。而事实并非如此，高校也需要经济效益，但并不是要求高校以营利为目的，而是希望高校以既定的投入发挥其最大作用。在当今市场经济条件下，我国的高等教育发展步入了大众化阶段，国家对高校的投资显得力不从心，高校的资金运转也显得捉襟见肘，为此有些高

校不惜举债经营,加重了学校的财务风险。如果高校继续故步自封,那么高校的社会效益也将成为空谈。因此,高等教育成本控制,要从实现经济效益出发,最终实现高校社会效益的最优化,使我国高校实现可持续发展。

④例外管理。例外管理是西方国家的企业在管理控制中普遍采用的一种方法。高等教育成本控制要引入例外管理方法,应抓住高等教育成本中的"例外"问题首先解决,如果事无巨细、按部就班,势必造成管理的低效率。高等教育成本控制中的"例外"问题主要包括以下几类:一是成本的实际花费与预算相差较大的事项;二是高校需要临时高数额支出的项目,如某些教学仪器的购买;三是与学校的办学质量紧密相关的事项,如教师的引进成本、新的学科方向的筹建成本;四是对于高校来说性质比较严重的事项,如对高校高学费问题的处理、对高校高额贷款的处理等。

(二)高等教育成本的考评及分析

1. 目标成本制度下的教育成本绩效考评

为了提高教育资源的利用效率,以最小的投入获得最大的产出,高校应针对学校的特点,参考企业广泛实施的目标成本管理方法,制定合理的成本控制制度。定期成本绩效考核与评估,是现代成本控制的重要内容及主要环节之一。

(1)岗位成本目标的制定

实施高等教育成本控制责任制,关键在于各岗位成本目标的制定。作为成本控制的努力方向及衡量实际资源消耗水平的依据,成本目标的制定要遵循常态性。所谓常态性,既包括只考虑正常条件制定成本目标,也包括目标一经制定就应保持其相对稳定性。制定高校成本目标的一般程序如下。

①测算全年可安排的教育经费来源即可支配经费财力。高校各项能够实现的、稳定的收入数据加总,测算本年度的学校总收入,扣除用于学校基建投资和其他与教育活动无关的研究、服务活动的开支,计算出下一年能够用于教育活动的经费总额。

②测算全年目标成本总额。首先,高校按照确定的招生规模,计算出学校在校生总额。其次,在不计算专职研究人员、服务人员的条件下测算出生师比与教职工(不含离退休人员)报酬。最后,确定生均人员经费支出。同理,可测算出生均公务费支出、生均业务费支出、生均修缮费支出、生均折耗费支出等。

按照成本项目构成将以上项目加总后,即可测算出生均教育成本及全校教育总成本。这里的全校教育总成本,如果超出全年可安排的教育活动经费总额,就依上述各生均经费指标下调。通过该方法,可测算出下一年全校教育活动的目标成本总额,即下一年全校教育活动的成本上限。

③层层分解全年目标成本总额。具体有以下三层:首先,由学校根据预算等文件将下一年全校教育活动的成本总目标分解至各职能部门;其次,由职能部门根据年度任务分解

至各学院和全部门；最后，由学院具体分解至具体岗位，各个岗位依据所涉及的学生人数，并结合特定的误差修正值来确定具体的成本目标数额。

如前所述，由于高校教育成本计量特性会导致制定目标成本困难，因此高校的成本总目标如何分解为各个岗位的成本目标，以及这种分解是否具有合理性都需要认真研究。在制定过程中，要注意以下两点：第一，在技术方法上只适合采用直接制定目标成本一种方法，而企业可采用直接制定与根据目标利润制定两种方法。第二，制定过程的专业性与群众性的有机结合。参与的部门一般由财务部门牵头，教学、科研、人事等有关部门选派人员参与，这些人员在业务上对教育成本比较熟悉。

（2）教育成本控制绩效的考核与评估

成本考核是指定期对成本目标的实际完成情况进行测评与总结，以督促各岗位做好成本控制工作，提高目标成本控制水平。目标成本的考核必须与责任制结合起来，对成本考核的结果还应进行一定的分析、评估，以得出基本评价。一般认为，进行各岗位的绩效考核并不难，难的是经考核所得的绩效如何评价。这是因为考核的目的只是侧重降低成本水平，而评价的目的更多地强调教育效益的提高。成本降低不一定意味着效益提高。另外，高校的教育成本控制绩效不如企业的易于处理，这也导致其评价的困难。高校的产出主要是其提供的教育服务，产出指标除了少量经济指标，大多数是教育指标，如果照搬企业的做法，将教育指标倾向化，必然会造成极大的误差。

可考虑用模糊数学的方法来评估高校教育成本控制绩效，因为模糊数学能够处理这种同时包含定性指标与定量指标的评估数据，我们暂且把这种方法称为模糊综合评估法。模糊综合评估的基本思路：首先，按照专业性与群众性的要求，成立专家组，使其作为成本评价专门工作机构；其次，请专家组对成本评估指标及权重提出意见，在他们的指导下正式确定指标体系；最后，请专家组对高校教育成本控制责任制的具体实施进行认真调研，结合指标体系进行计算，并根据结果对成本控制绩效做进一步的综合评估。计算时首先对指标体系最低层次的项目进行模糊综合评估，然后层层上升，直至对一级指标进行模糊综合评估，最后计算出综合评估值。

2. 高校办学效益分析

（1）高校办学效益分析的基本原理

按照现代经济学理论的解释，高校的产生及功用与外部性特征联系密切。一方面，高校应利用正向的外部性特征，以连带性、非排斥性功能，为社会提供高质量人才，满足社会共同偏好，促进社会经济发展；另一方面，高校应克服负向的外部性，以平衡社会的不同偏好，克服"市场失灵"，实现社会公平与正义。同时，高校作为一种实现帕累托最优资源配置的机构，其存在会减少人数众多时获取个人关于公共物品及外部性偏好信息所需的交易成本与谈判成本可理解为，高校的产生站在整个社会的角度是为了降低整个社会的教育总成本。高校在处理与社会的外部关系时,目的是减少社会成本。要理顺教育行为中直接成本与间接成本、业务成本与非业务成本、必要成本与连带成本之间的关系。如果使这些可操作性的机制形成制度性的规范,约束其行为,就能在很大程度上减少浪费。

(2)高校办学效益分析的方法

高校办学效益是指在保证办学目标方向的正确性,给社会带来有效成果的前提下,办学活动的产出与投入之间的比率,可用公式表达为:

$$高校办学效益 = 办学产出 / 办学投入 \qquad (3-1)$$

其中,办学投入即办学成本,高校办学效益可表达为:

$$高校办学效益 = 高校办学产出 / 高校办学成本。 \qquad (3-2)$$

二、高校经营视角下的成本控制探析

(一)高校成本控制的现状分析

1. 建立"统一领导、集中管理、集中核算"的财务管理体制

"统一领导、集中管理、集中核算"是指高校的财务收支在校长(或院长)的统一领导下,由学校的财务部门集中管理,不设二级核算单位,统一财务收支计划、财务管理制度、预决算、资源配置。同时,高校必须建立健全校(院)长经济责任制;高校必须按照学校管理层次,分别建立各部门、单位行政负责人的经济责任制及各级财务主管、财务人员的经济责任制,构建多层次的经济责任体系,将财经工作的任务与责任层层分解并落实到校内各部门、单位及个人。到目前为止,大部分高校已经按层次建立了校长、分管校长或总会计师、财务处长、基层单位负责人等若干层次的经理负责制,并在财务收支过程中实行财务"一支笔"领导审批制度。

2. 实行综合财务预算制度

财务预算是高校成本控制的重要方法,也是成本管理的组成部分,是高校进行各项财务活动的前提与基础,是日常组织收入与支出的依据。它不仅要反映学校年度内的工作内容和需要完成的事业发展计划,而且要反映学校事业发展的规划与方向。

(二)高校经营理念下成本控制的特征

通常所说的成本控制均是通过节约成本来实现的,即通过工作方式的改进及制度的约束来节约成本,但这只是成本控制的一种基本形式。随着高校管理理念的更新及经营理念的引入,高校成本控制显现了以下特征。

1. 站在战略高度理解成本动因

对当前高校成本动因的理解应站在战略高度上,成本动因除有形因素外,还包括高校的办学规模、环境因素、组织结构、决策、办学理念等无形因素。要做到对成本进行有效控制,高校应转变经营理念、各个部门应相互协调,共同努力。

2. 时间价值在成本控制中的作用日益突出

只要资源是有限的，时间就是一个非常重要的因素。随着我国市场经济体制的逐步完善，时间价值在成本控制中的作用日益突出。这里的时间价值有两层含义：第一，对于高校有促进作用的投入，在时间上越早越好；第二，货币的时间价值对成本核算是必要的。

3. 成本控制不等于单纯的成本降低

高校成本控制的终极目标是从根本上避免成本的发生，实施成本的源流控制。成本避免的理念在于从经营的角度去探索成本降低的潜力，事前的规划、调研、论证重于事后的修改、调整，避免不必要成本的发生。这需要在办学定位、在校生人数规划、专业设置、新校区选址、基建规模及资源共享等方面对高校的业务活动进行整体重组，以不必要的业务流程，达到成本控制的目的，这是一种理念上的变革。高校成本控制的目标是以最低成本实现价值最优化，是一种相对的控制。

（三）加强地方高校成本控制的措施

1. 转变管理观念

高校管理者要改变在计划经济体制下养成的"等、靠、要"的思想，进行高校成本管理的心理调整，树立与社会主义市场经济相适应的成本管理观念。主要从以下三方面进行：第一，树立高校是成本管理主体的观念。学校的各级领导与广大教职工均为成本管理的主要承担者；第二，树立经营的观念。经营思想是成本管理思想的重要组成部分，核心是树立成本效益意识，少花钱多办事。无论是进行基本建设、维持正常运转，还是进行科技成果转让、与企业进行合作等，高校必须适应市场经济的发展要求，在完成学校培养人才根本任务的前提下，用经营企业的思想来经营学校；第三，树立竞争意识。目前高校与高校之间的竞争已成为教学质量、人才培养质量、服务社会能力的竞争。只有用有限的财力、物力与人力向社会提供高质量的教学、科研服务，才能提高自身的竞争力，才能吸引更多、更好的学生。

2. 健全组织机构

在转变广大教职工观念的基础上，学校必须建立健全成本核算、成本控制及成本管理的组织机构。

①明确学校成本控制机构。一般是在已成立的校财经领导小组下，明确成本控制的职责。领导小组由校长及财务专家、各院院长、主要部门的负责人组成，负责领导全校成本控制与成本管理工作，审核学校年度预算、决算并监督其执行情况。

②明确财务处成本核算的职能，增设有关成本核算类科目，进行相应的账务处理及成本报表的编制。在目前高校还没有全面进行成本核算的情况下，对同一笔支出可在按照现行会计制度做账的基础上，按照成本控制的要求进行有关记录。

③赋予审计处成本费用审计的职能。随着教育成本纳入学校管理的范畴，学校审计处

应及时跟进，充分发挥内部审计在成本管理中的作用。审计的主要内容可分为教育成本审计与专项经费审计两部分。审计应以审查成本费用的合规性、合理性与有效性为主。通过内部审计，为学校提出控制教育成本的建议或措施。

3. 发挥高校经营与成本控制的协同效应

为达到优化资源、提高成本控制水平的目的，应充分发挥高校经营与成本控制的协同效应。

①设立大型贵重、精密仪器设备管理部门，实现各部门的有偿共享，这样可避免校内不同院系、部门之间的重复投入，提高设备的利用率。

②争取或尝试建立校际、校企、校所设备及数字图书等资源的共享平台。

③鼓励校内师资跨院上课，最大限度地挖掘既定师资潜力。

例如，以教研室或实验室的资源优势为基础，打造教学、科研、经济功能并举的综合实体平台，既能避免资产闲置、发挥教师的积极性，又能加快科技创新、科技成果的产业化进程。同时，在综合平台发展中传递有关市场信息，改革人才培养模式，及时调整、完善专业设置与课程体系，有针对性地提升师资专业实践水平，突出专业培养实践特色，形成良性循环。利用综合平台发展能有效克服校外实训场所受生产及经费制约大、轮岗机会少的缺陷，针对学生的专业特点及自身特长，有效安排多种技能、多种岗位的实训，真正落实教学计划与要求。

三、地方高校成本控制的基本规范

（一）高校成本控制基本规范概述

教育成本控制基本规范是教育成本控制管理行为的基本标准，是对教育成本控制管理人员及教育成本信息处理具有约束、评价与指导作用的一系列基本标准。

1. 高校成本控制基本规范的特点

一般认为，高等教育成本管理基本规范的特殊性源于教育具有特定的经济效益及社会效益。与物质生产部门相比，高等教育成本投入所带来的经济效益具有较高的不确定性、间接性、迟效性等特点。作为整个社会大系统中的子系统，高等教育的社会效益体现在政治、经济、文化等多方面。这决定了高等教育成本管理不是完全或真正的市场意义上的成本管理。高等教育覆盖广泛的、含义丰富的社会功能决定了其不可能完全随着市场经济的建立而变为一种"市场教育"，因而，地方高校成本控制基本规范也就不可能完全按照企业财务成本管理模式来制定与运行。更确切地说，高校成本控制基本规范的特点更多地体现在教育产品的特殊性。

2. 高校成本控制基本规范的作用

教育成本管理基本规范的主要作用和重要意义是实现教育成本信息生产的标准化，解决教育成本信息失真问题。成本控制基本规范是高校实施成本核算、成本评价的依据。成本信息的产生是全面的、规则的、主观的，否则，教育成本信息对于使用者就毫无意义，甚至会误导进而影响学校经济决策。教育成本管理基本规范既包括采用法律形式的具有强制特征的成本管理规范，又包括采用自律形式的具有自主性特征的成本管理规范。可以这样认为，高等教育成本管理基本规范为设计合理有效的成本管理行为模式提供依据。此外，由于成本信息的产生与有关各方面的经济利益密切相关，成本信息的使用者必然关注成本管理工作的质量，因此，对高校成本执行结果的评价，均要求在全社会范围内对成本管理工作的质量得出结论。

（二）地方高校成本控制基本规范的建议

1. 更新成本观念

成本意识是现代成本管理中最为基本的立足点。现代成本意识意味着学校管理人员对成本管理与控制要有足够的重视，把降低成本的工作从管理部门扩展至其他各个部门，形成全校全员式的降低成本格局，形成贯穿学校各部门的"组织化成本意识"，并将降低成本从战略布局的高度加以定位，确立具有长期发展观的"战略性成本意识"。更新成本观念具体体现为以下两点。

（1）成本效益观念

高校的一切成本管理活动均应以成本效益观念为支配思想，从"投入"与"产出"的对比分析来看，"投入"（成本）的必要性、合理性，即以尽可能少的成本付出，创造尽可能多的价值，为学校获取更多的经济效益、社会效益、教育效益。值得注意的是，"尽可能少的成本付出"，不是指节省或减少成本支出，而是指运用成本效益观念指导学校改进工作。如在进行调查分析的基础上，认识到若在原有功能的基础上新增某一功能，会提高学校的综合实力，因此尽管为实现新增功能会相应地增加一部分成本，但这种成本增加是符合成本效益观念的，可以说"花钱是为了省钱"。该教育成本观念是成本效益观的体现。

（2）成本动因观念

在分析有关各种成本动因的基础上，开辟或寻找成本控制的新途径。人具有最大的能动性，因此高校成本会受到人为因素的驱动。例如，教职工的成本管理意识、综合素质、集体意识、工作态度及责任感、人际关系等，均是影响高校成本的主观因素，均可将其视为成本的重要驱动因素，从成本控制角度看，人为的主观动因具有巨大的潜力。

2. 引入作业成本法

作业成本法的核心思想是"产品消耗作业，作业消耗资源"。作业成本法的特点，一是以作业为核算的核心与重点，将成本核算深入作业层次；二是对间接费用的分配，按引起间接费用发生的多种成本动因进行分配，并追踪到最终产品成本，使计算结果接近实际。高校作为教育产品的生产部门，其生产过程即高等人才的培养过程，按其价值链展开，这一过程是由若干环节组成的，每一个环节又可根据具体的成本管理需要与经济效益原则定义为一项或几项作业，每一项作业都会发生一定的成本。

3. 建立成本管理体系

成本管理基本规范是由一系列的成本管理行为标准组成的完整体系。例如，从法律规范角度看，成本管理基本规范包括了与成本管理有关的法律和教育法规；从理论规范角度看，成本管理基本规范包括了成本管理目标、成本管理原则、成本要素、成本核算基本前提、成本信息处理程序与方法等；从技术角度看，成本管理基本规范包括了对成本核算实务处理提出的要求与准则、方法与程序以及成本管理职业道德规范等。

第四节　高校运营成本核算管理提升经济效益的路径

一、加强高校运营成本核算管理提升经济效益的具体方法

作业成本是一个动态的责任成本，作业成本法下的资源与作业核算，必须与作业过程和作业中心的设定密切联系。与传统的成本核算方法相比，作业成本法具有两大优点：一是能对制造费用进行有效的回溯与分配；二是能将费用精确地分摊到费用的目标上。作业成本法将所归集的行政后勤等各类费用支出更精确地分配到了作业成本之中。因此，学校的管理层能够根据这些费用将学校的战略规划、运营计划等因素进行对比，从而对学校的教育资源进行合理的配置。同时，使用作业成本法对核算费用的设定有一定的指导作用，作业成本法以校内各类资源为成本核算对象，以作业分配为核算基础，通过对作业进行定量，即对"成本动因"进行分解与组合，从而达到归集与配置的目的。

二、加强高校运营成本核算管理提升经济效益的具体步骤

（一）确定运营成本核算对象

高校可按照其功能或差异性成本信息的要求来决定特定的费用计量目标，如果涉及当前成本核算的可操作性，则应当与政府相关会计制度或相关法律法规中的内容相一致，依据可获得的信息资料来确定成本核算对象。高校运营成本核算对象可分为以下几种类别：一是根据高校业务类型，包括教学和科研活动、行政和后勤管理等；二是根据学校的成本管理需要，把学校内部的二级部门、各类项目作为成本核算的对象；三是根据公共相关服务的价格需要，将各种类型的大学生，如本科生、硕士生以及博士生等，各种学科，如法学、

文学、哲学等，纳入成本核算范围。

（二）确定运营成本核算范围

在确定了高校运营成本核算的对象之后，高校要根据实际开支成本之间的关系，将所产生的各种费用进行归类，与成本核算中的对象损耗有关的费用应当被纳入成本中，而与高校运营成本核算中的对象损耗无关的费用不能被纳入成本中。另外，还需要对高校业务运作进行成本的计算，比如资产处置、相关附属单位或机构的补贴等费用，该类费用成本不包括业务活动消耗，因此不能被计入运营成本核算中。以公共服务的定价要求为依据，在计算各种类型的学生培养费用时，高校为其提供社会服务所产生的各类教育培训、科研经费等，与人才培养的相关性较低，通常不会被计入运营核算成本中。

（三）基础设置准备

1. 外部信息分类

在运营成本核算中，按照成本核算的目的，将成本核算中的某些基本数据分为不同的类别，从而达到分摊有关费用的目的。与高校的核心工作相结合，所牵涉到的外部信息类型主要有以下几个方面：一是按照高校工作人员的性质和内容，可分为教育教学职工、科研职工、行政职工以及后勤职工，如果部分职工涉及多部门工作内容，可以将其划分为一个类别，并按照实际运营情况进行比例分配；二是对固定资产的用途进行划分，如果是有明确的运营成本核算对象，那么就可以将其划分为教学活动、科研活动、行政活动、后勤活动等，利于折旧费用分类。对于多成本核算对象可按照其实际归属及用途并确定折旧类型可分为不同的类别，比如实验设施和公共车辆等，这样就可以将其划分为不同的类别。

2. 实现数据传递与共享

在高校内部诸多二级部门中，多数部门已创建多种信息系统，例如财务信息系统、科研信息系统、学情管理信息系统、学校资产信息系统等，然而在高校内部还没有形成统一的信息共享系统平台。要在资料信息化的前提下做好高校运营成本核算工作。比如，利用与系统的连接及数据的传输，可对基础采购审批、各类资产登记以及折旧计提等进行全系统化核算操作，如在对某类固定资产进行线上登记时，便能确定它的具体归类与所属等。高校利用信息共享系统平台，能做到数据的实时匹配，在发放各种工资待遇时，系统可利用工号的对比，自动地对工作人员的性质进行归类，并根据业务活动的种类对其进行归总。

3. 财务会计科目及项目设置

一是对会计类目的设定。根据高校业务的性质及成本控制的需要，对高校业务成本进行详细分类，比如在高校业务活动的"经营成本"中，分别设立了"教学活动"和"科研活动"两个明细账户，在高校管理活动的"经营成本"中，分别设立了"行政管理"和"后勤管理"两个明细账户，通过会计类目及部门预支分类的同步筛选，在数据管理中得出高校各类业务的成本核算数据，这是当前较多高校实行的办法；二是项目设定。项目设定包含了预算条目的类别设定和费用汇总条目设定。在预算中加入了"定价需求"的基础上，将其纳入本科生和研究生等成本计算中，但此时再从会计类目设置中操作，并没有太大的实际意义。因此，高校可设定一些费用归集项目，比如业务相关资产的折旧费用，在实现成本分类核算这一目的前，需要充分运用归集项目。

（四）确定运营成本分摊标准

计入高校运营成本核算目标的开销主要涉及两方面，一是直接开销，二是间接开销。直接开销指的是能够被一个特定的直接计入成本会计目标中的支出。间接开销指的是不能被直接计入某一成本核算目标中的支出。例如，在对大学生进行培育成本计算时，就会出现教育开支、行政开支、后勤开支等，这些费用都要与学校的具体情况相联系，确定合理的分担标准，将其计入不同的成本核算对象中。高校应按照成本会计所需的信息及成本会计目标的特性，采用统一的分摊方式，对其进行适当分配。

三、加强高校运营成本核算管理提升经济效益的具体路径

（一）优化资产配置

高校固定资产利用率较低，导致高校固定资产采购费用较高，因此，通过提升高校科研设备等固定资产利用的方式，可减少高校固定资产成本费用。多数高校的教研实验室由不同的部门来负责，各个部门单独购买资源，这样就会产生大量的重复购买、分散使用、服务范围狭窄、资源浪费等问题。这就要求对建设资产管理系统进行强化，要以高校的战略规划为依据，对资源进行合理的分配，从成本管理多维度进行考虑并全面梳理高校总体资源配置，遵循科学化、严格化、有效化的发展需求原则，对各类资产进行最优配置。构建高校资产信息化管理平台，对高校内各部门进行统一的资源信息化管理，提高资源的时空维度，其包括使用时间和使用范围。以实际教学计划为依据，制定合理化教研相关设备的利用时间并对设备等资产进行科学化调度，实现校内设备共享、资源共享等，从而提升设备等资产的利用率，进而降低总体资产成本。除此之外，高校内部可建立资产信息化共享平台，必要时可对具有一定专业性，但利用率不高的科研设备等，采取错时交叉的方式，来降低重复购置的数量，从而节省采购费用。

（二）重视资金成本及运转效率

高校资金流动的充分性与稳定性与其发展方式有着密切联系。高校应执行现金流状态追踪计划，把握现金流向，合理安排资金的运转。例如，每年的九月，学生们缴纳项学杂费及住宿费后，学校会有充足的现金存量，这就导致了高校掌握资金的机会成本有所上升。因此，必须强化对财务资金的管理，对其进行规划并控制其使用的数量，及时掌握学校的

现金流动向，在确保资金安全性的基础上，对资金的时间价值进行规划，并将其运用到合理运营中，从而达到资产增值的目的。加大应收账款回收力度，减少物料库回款。应收款项指的是客户所占高校的资金量，它会影响高校的现金流，从而增加成本管理的负担，因此要建立合理的收款时间。另外，伴随着高校独立学院的搬迁，其费用收益已经无法与其扩张速度相匹配，大多数学校在建设与发展过程中，会以银行借款为主，从而产生了大量的债务，导致了资产负债率的不断上升，这就要求对投资的影响进行定性与定量分析，从而对融资费用的上升进行有效的控制。独立学院要对高校资金的管理进行创新，拓宽筹资途径，多角度地挖掘其融资的潜在价值，利用人才培育、科研成果转化、校企合作等方式，提高其办学经费。在此基础上，采用上述方法，对资金进行有效配置，实现资本的最大利用效果。

（三）预算控制法

在进行成本管理的过程中，高校常采用预算控制的方式进行成本管理。预算管理始终是一种主要的财务管理方式，预算控制与成本管理互相关联，利用预算控制来实现事前规划、事中管控、事后反馈三个方面的统一。财务预算是以学校为中心进行的，其资金维度是基于对学校总体效益的分析而确定的，是以学校总体经济效益为依据。在成本管理的全过程中，预算工作是与成本管理相结合的，它能对预算的实施情况进行实时监控，并对预算的执行情况进行跟踪与分析，从而能够对成本费用的开支和预算之间存在的偏差进行及时反馈，并对产生偏差的因素进行详细调查，能够对成本的变化进行有效的调整与控制，从而降低盲目与随意的业务支出，防止成本超支，最终达到接近总成本的目的。在编制预算计划时，应当对其进行标准量化并给予指导，对成本发生的每一个步骤进行指导，在实现过程中，财务预算的落实情况将会对学校的资金收支比率产生重要影响，通过合理的预算管理，能够实现对有限资源进行约束，进而达到扩大企业盈利空间的目的。

高校运营成本核算管理与企业的经营理念等较为相似，主要是以学费等收入进行费用补偿，然而，如果想改进硬环境和软环境，就要对费用进行额外的补偿，这样就会对损益平衡产生一定的影响，因此必然要引入市场机制，使用在成本领先战略下的多种降低费用的策略，并将约束理论用于各个方面，从而找到一条能够有效减少学校费用的途径，对费用结构进行最大限度的调整，从而让费用优势变为一项十分重要的竞争优势。

第四章 高校财务绩效管理与控制

第一节 整体计划控制

人们认为一个高校的管理，特别是地方高校的管理包括许多过程，如确定高校的目标、根据目标确定行动方案、根据方案要求组织和领导业务活动、调节与控制活动、检查高校的教学管理活动等。在这些过程中，首要的是对高校的教学与管理有一个整体的、可行的构想，既要确定目标，又要制订策略、政策与计划，拟定决策。这个过程一般称为整体规划阶段，即计划阶段。广义的计划定义：从各个抉择方案中选取未来最适宜的行动方针。它不仅是最基本的管理职能，而且是实施其他管理功能的基础，任何高校的决策者都必须根据计划组织、配备人员，领导、控制活动。

之所以把计划列为控制活动，不仅是因为计划本身就是一种控制方式，如预算控制，还因为计划与控制关系密切，以至于无法加以明确分离，无论是从管理理论上，还是从管理实务上，都很难加以区分。如对教学活动所进行的整体管理，有的高校称为"教学规划"，有的则称为"教学控制"，规划与控制是建立整体管理方式的基础。有人认为计划仅包括制订管理计划（短期计划）和行政管理准则（长期有效计划）；有人认为计划工作内容包括选择高校及部门的目标，以及决定实现这些目标的方法，如制订战略、政策、具体计划及拟定决策等。整体计划控制是实行目标控制的一种合理的方法。这种方法不能离开具体的计划与决策，同时还要考虑未来教学环境的变化，它应当是一个开放系统的管理工作方法。

一、计划控制的方法

为了使高校取得良好的工作成效，最重要的任务就是明确总目标和一定时期的目标，使每个人明确组织期望他们去完成的目标及其实现目标的方法，这就是人们常说的计划职能。无论是高校整体，还是高校所属的各个部门均有其未来行动方针的许多可供选择的方案，计划工作就是从中选取最适宜的方案，即要为高校及其部门选定目标并确定实现目标的方法。

因此，计划工作的实质是选择，只有在出现需要选择的行动方针时，才会产生计划问题。计划也就是要做出决策。计划就是预先决定做什么、如何做、何时做及由谁做。计划能够使那些本来不一定发生的事情变得有可能发生。虽然准确地计划未来是不太可能的事，因为人们无法控制某些因素的干扰，但是如果不去做计划，许多事情就只能听之任之，管理工作就会变为一团乱麻；如果计划工作做得不好，几天之内就会出现差错。任何高校都会受到经济、技术、社会和政治等外部条件的影响或冲击。变革与经济发展虽然给地方高校带来了机会，但是也带来了风险，计划和其他管理职能一样，已成为地方高校生存的必要条件，其任务是在利用机会的同时，使风险降到最低。计划工作可以促使高校把注意力集中在目标上，并致力于实现目标；计划工作具有预先性，能够弥补情况变化与不肯定性带来的问题；计划工作还具有领先性，它为其他管理行为提供了基础，指明了出发点；计划工作将高校所有人员的活动纳入控制，具有控制作用；计划工作有利于高校提高工作效率，达到经营上的经济合理性。要想使计划工作充分发挥其功能，根据现代计划发展新趋势，计划控制设计应遵循以下原则。

（一）选择正确的设计程序

计划设计程序由两种不同的思想决定：一是保守的导向；二是前进的导向。以教学部门的活动作为整个地方高校活动的指导中心，即保守的导向。这种思想适用于竞争不激烈或根本无竞争的教学环境。

（二）重视中、长期计划编制

传统的计划，以一年为一期的年度计划为主要内容，不注意建立目标与长远规划，往往导致地方高校只了解近期行为，而不了解未来发展，过一年算一年。计划包括任何一种未来的行动方针，因此应拉长计划时间，否则难以进行发展控制与目标控制。目标性计划分为永久计划和长期计划两种。高校的某些目标具有永久的指导作用，没有确定的止境及数量标准可供衡量，如高校的创建目标、基本的使命等即永久性计划。

高校设立的未来8～12年（甚至20年）的全面努力目标，即长期计划。这类目标计划只规定了粗略的目标数字，而无具体的实施手段与措施。目标性计划适应高校进行长远控制、经营方向控制的目的，有助于克服高校的短期行为。

高校设立的未来4～8年内各部门努力发展的目标及战略，称为中期计划。中期计划主要用以执行长期计划，有助于长期目标的贯彻与实现，因此也称发展计划。

高校设立的一年内应完成的目标，即短期计划或年度计划。它主要用以实施中期计划的目标及战略。短期计划除年度计划外，还包括高校产销部门制订的半年计划、季度计划、月份计划及每周进度安排等。这类详细计划不应只含金额收支数字，最重要的是应含有工作目标、方法、进度、负责人及经费预算等实质内容。

从本质上讲，任何计划过程的结果，都在于建立某种形式的目标。高校各层次主管参与计划过程，既要制订短期计划，又要设立长期计划与中期计划，其目的是形成一套上下、远近相互关联的目标体系。长期目标表明与制约着高校奋斗目标，中、短期目标是长期目标的分解与落实。高校上层主管的目标与手段，制约着中、下层的目标与手段，中、下层的目标总是上一层次的目标之一，这样层层相连，就形成了完整的目标手段链，否则就谈不上目标控制。良好的目标体系，应具体规定项目名称、数量水平、绩效衡量标准及完成时限等。

（三）建立整体的计划预算制度

只有充分认识计划的多样性，才能编制出有效的计划，才能建立"策划、规划、预算"制度，以贯彻整体性、系统性目标管理精神。整体计划预算制度主要包括以下过程。

①策划：主要指对目标、方针、政策的斟酌考虑。

②规划：以确定贯彻目标、方针、政策的执行方案。

③预算：在策划、规划基础上进行详细的经费预算。

④注意授权管理的加强。计划要有利于最高主管把握决策权，经由"责任中心"体制，分别授予各级主管，使其有效地发挥策划、执行、控制的机能。如要将用人、用钱、工作等权力，分别授予利润中心、成本中心、工作中心等，以利于进行利润控制、成本控制、工作量与进度控制。对于失控达不到目标者，应追究其应负的责任。

⑤注重信息系统的建立。决策的制定，有赖于充分、正确与及时的信息。因此，进行计划工作，必须注重相应的信息系统的建立与管理。信息系统的管理工作有利于获取高校外部与内部的各种信息。高校需要从外部获得政治、法律、经济、技术、金融机构及投资者等方面的情报，也需要从内部获得教学、人事、财务、研究发展等方面的信息。

二、计划控制的设计内容

（一）目标

目的或目标不同于希望，它们产生于严密而具体的思维，并使人员和组织为了实现它们而努力。目标的实现程度应当可以验证。目标能起到激励作用，并把个人的工作积极性引导到部门和高校的改善管理中，以提高经济效益与社会效益。任何管理者最基本的责任应是保证组织拥有一张将个人、部门和高校目标结合在一起的目标网。这张目标网应既有总目标又有具体目标。

任何地方高校都有社会赋予它们的基本职能和任务，这就是设立高校总目标的依据。为了系统地阐述高校一定时期应达到的有意义的目标，就必须明确它的总目标或使命。然而，不少高校对自己的使命往往是模糊的，一时很难回答。要确定一个高校的总目标或使命，应确定高校的服务对象，了解服务对象的期望与要求，满足服务对象的需要，逐渐明确高校自己的使命。地方高校的一般使命或总目标是赚取利润，因此要有利润的基本目标，要实现这种目标，必须通过从事各种活动逐步明确方法，实现各种具体目标，完成具体任务。

一定时期的目标或各项具体目标是高校教学活动所要实现的结果，它们不仅是计划工作的终点，也是各项组织工作、人员配备、领导工作及控制活动所要达到的结果。高校一定时期的目标构成了高校的基本计划。一定时期的目标或各项具体目标一定要根据高校的总目标、教学状况、教学环境来决定，而不单单表现为某个具体的质量目标、数量目标。

目标具有等级层次性，由总目标或使命、一定时期的全部目标、专业性的全部目标、所属高校的目标、部门目标及个人目标组成；目标具有网络性，一所高校的所有目标是相互联系、相互支持的；目标还具有多样性，无论哪一层次的目标都是多种多样的。

设计目标有两种方法：一是传统方法，二是目标管理法。传统方法是由上级决定目标，并把它强加给下属。这种方法可能会引起下属的不满，不能充分发挥下属的才智能力，存在着严重的弊端。目标管理法，是让下级在上级确定的范围内建立目标，如上级提供范围，下级就目标提出建议，上下级取得一致意见后，制定目标，下属对自己的工作进行计划与控制。目标管理过程包括确定最高主管部门的目标、明确组织机构的目标、确定下属人员的目标等。目标管理法有利于管理工作水平的提高，有利于明确组织机构的作用与状况，能诱发人们对自己的工作成效控制承担责任，能使计划工作更加有效，有助于开展有效的控制工作。目标管理的评价方法、激励方法、系统方法及长远看问题方法，在管理中得到广泛应用。但是目标管理法也存在着原理不清、指导方针不明、难以确定、趋向短期、不灵活、未形成网络、随意武断、没有坚持可考核性、过分强调数量指标、标准不适当等缺陷。

(二)策略、政策、计划

1. 策略(战略)

策略或战略是一种军事术语，含有对抗的意思，是现在普遍用来反映地方高校教学、科研的一种概念。军事上的战略，是指计划军事行动和战场的部署等。地方高校管理上的策略是指把高校置于有利的环境之中，做出最基本的，具有深远意义的计划，亦指为全面实现目标而部署的工作重点及资源利用的方法。策略既包含目标、政策，也包含教学计划。策略的总目标即通过一系列的主要目标和政策来决定和说明所设想的高校状况。策略指明了统一的方向、重点的部署及资源安排，但不确切说明如何实现目标，主要是针对高校的经营思想和行动而言的。策略具有的控制作用不仅在于它能够根据高校的弱点与力量制定出解除外部威胁与抓住机会的对策，还在于它是最高管理部门的职责，是一种对各级都有制约作用的精神，同时在于策略是一种长期观点，而不是短期行为。

2. 政策

政策是一种计划，主要表现在计划中的文字说明，以此沟通或指导决策工作中的思想与行动。因此有人说政策是决策的指导方针，一种政策反映一种目标，并指导管理者和职工通过思考与判断接近目标。政策有助于将一些问题处理方式确定下来，使不同的人面对同样的问题选择相同的处理方法，并为其他计划提供一个全局性的概貌，从而有利于管理者控制全局。政策的规定有利于缩小决策的范围，限定决策的幅度。政策层次与机构设置层次相适应，如高校政策、部门政策、基层的小政策等。政策往往与某一机构职能相关，如财务政策与财务职能相关。

一个高校有多种多样的政策，如招工政策、提拔政策、奖励政策、职称政策、奖励政策等。所有政策一般可分为明确的政策和含蓄的政策两类。以书面形式或口头形式做出规定的政策，即明确的政策，它向决策者提供了选择方案的依据。将政策寓于既定模式的决策之中，并不写出或说出的政策，即含蓄的政策。有人将政策理解为规划，这是错误的。因为任何政策都是鼓励自由处置问题与进取精神的手段，它虽然有一定限度，但也有一定弹性，它只是决策时考虑问题的指南，而不是规则。此外，政策既然是为了促使目标的实现，就应当具有一贯性和完整性。这就需要尽量使高校各项政策有明文规定，需要减少政策制定的主体，并尽量做出统一解释以助于控制政策。

3. 计划

制订教学计划包括做出具体的安排以及完成由策略计划确定的目标。教学计划确定了为实现目标的方法、财力和时间。教学计划是策略计划的产物，是一种为了在一定时间内达到某些特定目标，在考虑有关的环境之后所采取的手段。教学计划应详细地反映计划内容，计划何时、何地执行，如何执行及何人执行等。综合性计划也叫作规划，包括为实施既定方针所必需的目标、政策、程序、规划、任务委派、采取的步骤、使用的资源及其他要素等。教学计划的类型有以下几种。

（1）程序、规则

正如政策是思考和决策的指南一样，程序是行动的指导。它规定了处理未来活动的例行方法，详细地说明了必须完成某种活动应当采用的准确方式。程序多种多样，越到基层，其规定的程序点就越细，数量也就越多。与其他计划一样，程序具有层次性，如果政策是指导决策的方针，那么程序就是实现目标的方法。如果高校政策规定职工可以享受休假待遇，那么程序就要规定如何具体执行这种政策，如确定采用轮休方式，以免影响生产；规定假期内工资支付办法及差旅费报销范围；规定申请休假方法及应办理的手续；规定销假与报销的办法等。程序虽然不能保证达到令人完全满意的效果，但有益于特别业务的处理，有益于节约时间和精力，促使业务处理的规范化与制度化。

规则也是一种计划，它是一种最简单的计划。与其他计划一样，它也是从抉择方案中选取一种行动或一种处理问题的方法。规则要求按一定的情况采取或不采取某种特定的行动，它不同于政策，虽然规则也起指导作用，但人们运用它们时，没有自由处理权。规则与指导行动的程序有关，但它不说明时间顺序。可将程序看成一系列的行为规则，但规则不一定都是程序的组成部分，因为有些规则可单独出现或不连贯出现，如"禁止随地吐痰"或"禁止在教室内吸烟"等均与程序无关。

（2）预算

预算是决定某一预计时期内（一般为一年之内）收入和支出量的计划。预算，作为一种计划，是以数字表示预期结果的一种说明书。预算，有反映收支的财务预算；有涉及经营方面的，如费用预算、教学预算等；有反映资本支出情况的，如基本建设费用预算；有说明现金情况的，如现金预算。预算是基本的计划工作手段，也是一种控制方法，它反映了计划的要求，可作为控制的切实标准。

预算计划工作就其精确性、详细程度和拟定的方法而言，有相当大的不同。某些支出或成本对整个时期来说都是固定的，而不管销售或生产的计划和实际完成情况之间的差别影响。这种反映固定成本的预算称为固定预算，如折旧、维修、资产税、保险费和其他基本管理费用预算等。有些成本随实际的销售额或产量而变，如某些地方高校管理费与教学经费等，对它们的预算为可变的或灵活的预算。还有一种新的预算方法，即将可变预算和方案预算结合起来的方法，被称为零基预算。零基预算将每一项都作为一项新的计划提出，事事都从零开始，把所要达到的目标和为实现这些目标所需要做的工作从始点做起，这种做法可以促使计划工作做得更完善，而又不依赖于过去的计划。事实上，预算工作的主要优点是促进人们去做计划，而且做得很完善。

计划除了上述内容外，还有时间安排计划，即就一项确定完成特定活动的时间期限进行计划。无论是简单的还是复杂的，时间安排均是一种关键性的计划工具。

（三）决策

决策渗入全部管理机能和过程，它是从体现某种工作方针的各个抉择方案中进行选择，是计划工作的核心部分。只有拟定了决策，才能说有了计划，决策是管理者的中心任务，决策实质上是解决问题。合理思考与决定问题就是解决问题。如某些事情发生了，它需要回答：某些事情应得到更好的处理，或者应做些新的事情等，这都需要解决问题。

进行决策，首要的是提出问题与确定诊断问题，为了更好地把握现实，一般应进行系统思维来确定问题。在假设条件与获得事实阶段，理应获得全部事实，最主要的是要获得有选择的关键事实，这样的事实关系到问题的关键，也就是能够决定成败的问题。当人们充分了解事实以后，头脑中就形成了一种甚至几种解决问题的方案，事实掌握得越多，解决方案的数目也就越多，但人们必须通过研究和判断，借以发现各方案的限定因素或战略因素，以利于进一步评价方案。选出一些决策方案后，就应对其进行评价，然后从中选出一个(有时是多个)最有利于达成目标的方案,这是决策的最后一步,也是关键的一步。评价工作既要考虑定量因素,如各种固定费用、流动费用等,还要考虑定性因素,即那些无形的无法定量的因素,如劳资关系的特点、技术变革的风险、政治气候变化等,在比较方案中,理应对数量和质量因素同样重视。评价方案时,要进行边际分析、费用效果分析,要反复权衡;每一种方案对实现目标有多少贡献,是否符合高校既定的决策;每一种方案实施起来花费大不大,费用和收益相比的结果如何;怎样才能贯彻得更好等。选取方案时,应从三方面充分考虑:一是经验。要认真总结过去的经验,正确对待经验,将经验作为分析问题的基础,而不能仅凭个人经验对未来行动进行指导;二是实验,对准备选取的方案要进行实验,并仔细观察它们所发生的结果,然后加以确定;三是研究与分析。首先应了解问题本身,对影响每个方案实施的关键变量、限定因素、前提条件及相互之间的关系进行研究。其次要把每个方案分解成有待研究的组成部分和各种定量与不可定量的影响因素。最后加以详细地推敲,如使用持平法、报酬矩阵、决策树、存货决策分析、线性规划、排队理论等定量分析方法。研究与分析方法的一个主要特点是拟出一个模拟问题的模式,以便执行中对照检查。

第二节 组织人事控制

管理学中的组织是指为了使人们有效地工作以实现目标,必须设计和保持一种合理的职务结构。"组织"一词,如以人为对象,则是把许多人集合起来,发挥团队精神,以达成共同的目标;还有人说,"它包括所有参加者的一切行为"。对于大多数从事组织工作的人来说,它是指有意识形成的职务结构或岗位结构。高校规模扩大后,工作任务增多,有必要把主要的任务划分为部门的责任,并要使这些部门工作协调一致,共同努力实现高校目标。

两个或两个以上的人为了一个既定目的,有意识地进行协作活动,即为正式组织。正式组织的实质是有意识地形成共同目的并能相互沟通、乐于尽职。正式组织应遵循目标一致原则与效率性原则。任何没有自觉的共同目标,却能产生共同成果的活动,即为非正式组织。部门是指一个主管人员有权指挥既定活动的特定领域或分支机构。在地方高校,部门还表明了管理上的等级层次关系,如处长领导处、科长领导科。

目前,各高校组织形态,由上至下,外观上形成上小下大的金字塔形状。一个高校的组织工作,有利于明确责任与权力,主要通过规定什么部门做什么工作以及谁对谁负责;能够按工作责任把人们分为群体,并进行交流与控制;能够根据各种信息反馈资料拟定决策与改善决策；能够明确区分各种活动的地位，规定其应执行的部门。组织工作的上述功能，具有潜在性，必须进行正确的设计才能发挥其作用；同时，组织工作不是一劳永逸的事，它具有连续性或周期性，必须不断地适应变化的形态。进行组织工作设计，必须考虑战略、技术与环境等影响因素；组织结构必须反映出目标、战略，因为任何高校的业务活动，均是从目标、战略计划推导出来的，形式必须服从职能，结构理应服从战略；组织结构必须适应高校任务与技术需要，如对简单生产系统，可采用扁平的组织结构，对生产程序技术复杂的高校，可采用多层次组织结构；组织结构还应反映出周围环境需要，如果环境稳定又可预测，可进行永久性程序设计，如果环境动乱不定，则可进行临时程序设计；此外，组织结构，还一定要考虑高校主管人员的职权范围及人员调配等问题。

总之，组织是伴随计划而存在的，若无合理而完善的工作计划，则组织设计与人力调配就无存在的价值；组织设计成果就是组织机构或组织形态，不同的设计原则会出现不同的组织结构，不同的组织机构具有不同的影响与作用；组织设计要根据实际需要，不能生搬硬套，均要达到清晰的职位层次、畅通的信息渠道、有效的协调合作要求，否则无法发挥运用物力、人力、财力、时间、技术、信息等宝贵资源的综合力量。有些高校领导不重视组织设计工作，只听主管发号施令，无所谓组织系统，随心所欲，既浪费资源又无效力。组织设计的方法很多，现代高校管理组织一般按照目标导向设计。组织设计的基本目的是执行计划、实现目标，其设计前提是从"事"着手，"依事寻人"而绝不能"因人设事"，具体步骤有以下几个方面。

①确定高校目标，并进行目标分解拟定政策与计划。

②将达成工作目标的各种"动作要素"构成有效的"操作、动作"。

③将各种适当的"操作活动"构成合理的"职务"，并根据可利用资源与最佳途径来划分职务或业务活动。

④将各种职务分解为由各人所承担的职位，并将各种职务组成"部门"或区域性组织。

⑤将部门按一定层次进行排列，构成完整的组织结构或系统。

⑥通过职权关系与信息沟通协调各部门工作。

一、组织机构设计

组织机构设计的关键是如何划分部门。划分部门有多种方法，其关键要使部门划分后所构成的结构体系适应战略、技术和环境方面的特定条件。传统划分部门的方法有两种：一种是按数量划分，另一种是按时间划分。单纯按数量划分的方法：抽调出一拨无差异性的人，确定由哪位主管统领，去完成一定的任务。这种方法的实质不在于这些人去干什么、在何处干以及在什么条件下干，而在于所需人力的数量。以人数为基础划分部门的方法，不适应劳动技巧的提高，也不适应专业化的需要，更不适应高、中层的管理，而仅仅适应组织结构的基层。按时间划分部门的方法：根据时间来组织业务活动，如采用轮班制的方法。这种形式的主要缺点是不利于监督和提高效率，同时增加了中、晚班费用，只适合基层管理的需要。目前流行的划分方法主要有以下三种。

（一）职能组织

职能组织即按高校的职能组织业务活动，以便每个系部都有不同的义务与责任。这里首先要确定的是一个高校的主要部门，即人数多、费用预算大、关系高校存亡的主要职能部门。如果每个主要职能部门管理幅度太大，就应进一步划分派生职能部门。职能组织的主要优点是合乎组织工作逻辑；能遵循专门化原则；能维护主要职能的权力与威信；能简化训练工作；能有效实施上层严密的控制手段。其缺点是仅仅由上层管理当局对盈利情况负责，过分强调专业化，不利于一般主管人员的培训，部门之间难以协调。

（二）区域性组织

以地理位置为基础按地区划分部门的组织结构，即区域性组织。该种方法特别适用于规模大的学校，或者业务活动分散的地方高校。它能够像产品组织那样，确定单个业务高校的利润责任，能够激励管理人员考虑区域性高校的全面成功，能适应不同区域的特点。其主要缺点类同于产品组织的缺点。

（三）矩阵组织

20世纪70年代，人们在同一个组织机构内将按职能划分部门方法和按产品划分部门的方法结合在一起，即矩阵组织。这种组织也称"方格"组织，或"项目"管理、"产品"管理，实质上是一种折中的办法，这种办法能获得职能与产品两种结构的长处，同时又能避开二者的不足，有利于高校适应外部环境，有利于信息交流，有利于减轻经营与成本方面的压力。但矩阵组织也有其缺点，如无政府主义的趋向，过度的权力斗争及群体决策。

除了上述几种主要的划分部门的方法，还有面向市场的划分方法，按工艺与设备的划分方法及按服务部门划分的方法。任何组织机构的设计并不限于采用一种方法或类型结构，应努力使组织的不同部分适应不同的条件，采用复合设计法，以鼓励人们以最适应工作任务的方式进行思考与行动。此外，应重视一级高校的分组以构成完整的责任中心，一级高校设立标准，关系"事业部制度""目标管理""集权与分权"等现代化管理方法与知识的应用；完整的责任中心体系包括服务中心、教学中心、成本管理中心与工作中心。

二、协调关系设置

分工与协调是组织控制的两大职能。分工能够使组织内部活动专业化，而协调有利于部门上下级之间的配合。通过部门划分后，亟待解决的问题是部门间必须加以协调使之成为一个工作整体。一个组织不只是由若干个有着各自目标的独立部门组成，为了取得工作成功,必须将各部门的努力结合成为一个整体。如果一个组织协调不好,就会出现控制失灵、冲突严重、职权工作能力分离、某些工作无人过问等现象。无论什么样的组织都是协调人行为的体系,其协调方法多种多样。

(一)纵向协调设置

有意地建立一个职权等级,规定各级管理职务责任与上下级关系,旨在开辟指导职工活动与交往的途径。设计职权体系,是设计协调组织的起点,其目的是建立一个强有力的指挥系统,使指挥系统中的每一个人都明确自己所处的位置,知道谁向他负责,他向谁负责;命令从上向下传,报告自下向上传。设计职权等级的原则是建立报告关系、负责关系及控制跨度。所有高校都应建立从高校最高管理者到最低管理层的、相联系的、不间断的报告关系。这种报告关系也称为命令链,它要求从最低管理层开始,每一级都要对一位上级负责,并据此来检查每个人的行动是否违反了上级的期望,这样就有利于各级之间的协调。建立命令链的思想,要求人员之间的交流和对下属的管理不间断,下级不应背离上级指导;任何一级管理人员不应绕过其直接负责的部门,向更低一级的主管人员发布命令。根据统一命令的概念,下属只对一位上级负责,而不可能满足多头上级的要求,否则会造成不应有的紧张关系。为了便于纵向协调,还应适当注意各层次管理部门的控制跨度(管理幅度)。管理幅度是指对管理人员(或部门)所管理的人数或所属机构的实数的限制。管理幅度应根据部门等级、主管人能力、授权程度、被控制者素质、工作制度、工作程序、工作计划而定,并没有统一规定。如有人认为中级与高级管理人员管理3～9名直接向他们负责的人为宜;有人认为基层管理人员管理30名为宜,也有人认为管理8～12名为宜。影响管理幅度的主要因素是业务活动的多样性、不确定性、新颖性;下属工作的复杂性、随机性、责任性;下属人员的专业水平,标准化程序,非管理性工作量等。

(二)横向协调设置

任何组织除了纵向协调,还必须注意横向协调,即部门间的协调。在设计横向协调时,必须注意需要协调的地方、需要协调的程度、协调机制、适用情况等。部门间的协调,取决于部门间的相互依存性及其产生的结果。如教学、后勤部门,应根据教学需要进行协调,否则会导致教学质量的下降,直接影响高校管理水平及其生存发展。需要何种程度的协调,主要由各部门从事的共同任务具有多大的不确定性来决定。任务不确定性越大,需要协调的程度越大,其决策者需要处理的信息量就越大。因此有必要设计协调机制,即设计进行部门间信息交流及拟定决策的手段,具体内容如下。

①建立标准程序,以解决常规性的协调问题。

②建立垂直的职权渠道。如果存在的问题较少,而部门间的利益冲突又难以解决,这种情况应通过有权做决定的上司来解决,但这种协调方法不经济。

③建立临时会议制度。当有关部门发生不协调情况时，应由各方派代表参加碰头会加以解决。

④建立定期会议制度。如果部门之间经常发生不协调问题，可定期举行会议加以解决。

⑤明确协调责任。在部门目标与职务说明中明确规定协调责任及合作义务。

⑥建立协调机构或专设协调人员。如高校协调工作很多，理应设置协调机构或协调人员，专门从事责任划分工作，负责日常的协调工作。如设调查员、联络代表、协调人、计划员等，使其承担中间人的任务。

此外，还可根据矩阵理论设计协调机制，用以解决既相互竞争又很重要的两项工作。有了各种协调机制与手段，还应根据不同的需要进行选择，以保证其有效使用。

（三）参谋协调设置

除了纵向协调与横向协调，许多管理者还采用"参谋"协调的方法。参谋在管理学中有着多种不同的内容，有时是指管理人员助手的职务，有时是指一种特别职务——处于从属地位，只向一名管理者负责。无论怎么说，参谋具有服务、咨询、监督与控制职能，参谋部门负有临时性的协调之责，还能起到帮助的作用。对整个组织机构而言，某些部门与整个组织主要是参谋式的关系，另外一些部门主要是直传关系。要做好各部门的协调工作，不仅要注重按分级原则进行直线或阶梯式的职权关系的设计，还要注意具有顾问性质的参谋关系的设计。

（四）职权协调设置

将职权与决策权向上移被称为集权，向下移则称为分权。更确切地讲，管理者把职权与决策权集中到高校结构的最上层，即"集权"；如果把职权与决策权分散到全体下级人员，则为"分权"；有些管理者授予下属特别职权与职责，即放权。

如果一切问题均由最高管理层做出回答，就可能导致决策慢或决策不高明；如果一切问题均由下层做出回答，则有可能造成失控，铸成大错。过分地集权或分权均有利弊，如何更好地进行职权控制，应采取随机制宜的原则。对一个特定的组织而言，在特定的时期内，它的某些职能最好实行集权，其他职能则实行分权，只有通过掌握特定的事实，在处理特定职能时权衡利弊后才能做出正确的决策。要把各种职能看作由不同的活动组成，而不能看作整体，对有些活动需要采用分权，对另一些活动则需要采用集权。

放权或授权管理，是一种较好的职权管理形式，它是指管理人员分配任务和分配完成任务所需的职权与职责的过程。授权控制应力求完全性、明确性和充分性。完全授权是指对每项任务进行分配时，授予被授权者应负的责任与应有的权力，以避免无人负责的现象。明确授权是指授权者应明确告知被授权者对何种任务负责、有哪些职权，应使下级人员清楚了解自己的任务、职责与职权，在职权范围内无须事事请示。职权是发布命令的权力，职责是对结果所负的责任，二者应当平衡。授权的充分性是指授予下级的职权应能充分保证其完成应负的责任，这样有利于促进有关任务的完成。此外，应注意的是，进行授权管理，并不能减轻上级应负的责任，上级应对下属职务范围内的行为负责。进行授权设计，必须遵循按照预期成果授权，明确职能界限，分级、分层、统一指挥，职责的绝对性，权责对等原则。

（五）影响力设置

只有将职权变为影响与改变行为的力量，职权才能产生效率或效益。一个人的行为对另一人的行为产生影响的能力即力量。要使各阶层主管能够产生影响下属行为的力量，必须发掘各种力量的源泉。如采用合理的报酬、适当的处罚、合法的管理、模范的行为及专家型的指导等方式。只有下级明白上级能给予他合理的报酬，其才乐于接受任务；只有下级明白应受处罚的范畴，才能遏制下级无理的需求或使困难的任务得到接受；只有下级明白上级的指挥是合法的，其才能服从；只有上级以身作则，下级才能仿效；只有上级有能力满足下级需要的知识，才能使下级心悦诚服。

三、工作设置

明确了如何划分部门及如何协调部门工作后，应进一步明确如何设计部门职掌，群体及个人应完成的工作。各部门的职掌是一个为达到共同目标分工办事的环节，若干环节形成的链是大家共同维持其密切配合的工具。进行部门或个人工作设计时，要根据总体战略来设计，使各部门或个人的工作有利于总体目标的实现或战略的实施；要根据技术因素，进行专业化分工，即将大任务分为若干小任务，以有助于增进职工技巧及提高效率；在考虑技术因素的同时，要考虑到心理因素（职工价值观、责任感、成就感等），以满足职工对工作多样性、完整性、重要性、自主性与自动反馈的要求，以利于激励职工，唤起职工积极性，对工作感到充实而满意。职掌与工作设计，一般先从主要教学部门开始，再设计服务部门的职掌，如对总务、人事部门工作设计；然后根据工作程序一条一条地列举出来，进行整理归纳。

例如，拟订后勤部门职掌时，要依照其工作程序，如采购教材，要开列请购单、询价与订货、验货入库、登卡入账、安全保管、凭单发货、检验、包装入库等。根据列出的职掌，依计划、执行、考核行政"三联制"进行核查，看有无漏列和应予补齐、调整的问题。纵向方面使职掌与程序衔接起来，横向方面将人、事、物连接起来，形成完整的部门工作体系或个人工作系统。例如，某教育厅主管其财务处主要职掌为研制与修订会计制度，并督促所属高校加强会计制度建设工作；编制本系统预算，并审核与汇总所属高校预算资料；汇总和编制月报、季报与年终决算；编制财务分析与成本分析报告；检查所属高校会计资料及有关会计事务的处理；检查各高校预算执行与控制状况；指导与培训系统内会计人员，并负责会计人员的考核与职称评定工作；指导系统内的统计核算与业务核算工作，定期组织财务检查工作。

四、人事控制设置

人事控制的根本目的，是采取某种确保高校目前和未来均能正常经营的办法，为组织结构中各个职位配备合适的人员。人事控制不仅是人事部门的职责，而且是高校主管人员的职责。主管人员所从事的计划、组织、领导及控制等工作的职能，事事都与人员相关，人事控制是主管人员的一项决定性职能，并且是一项决定高校成败的职能，任何领导都要正视"人力资源开发"的挑战，如不能有效地进行人员挑选、使用、考核与培训工作，整个高校就会变成一台腐朽的机器。

（一）选择设置

选择人员设计主要是对人员配备与人员选拔方法方面的设计。

人员配备工作应该与高校组织结构、计划目标工作协调一致。人员配备是一个复杂的过程，它可作为管理人力资源的一种系统方法。高校任何计划都要人去贯彻执行，进行人员配备必须以计划为基础；组织计划是确定人员需求量的关键，同时还应考虑任命率、年龄、健康状况等其他因素；根据高校内部与外部人才资源状况，对主管人员需要量进行分析；招聘、选拔、安置人员，同时要做好考核工作。在人员配备过程中，应充分考虑外部环境与内部环境的影响。尽管人员配备工作主要由人事部门和各管理层的主管人员来负责，但拟订人员配备计划、决定招聘范围、制订选拔程序、确定考核方法以及规划培养开发等人事政策，还是应由人事部门在高校最高管理者直接领导下贯彻、落实。

高校各类人员质量，特别是各级主管人员质量，是任何一个组织取得成功的决定性因素之一。选择人员，特别是选择主管人员必然是整个管理过程中关键的步骤之一。选择人员必须遵循一定的步骤，使用系统的方法。要从以下方面有效地选择人员。

首先，要对各职位的要求进行客观的分析，即应明确各职位的工作内容、工作方式及需要的知识、态度和技能，要确定职务的适当范围，既不能过宽，也不能过窄。职位应包含饱和的工作量，工作应对任职者具有挑战性，使他们感到自己得到了充分任用；职务应反映所要求的工作技能，如要求专业技术人员具备技术性技能、人事管理技能、概括分析技能、谋划设计技能以及分析与解决问题的能力等。

其次，要对各职位的重要程度进行评价。这种评价不同于对工作成绩的评价，一般使用三种方法：一是采用"排队"比较法，确定各职位工资标准与地位，一般是以薪金水平来表示职位差别的幅度；二是根据职务要素进行评分来评定职位等级，即先选定几个职务要素，给它们规定权数与分值，然后以数字表示每个要素，要素主要包括所要求的教育程度、

高校财务会计工作与统计学应用

经验、智力、体力、职责及工作条件,主管职务应评定的要素是所要求的技术知识、所要解决的问题及所负职责的范围大小等;三是采用判断时距法来评定职务价值,即通过对某个职务所承担的各项任务进行分析,来衡量判断时距的长度。例如,某一职位中所发生的差错能很快暴露出来,而另一职位中的差错要很长时间才能暴露出来,对后者工作的判断时距就比前者长,其职位价值也应比前者高。

再次,要明确各职位所需人员应具备的素质,除了应具备的技能,个人的素质也很重要,如主管人员必须有管理欲望且具备沟通感情的能力等。

最后,进行正确选择,在明确各职位所需人员的规格要求之后应招聘、选拔人员,一般采用目标选拔法,即将职位工作目标与被选人的工作经历、技能、素质进行对照,按相符程度进行挑选,具体选拔时应口头审查、审阅资料,对智力、才能、业务、个性、熟练程度等进行测试、集体评审。

在选择人员时,应特别注意对各种不同类型的应征者进行区别判断,面谈是一种最好的方法,因为高校要选择的是一个实实在在的人,而不是一张内容丰富的履历表。

(二)用人设置

管理之道在于"借力",即任何主管人员应借助部属的力量,完成高校的整体目标。高层主管应借助中层主管的脑力,中层主管应借助基层主管的脑力与体力,基层主管应借助职工的脑力与体力,现场职工应借助本身的体力及可用的机械力,以完成各管理层的目标。借力的方法,一是计划,二是控制。计划泛指所有决定未来要求部属完成的目标及执行方法的思考过程,计划在于创新。控制泛指确保达成计划目标的措施,一是组织结构,二是人员督导。组织结构应表达清楚各人的职位层次,明白指出各人上下沟通的渠道,确定员工间协调及合作的中心,否则就会失控;督导是指日常纠正、指导下属行为以期达到目标的活动,如果每一位下属都能自觉地依照上级指示行事,则无须督导。

管理是人力发展而非事务指导。只会做事不会管人的人,不适宜当领导。各级领导均应掌握各种人事处理工作,如员工关系、客户关系、社区关系、政府关系、金融关系等,处理好内部员工关系是用好人的关键。用人之道,一是要因材施用,使每个人适得其所;二是要培养人才,不断增进其才干。如设置一套有效的方法,用以测定各人的工作成果;创造良好的条件与环境,增进员工的绩效与成就;设法征召、储备优秀人才;教育具有潜力的人员,使其胜任今后更复杂的工作;建立有效的考核办法,扎实而公正地考核与评定每个人的绩效;依据成就标准,予以奖励,以提高士气。各层次的管理人员十分关心领导对他们的期望,希望上级能了解自己的工作状况,必要时需要指导,并希望领导主持公正,依据他们的成就给予精神与物质的鼓励或给予升迁机会。同时他们也受知识问题、技术问题、信息问题、态度问题、沟通问题、人格问题等的干扰。主管人员应十分关心各层次人员的心态并采取措施为其排忧解难,既要与部属沟通信息,又要持虚心、诚实、谨慎的态度来提高管理技术,解决难题,如要评鉴已经获得的成果、分析当前的需要、设定高校的长短期目标、确定权责的归属、量度业务进展、评核绩效、更好地设计未来等。

(三)培训与开发设置

通过教学训练以培养管理人员的管理能力,即高校培训工作。组织开发是一种系统地、综合地、有计划地提高高校效能的方法,其目的在于解决对各级管理层次的经营造成不利影响的问题。按照经营—管理理论的方法进行培训与开发,首要的是进行目标管理、工作充实化教育及敏感性训练;最高管理者要积极支持培训工作,培训对象要包括所有管理人员与职工,学习要建立在自愿的基础上,培训要求因岗位或个人条件而异,培训方法取决于培训要求,理论必须与实践相结合。

对任何个人的培养与训练,首先要明确其现在的成效与行为和要求达到的成效与行为之间的差距;其次要明确他现有的才能与担任下一个职务所要求的才能之间的差距;最后应预测未来,根据变化了的技术和方法预测要求达到的新才能。只有明确了上述三方面的问题,才能进一步明确培训目标和培训方法。

培训的主要方法有在职培训与离职培训两类。在职培训,是受训者一边学习,一边工作,其具体方法有:有计划地提级、职务轮换、设立"副"职、临时提升、个别辅导、建立临时受训机构等。离职培训,有在高校内部和在高校外部的训练,如进行敏感性训练、有机行为修正法、交往分析法、短期培训、专业证书班培训、特别培训、自修培训、视听培训及模拟培训等。

组织开发的核心是使高校各级管理者一起努力,以解决部门或高校所面临的具体管理问题。以解决协调欠佳、过于分散及信息沟通不灵等问题,具体方法有实验训练、主管工作方法训练及调查反馈等。任何组织开发,其关键是人力资源开发,而人力资源得到充分发挥的关键是创造一个使全体职工安心敬业的组织气候,如组织机构清楚,权责明确;适当的授权,充分发挥个人积极性;赏罚分明,鼓励多于指责;相互关心,团结和睦;容忍异己,鼓励批评、建议;互相认同,把高校利害、荣辱与个人利益结合起来;等等。

每所高校都应重视人事教育工作,充分发挥人事管理职能。如健全人事组织,根据高校规模大小,设立合适的组织机构,明确其权限职责,科学办理人事行政与人事服务工作。根据高校需要制定科学的人事制度,其内容包括任用条件及手续、工资标准、工作时间、请假规定、员工福利、管理规则、考勤与考核方式以及奖惩、调动、离职、退休等一切人事规章;加强劳动工资管理,及时处理劳动力不足或过剩和定级、转正、调资等问题,对外、对内进行协调与联络等行政工作;加强教育培训工作,有计划地组织职前训练、在职训练、正式教育与补习教育等;加强人事任用工作,如按政策与规定办理招工、奖惩、升迁、调动、缺勤、考核、退休等人事手续,对于一些敏感问题,要提高透明度,并要接受群众监督;此外,还要加强医疗保健、职工福利、协调服务等工作。人事管理工作,涉及整个高校的工作效率问题，对人管理成功，就能够提高工作效率、方法效率、设备使用效率与资金使用效率，相反则可导致高校失败。因此必须注重挑选人事管理人员，严格要求人事管理人员，使所有人事管理人员能把握国家劳动人事政策，熟悉劳动人事制度，明晰事理、善于分析判断，具有丰富的办事经验，温和谦让、办事认真，并具有较强的说服能力等。

第三节 行政领导控制

行政领导控制，对于我国的企事业、高校来说，既包括个人领导控制，又包括群体领导控制。领导功能的发挥，既与领导个人的品质、风格、才能相关，又与领导体制、分工、协调相关。关于领导的定义，人们有很多种说法，但多数人认为它是一种影响别人的力量，即影响别人使之心甘情愿为实现高校目标而努力的艺术或过程。技术、才智、工艺、安排等因素只是影响生产力的部分因素，而领导是对生产率影响的关键因素。具有杰出思想的、能激励别人去思考、去行动的领导人是力量的主体；领导人个性的影响，产生了一种行动的感染力，较无个性特征的管理系统，作用要大得多。

有人认为领导的本质是被追随，人们倾向于追随那些被认为能为他们提供实现愿望、满足需要的手段的人，因为有人愿意追随，也就有人会成为领导。很多人难有持续的工作热情与信心，或是缺乏动力、缺少机会，或是受工作环境和领导平庸的影响，或是本来就缺少持久的天赋。领导的职能就是要诱导或说服所有的下属或其追随者保持高昂的士气、持久的工作信心与工作热情，心甘情愿、竭尽全力地为实现目标而作出贡献。也有人把这种功能称为统御功能，即结集人们的能力与意愿的功能。领导者通过计划、组织、控制、执行职权、予以报酬引诱或社会压力，可引发职工60%的能力，而其余40%的能力，则有待领导才能的诱发。这种统御的才能，不是凭借职权、机构赋予的权力或外在形势，只能是说服并指导他人的才能。唯有通过这种才能有效地把个人目标与总目标协调起来，才能发挥领导的作用。

一、领导控制设置

有效的领导必须了解职工的需要，知晓哪些是有效的激励因素，以及如何发挥其作用。如果把这些认识贯彻于管理活动之中，领导的职能作用就能得到更好的发挥。任何领导行为都要合情合理，以适应员工心理及情绪上的需要，奖励应多于惩罚，引导应多于禁止，不能强调"乱世用重典"；任何领导行为事前均应做周密的计划，一切问题都在所想之中，使员工找不到推诿的借口，工作优劣即可评定，工作动态即可掌握；任何领导行为都要体现出领导者公正无私、平等待人，领导者不能以有权、有技术自恃。任何领导者领导的成效主要取决于个人品质、领导方法及对环境适应三方面的因素。

对于领导者和非领导者在个人品质上的区别，有很多不同的观点，但一般认为领导者具有完成任务、取得成就的强烈愿望和责任心；有追求目标的干劲和韧性；有解决问题的智力、才能、创造性和冒险精神；有开拓精神和自信心；有决断和敢于负责的精神；善于处理和调解人与人之间的紧张关系；能忍受挫折和失败；有影响他人行为的能力和社交能力；能尊重、关心和信任他人等。领导者的个人品质，有的能适应所有的环境，有的则只能适应有限的环境。根据我国地方高校领导者所处地位及应发挥的作用，他们应当具有十方面的素质：坚定的政治方向，应有的社会责任，讲究社会效益；创新意识，以适应商品激烈竞争的需要；清醒的战略头脑，有超前意识，既要有战略目标又要有战略步骤，把当前与长远利益，现实与长久利益相结合；果断决策，敢冒风险；有较强的竞争意识；有文明精神，创新、求实、奋进，将地方高校精神转化为物质财富，充分调动职工积极拼搏与奋进的积极性；出色的组织才能，善于指挥，敢于授权，培养与造就优秀人才；广泛的知识与爱好，要形成知识优化组合的领导群体，要进行智力开发和感情投资；有无私奉献的精神，"先天下之忧而忧，后天下之乐而乐"；密切联系群众。

以运用职权为基础的领导方式，一般有三种：一是专制独裁式的领导，要求别人言听计从，自己教条专断，全靠奖惩办法领导他人；二是让职工参与管理的领导，让下属参与行动和决定的制订，并鼓励他们参与管理；三是极少使用自己权力的领导，在经营活动中给予下属高度的独立性，让下属设定自己的目标并实现自己的目标，认为自己的工作只是给下属提供信息，做好群体与外部环境的联系工作，以此为下属工作创造良好条件。上述三种领导方式，每一种都可以细分为多种形式。

从领导风格上讲，无非是"以人为中心"型的领导方式和"以任务为中心"型的领导方式两种。领导者主要关心良好的人际关系和个人的声望，把主要精力放在下属身上，注重研究他们的感情和他们之间关系的好坏，即"以人为中心"的领导方式。这种领导风格的实质是尊重下属人员，是民主的、宽容的、关心下属人员的、平易近人的、体贴人的。这种领导方式确实能增加员工的满意程度，也有利于加强群体团结，但对生产率的影响并不总是成正比的。领导者主要关心任务，把主要精力集中在所要完成的任务上，关心工作进程和完成工作的手段，即"以任务为中心"的领导方式。这种领导风格的实质是对生产任务的关心压倒一切，而对下属漠不关心，是独断专行的、爱限制人的、关注任务的、很少社交的、命令型的、任务为职能结构的。这种领导方式通常与生产率构成正比关系，倾向于降低职工满意与团结程度。根据现代管理及适应环境的需要，应采取两种风格相结合的领导方式——权变式的领导术。

权变式领导，首先，要求领导者具备自我认知的能力，了解自己最感兴趣的领导方式。

领导者应该对自己的领导风格有清晰的认识，包括自己在决策、沟通和团队管理等方面的偏好。这种自我认知有助于领导者在面对不同情境时，能够选择最适合自己的领导方式。其次，领导者需要对特定事务有主观意见。这意味着领导者在面对问题和挑战时，能够根据自己的价值观、经验和判断，形成自己的观点和看法。这种主观意见有助于领导者在决策过程中发挥主导作用，引导团队朝着正确的方向前进。同时，领导者还需要能够感受到自己的领导成效。这包括对团队绩效的评估、对下属反馈的收集和分析，以及对自己领导方式的反思和调整。通过这种自我评估，领导者可以不断优化自己的领导方式，提高领导效果。

领导者的管理方法一般有四种：压榨与权威式的方法、开明与权威式的方法、协商式的方法、集体性参与方法。采用集体性参与方法时，领导对下属抱有充分的信心并信赖下属，经常征求和采用下属的看法与意见，现代管理的实践表明集体性参与管理是较有效率和成果的管理方法。

凡是对人和任务都表现热切关心的领导者，要比只对人或任务表现一般关心的领导者能取得更高的生产率，能使集体更加团结。在熟练的管理实践中，领导实际上是对计划、组织和控制的补充——当这些程序不能给下属提供足够的指导或帮助时，则通过领导予以补足。领导能帮助消除工作中的障碍，领导者或主管人能设计一种环境，使群体成员对潜在的或明显的激励动机做出有效的反应，这就是方法—目标理论，是目前最有效的一种领导方式。这种方法的本质是，最有效的领导者应能帮助其下属同时实现地方高校目标与个人目标。其方法是要明确规定职位和工人职责，消除取得成就的障碍，在制定目标时谋求群体成员的协助，加强群体的团结协作精神，增加个人在工作过程中得到满足的机会，减少不必要的心理压力与外部控制，明确奖励标准，以及做一些其他符合人们期望的事情等。方法—目标理论对上层职位和专业性工作十分有用，但对日常生产工作的实用价值不明显。

要想成为成功的领导，领导者必须具有修养，从某种意义上说，领导者为人处世的修养比知识本身更重要，它能极大地改善领导者与被领导者之间的人际关系。领导者必须通晓形成有效领导的各种因素、随机应变的各种方式、有关激励与领导理论的基本内容，必须善于将知识应用于实践；领导者应将自己置于他人的位置，设身处地地体会他人的感情、好恶和价值观念等；领导者应力求处事客观，不带任何感情地观察并追溯事件发生的起因，以超脱的态度进行评价，先分析后行动，克服仓促判断，尽量克制情感，以防处事不公。领导者有自知之明，即要意识到自己为什么会有某些行为，为什么有些行为不会引起别人的反应，有些行为则会引起别人的反应，甚至引起敌意。有效领导虽说取决于领导者的个人品质、风格、方法等，但注意领导者群体组合、优化领导班子更是实施领导控制的重要方面，它不仅是实行参与管理、民主管理的需要，也是我国完善各种经济责任制的需要。

现代管理学认为，如果整体内部每一个个体的选择是好的，群体组合的形式也是好的，那么整体的效能则大于个体效能之和。对于整体领导职能来说，每个领导者是优秀的，其群体组合又是合理的，则领导集团的能力应大于每个成员能力之和，因为在个体能力之和外还应加上"集体力"。任何高校的领导班子，注意个体的选择是为了发挥每个个体的特长，注意群体的组合是为了发挥集体的力量。为适应现代化、社会化大生产的需要，地方高校领导班子必须围绕共同的经营目标结成彼此协调、长短助力、团结努力的集体。实现地方高校领导班子群体的最佳组合，必须遵循目标原则、效率原则、能级原则、取长原则与协调原则等；还必须做到老中青相结合，技术与管理相结合，知识的广度与深度相结合，将才与帅才相结合等。

二、授权控制设置

任何高校不能由校长一人独揽大权，必须进行工作责任委派，这就产生了授权。授权就是由上级主管或权力者授予下属一定的责任与事权，使之在其监督下得以自主地处理与行动。授权者具有对被授权者进行指挥与监督的权力；被授权者对授权者负有报告与完成的责任。授权与代理不同：代理是依法代替某一人执行其任务；而授权是仍行使其法定的权力。授权与助理不同：助理是由他人帮助负责以成事，助人者无任何责任，而受助者仍负其责；授权则是被授权者负有一定的责任。授权与分工不同：分工是各负其责，彼此无隶属关系；授权则是上下级之间仍具有监督与报告的关系。从本质上看，授权只是把决策权分给部属，但不是分散决策责任，相反，是权力下移而责任向上集中。授权留责，否则会导致主管推脱责任或揽功自居。授权控制的主要功能：减少主管工作负担，把他们从繁杂的事务中解脱出来，以利于思考和解决重大问题；改进人事行政，增强下属责任心，提高情绪与工作效率；发挥下属的专长，补救主管的缺点；在管理实践中培养干部，增进下属的学识、经验与技能，以利于人才储备。

以正式或非正式的方式授予下属用钱的权力；以明文或非明文的方式授予下属增人与选用的权力；以工作说明书的方式，授予下属进行例行工作的权力，而不必事事请示或等待批准。授权的时间应根据具体情况而定。如果一所高校在遇到高级人员空缺，在职人员力不从心，有人兼任多个要职，机关工作决定权限在极少数人手中，工作人员缺乏主动积极性等情况时，均要进行必要的授权。如果高校主管人员感到计划与研究时间紧迫，办公时间经常处理例外公事，工作时经常被下属请示打搅，也需要进行必要的授权。

授权应以被授权者的能力强弱及知识水平为依据，因事选人，视能授权；授权前必须做充分的研究与准备，力求将责任与事权授予最合适的人员。要根据明确的隶属关系进行授权，不得越级授权；要明确授予权责，具体规定其目标、范围；要进行适当控制，以免造成授权过度或不足，并规定考核与检查成效办法，建立适当的报告制度；要量力授权，根据下属能力的高低来决定授权，不可机械与硬性授权；校长要保留权责，过度授权等于放弃权力，某些权责理应保留；要相互信赖，授权者与被授权者应相互信赖，主管不得干涉下属的单独决定，下属应竭力办好权责范围内的事，不要事事请示，也不得越权行事；要适时授权，授权理应遵循一定的原则，但并非一成不变，授权必须视地方高校业务所处的实际情况而定。授权不仅是科学也是艺术，因此要注意授权技巧，如集中精神处理管理责任、依工作性质分派各人员执行、使下属具有自由裁量权而仍能控制自如、使用正式任务命令书方式等。

三、激励机制设置

高校管理人员的首要任务是创造和保持有利环境，促使人们发挥作用，帮助高校或部门完成其组织任务与目标。任何组织都要通过一定的激励机制，来激励人们工作。人的一切行为的基本要素是活动，其中包括体力活动和智力活动，人的一切活动都是有目的、有动机的活动。动机是一种能够提供精神力、活力或动力，并能够指导或引导行为达到目的的内心状态。激励可运用于动力、期望、需要、祝愿以及其他类似力量的整个类别。上级激励下级，是指他们在促进、期望和诱导其下级按照所希望的行为行动。

激励因素即能诱使一个人做出成绩来的事物，主要包括物质与精神激励两方面，如高薪、头衔等。激励因素能影响个人行为的某种东西，它对一个人愿意做什么的取舍有重大影响。人们的需要分为两类，一是维持因素，不起激励作用，但必须有，如高校政策、行政管理、监督、工作条件、人际关系、薪金、地位、职业安定、个人生活等；二是职务内容因素，它是真正的激励因素，如成就、赞许、晋升、工作富有挑战性及在工作中成长等。有关激励的理论有奖惩理论、期望理论、需要即激励理论等。奖惩理论主要是指运用奖、惩两种办法来诱导人们按所要求的那样行动，虽然是一种传统的手法，但至今仍有效。期望理论的内容：人们受到激励去做某些事情，以实现某些目标——只要这些行动是在他们期望有助于达到目标的范围之内。需要即激励理论认为，人有三类具有激励作用的基本需要，权力需要、归属需要和成就需要，根据这些需要，激励主管人员的重要因素有工作的挑战性、地位、取得领导身份的强烈愿望、竞争的鞭策、恐惧与物质等。根据现代管理的需要，激励的方法与手段主要有合理的报酬、正强化、职工参与管理、工作内容的丰富化等。报酬无论在什么时候都是一种有效的激励手段，根据人们的工作成就给予合理的报酬，有利于调动人的积极性。

正强化方法或"行为改进"方法认为，借助于适当设计人们的工作环境并对其所完成的工作成就加以表扬，就能激励他们，而对不良的工作表现加以惩罚则会产生相反的结果。这个方法强调排除不利于取得工作成绩的障碍，细致认真地从事计划工作与组织工作，运用反馈来进行控制，以及扩大信息沟通的范围。因为大多数人会被参与商讨和自己有关的行动所激励，因此职工参与管理是一种成功的激励方法。在工作现场中的大多数人是既知道问题的所在，又知道解决问题的方法，这无疑会产生激励作用，而且能为地方高校的成功提供有价值的知识。参与管理与许多基本的激励因素相适应，它是一种对人们给予重视和赏识的手段，它能给人满足归属的需要和受人赏识的需要，尤其能给人成就感。鼓励职工参与管理，并不意味着主管人员放弃自己的职责，他们鼓励职工参与管理并认真倾听下属的意见，但需要他们进行决策的时候，还必须自己决策，下级不会干预上级的职权，也不会对优柔寡断的上级产生敬意。

使工作内容丰富化，同样是一种有效的激励手段，它强调工作具有挑战性且富有意义，消除重复操作的乏味感。其主要做法是将更高的挑战性、重要性和成就感体现在职务之中，如给予教师在决定工作方法、工作程序和工作速度方面更多的自由；鼓励下级参与管理，鼓励教职工之间的交往；使教职工对自己的工作有个人责任感；使下级能看到自己的贡献，反馈给他们工作的完成情况；让教职工参与分析，改变工作的物质环境等。应采用随机制宜的方法，考虑多种变量或因素，建立随机制宜的激励系统。

国内外的很多管理专家认为，人们除获得报酬的需要外，还需要从工作中获得成就感与安全感。上级采用的激励手法主要有：以劝说、奖励为主，不发号施令；不事事做指示，让下级自己做决定；适当授权；为下级设立明确的奋斗目标，而不事事指教；关心下级，倾听下级意见；信守诺言，并采取行动；分配给下级的工作有连贯，不经常中途变卦；注意事前检视，防患于未然；设立简单的规范让下级遵守；下级即使有错也要心平气和地与之谈话；计划未来，以激励下级努力；信任下级，避免轻率下判断；适当地奖励下级；让下级和睦相处，但不能拉帮结伙。值得提出的是，领导者在进行奖励与惩罚时一定要公正，绝不能搞平均奖、轮流奖、倒挂奖、人情奖、固定奖、花样奖、红包奖等，以防止出现懒惰心理、退缩心理、多占心理、赌气心理、对立心理、懈怠心理、投机心理、离心心理等消极因素。

四、信息沟通机制设置

信息沟通是组织中构成人员之间观念和消息传达与了解的过程。它是为完成机关使命及达成任务的一种必要手段，能够促进共同了解，增强集体力量。信息沟通的目的是加强人员之间的团结，发挥整体的合作力量；改进业务处理的方法，提高组织的工作效率；了解彼此之间的需要；减少浪费，避免发生意外事件；有效达成组织使命。信息沟通对发挥地方高校内部各职能部门的作用至关紧要，其主要作用有：拟定并传达地方高校的目标；制订实现目标的计划；以最有效能与效率的方式组织人力和其他资源；选拔、培养和审评人员；领导、指导和激励职工，并创造使他们愿意作出贡献的环境；控制工作进程。信息沟通除了语言、文字、地位及物理上的障碍和困难，还有缺少沟通计划，未加澄清的假设，语意曲解，信息表达不佳，信息传递的损失与遗忘，听而不闻与判断草率，猜疑、威胁与恐惧，缺乏适时性等问题。

信息沟通的主要种类有正式沟通和非正式沟通两大类。正式沟通是配合正式组织而产生的，依据信息流通的方向分为上行、下行和平行三方面的沟通形式。上行沟通，主要指由下而上的信息沟通，下级人员以报告或建议等方式，对上级反映其意见。这种沟通方式有利于参与管理，教职工乐意接受上级的命令，能够满足教职工的自重感，使其办事更有责任心，同时也有利于上级做出正确决定；从下级反映的情况中能够了解下级的工作是否按上级意愿执行；有利于鼓励下级发表有价值的意见；能接受下级直接批评，并满足下级的基本需要；符合民主精神。下行沟通，即由上而下的沟通方式，由管理阶层传递到执行阶层的信息沟通。这种沟通方式有利于帮助组织达成执行目标；能够使各阶层员工对其工作满意或改进；增强员工的合作意识；使员工了解、赞同并支持组织所处的地位；有助于组织的决策与控制；能够减少曲解或误传的消息；减少员工对工作的疑虑及恐惧等。平行沟通，是指平行阶层之间的沟通，即信息在组织级别相同或相似的人员之间的横向流动，如高层管理人员之间、中层管理人员之间、基层管理人员之间的沟通等。平行沟通有利于弥补上、下层沟通的不足；给员工了解其他高校情况的机会；培养员工间的友谊等。非正式沟通指非组织的沟通，它一方面满足了员工的需求，另一方面补充了正式沟通系统的不足。非正式信息沟通，是通过人员间的社会交往行为而产生的；非正式沟通主要来自工作专长及爱好闲谈的习惯，无规则可循；非正式沟通产生于无意之间，没有时间、地点、内容的限定。它之所以起到正式沟通所起不到的作用，是因为它传递快，有很高的选择与针对性，能迅速反馈，能及时做出评价等。非正式的个人的信息沟通有单线式传递、流言式传递、偶然式传递、集中式传递等方式。按信息沟通的方式划分，有书面形式的沟通、口头形式的沟通和电子形式的沟通等。组织机构是信息沟通的手段，社会系统是信息沟通的网络。

信息沟通主要包括以下五个要素：第一，发送者，即负责做有意识、有目的的信息发送者，如发言人、建议及发令人等；第二，沟通的程序，即意见传递应有一定的媒介与路线；第三，沟通的程式，如命令、规则、通知、报告、公函、手册、备忘录等；第四，沟通的接受者，指接收消息、命令、报告及任何沟通程式的人；第五，所期待的反应与结果。在实行下行沟通时，上级必须了解下级人员的工作情形、欲望及个人问题；领导者必须有主动的沟通态度；组织中必须有完整的沟通计划；领导者必须获得员工的信任等。在实行上行沟通时，上级必须以平等地位对待下级；经常与员工举行工作座谈会；建立建议制度、公平合理的制度等。在实行平行沟通时，其关键在于管理是否能适当地授权；沟通方法有电话、会报、会签、业务了解与共同信念等。从理论上讲，沟通是一种协调方法与手段，其目的是使各高校间职员能以分工合作、协同一致的步伐达成共同的使命。沟通在谋求思想认识上的一致，而协调在谋求行动上的一致。要做好信息沟通与协调工作，各高校应采取有效的措施：建立会签制度；制定工作流程图网，促进自动联系；设置参谋人员，专负责协调联系；运用会议方式，促进意见交流；简化公文报表；利用报刊报道高校情况；利用计算机处理，及时获得正确信息；设置意见箱；个别访问谈话，了解教职工的需求；利用训练方法提高联系水平等。

地方高校是一个由人、财、物等多因素组成的经济综合体，由多个子系统组成。无论是各个子系统的内部管理，还是它们之间的联系，都需要通过信息进行沟通，以达到物质与能量的合理流通。例如，行政组织系统需要进行组织与组织、人与人之间的信息沟通；思想工作系统，离不开思想信息的收集、处理与反馈。

第四节　绩效评估控制

目前，我国地方高校人事管理制度改革正在稳步进行，高校教师的管理将根据按需设岗、公开招聘、平等竞争、择优聘任、合同管理、按劳取酬、优劳优酬等基本原则，实行职务聘任制。传统的高校教师考核方式，由于其考核目的、考核指标体系、考核方法等均存在问题，难以对高校教师绩效做出全面、客观、公正的评价，因此，需要利用现代人力资源管理的理论与技术，改革传统的考核方式，以现代意义上的、能适应现代高校教师管理要求的绩效评估制度，促进高校制度改革的顺利进行。

一、建立激励机制

从人力资源管理角度来看，绩效是指主体的工作行为和工作产出。绩效是指工作人员完成既定工作任务、达到工作目标的程度。随着人力资源管理理论与实际研究的不断发展，绩效管理与评估理论逐渐成为高校人力资源管理活动的重要一环。然而，高校人力资源管理与企业有着不同的特点，如何将企业人力资源管理方法有机地运用到高校，一直是人力资源管理理论界积极探讨的热点问题。就目前而言，我国高校教师绩效评价管理体系尚未完全建立，全面系统的教师绩效评价管理工作还没有完全展开，这就导致了高校管理部门不能系统地衡量高校教师的工作绩效，进而影响了教师工作的积极性，最终限制了高校的可持续发展能力与核心竞争力的形成。因此，改善现有的不科学的高校教师评价体系，建立能够激励高校教师的科学合理的教师绩效管理评价体系势在必行。

（一）进行地方高校教师绩效评价应遵循的程序

①绩效评价指标体系与评价方法的确定。在借鉴企业人力资源绩效评价方法的基础上，通过大量的文献研究，结合专家咨询，建立适合高校教师的绩效评价指标体系与评价方法。

②绩效评价活动的实施。通过标准化的高校教师评价量表，由高校人事部门对高校教师进行统一评价。

③绩效评价结果的分析与反馈。在对高校教师绩效进行评价后，要及时对评价结果进行分析与反馈。通过对绩效评价结果的分析，由高校人事部门结合各学科实际进行评价的

反馈工作，有针对性地制定教师奖惩升迁制度。

（二）制定高校教师绩效评价应遵循的原则

为保证高校教师绩效评价的客观性与准确性，在制定高校教师绩效评价体系时，应遵循以下设计原则。

①相关性原则。相关性原则是指绩效评价指标的构建要与高校教师工作绩效相关，高校绩效评价的目的是引导、帮助高校教师达到其工作目标乃至实现自身价值。因此，在构建评估指标体系时，应从高校教师自身发展及自我价值实现出发，充分考虑评价指标与教师自身发展的相关性以构建绩效评估指标体系，从而使绩效评价工作的实施能有效地提高高校教师的工作积极性。

②定量指标与定性指标相结合原则。定性的（主观性的）指标和定量的（客观的数字、业绩等）指标，均是评价教师工作绩效的重要依据。在绩效评价中，仅仅以定性指标或定量指标来评估是不完整的，有很多绩效指标只能是定性的，无法直接以数量的形式表述，或者说只能通过其他方式如专家评估打分的形式间接转化为数量型参数。定量指标能客观、清晰地表述绩效；定性指标则是对绩效表述的补充，是从另一个侧面来评价绩效。在绩效评价过程中，将定量指标与定性指标相结合，共同服务于绩效评价。

③实用性原则。评价指标的设计应具有实用性。评价指标体系要繁简适中，计算方法要简单易行，同时评价指标所需的数据应易于收集。各种评价所需的数据应尽可能从现有的统计资料信息和审计工作开展过程中获取，或者能够通过专家检查获得，设计各项评价指标的内涵和外延要限定，以便高校人事部门能够进行实际的评价工作。

④可比性与全面性原则。要确保指标体系中的每个评价指标都能被用来对高校教师的绩效进行测量与评价，包括能对高校教师之间的工作绩效进行纵向与横向的比较。与此同时，要确保评价指标体系能全面、综合地反映各种因素对高校教师工作绩效的影响。

（三）高校教师绩效评价的特点和作用

作为一个特殊的组织群体，高校教师在价值观、工作任务、行为方式、工作产出的表现形式等方面均有着自身特点，这也决定了这一特殊群体的绩效表现存在其特殊性。因此，改革高校教师的绩效评估制度，首先要考虑其绩效的特殊性，以便进行有针对性的绩效评估体系的设计。

1. 绩效目标的双重性

从价值取向上看，高校教师的个人追求具有双重性。对大部分高校教师而言，选择教师这个职业，主要在于喜欢这个职业，在这个职业上能够实现自己的人生价值。实现人生价值这种精神上的追求才是其真正的目的。但是，作为社会的一员，他们也有对金钱、地位的追求。这种价值取向上的双重性决定了其绩效目标上的双重性。一方面，他们需要按照学校的规定，完成各项工作任务，以获得金钱、职务的晋升等利益；另一方面，他们希望通过工作任务的完成，不断提升自己的能力，完善自己的修养，实现自己的人生价值。

2. 绩效投入与产出的多样性

高校担负着人才培养、科学研究及社会服务等多种职能。相应地，高校教师的工作任务也是多样的，包括教学、科研、提供社会服务等。价值偏好的差别，决定了高校教师在工作任务重心选择上的差别，从而导致其工作行为的多样性。例如，有些高校教师喜欢教学，因为他们认为高校最重要最基础的任务是为社会培养合格的人才，因此教育好学生才是真正的价值所在；而有些高校教师则更喜欢做学术研究，因为他们能学习和发现各自领域最前沿的知识与技术，推动这一领域研究的发展；还有些教师认为科学研究、管理知识必须及时转化为生产力，为社会提供服务，他们更喜欢联合企事业单位，直接服务社会。高校教师这种工作任务的多样性、工作行为的多样性，决定了其绩效产出的多样性，不仅包括教学效果、科研成果、社会服务效果等多种产出形式，而且各产出形式所占的比重也是多种多样的。

3. 绩效产出的难以衡量性

高校教师的绩效产出，应表现为教学效果、培养学生综合素质的成果、科研成果的质量与数量、社会服务的效果等；还应表现为个人的政治思想、工作态度、专业素质等。由此可见，无论是哪一项绩效产出，都难以简单地通过量化的指标来衡量。例如，如果对教师教学的效果进行量化，可用学生的考试成绩如优秀率、合格率等来考查，但是，教师在教学过程中，对学生潜移默化的指导等提高学生综合素质的教育教学效果，就很难通过量化的指标来衡量。再如，对于高校教师的科研成果，可用完成科研项目的数量、出版著作或教材的数量、发表论文的数量等指标来衡量。

但是，科研成果更重要的是质量而不是数量，科研成果质量需要专家以其丰富的知识及在本行业的权威进行评价。因此，建立高校教师现代化绩效评估制度十分重要。

①正确认识绩效评估的目的与主体。现代人力资源管理理论认为，绩效评估不仅能为员工薪酬的分配、职务的升降等提供依据；其真正目的是通过评估让员工了解其自身的优势与不足，使他们在以后的工作中发挥优势，弥补不足，不断提高个人绩效，从而推动组织绩效的提高；同时，绩效评估还能为其他人力资源环节如人力资源规划、招聘、甄选以及员工的培训与开发等提供信息。被评估的主体是高校教师，高校教师属于知识型员工，其最主要的特点是具有较强的创新性、个性和自主性，在对待激励的态度上，重视物质激励的同时，高度重视精神激励和成就激励。可以肯定地说，高校教师对精神的需求在一定程度上超过了对物质的需求。高校应充分认识高校教师绩效评估的目的和被评估主体的特点，并将其贯穿于绩效评估体系中。根据主体的实际情况，进行制度设计，通过广泛的宣传、讲解，使学校各部门及广大教职工正确认识绩效评估的目的和意义，从而支持与配合绩效

评估工作。

②科学制定绩效评估指标体系。绩效评估指标体系是绩效评估中最为核心的部分。由于高校教师的绩效产出具有多样性和难以衡量的特点，因此，绩效评估体系也应具备多样性、完整性，在设计中不但要尽量涵盖高校教师绩效产出的内容，还要通过定性与定量相结合的方法，利用两者的优点，设计出合适的指标，以实现对高校教师绩效的科学衡量。绩效评估指标体系的制定应建立在工作分析的基础之上，通过对高校教师工作的科学、具体分析，了解具体职位的具体职责，从而归纳和提炼出绩效评估应涵盖的内容以及各项内容的关键业绩指标。高校教师绩效评估指标体系不仅应确定绩效评估的内容，还需要明确各部分内容在整个体系中所占的比重。长期以来，我国高校教师绩效考核中，对科研成果过于偏重导致了诸多问题。关于教学效果和科研成果在评估体系中的比重，应视高校的具体情况而定。如果是研究型高校，科研的比重可以稍微高一些；如果是以培养应用型人才为主的教学型或教学研究型的高校，则显然应当更加重视教学效果。需要指出的是，在考核指标体系制定的过程中，最好将被评估者——教师纳入制定者中。现代人力资源管理的实践证明，被评估者参与标准的制定，不仅能够提高标准的准确性，还能使被评估者更加了解和理解这一制度，从而在制度实施中更加配合。

③选择合适的评估方法。评估方法的正确与否，直接关系到整个评价体系的科学性和评估结果的全面、客观、准确。在评估维度上，目前大多数研究者认为360度绩效评估法是一种比较合适的方法。360度绩效评估法又被称为全方位绩效评估法，指评估者选择被评估者的上级、同级、下级、被评估者自己、客户和专家等作为评估人，从各自的角度对被评估者进行评估，从而获得对被评估者全方位、多维度的评价。这种绩效评估方法的评估主体是多方面的，如高校教师的绩效评估有主管领导、同事、学生、本人、专家以及其他社会相关机构等作为评估人。主管领导对本部门所有教师的情况掌握得比较全面，从而便于在同类教师中进行比较，得出一个宏观的、整体性的评估结论；同事与被评估教师平时交流多，联系密切，相互了解比较多，因此可以做出比较全面的评估；学生相当于教师教学工作的"客户"，在教学活动中与教师直接接触，对教师的思想素质、工作态度和教学水平等有着直观的感受，其提供的信息能够比较客观地反映教师的教育教学情况；被评估者本人对自己的政治思想、工作态度、专业素质和工作成绩等进行实事求是的评价，能够使被评估者对自己有一个更加清楚的认识，更加明确自己的优势和劣势，有利于被评估者今后进一步发挥优势，弥补劣势；专家由于在学术上的成就和权威，以及在本行业丰富的实践经验，能够对被评估者的专业素质和学术水平做出比较客观、准确的评估；对于被评估者社会服务的工作成绩，需要社会相关机构做出相关评价。这种绩效评估方法从具体方式上而言是多样化的，针对不同的指标内容和评估主体采取不同方式，如网评填写绩效评估表、座谈讨论、演讲陈述、投票、调查了解、与被评估者个别交流等。调查了解、与被评估者个别交流有利

于领导评估,网评投票有利于学生评教,座谈讨论有利于同事和专家评价,演讲陈述有利于被评估者自己评估,同一个指标内容或评估主体可以采用适合的、不同的方式进行评估。

④建立有效的评估结果反馈机制。有效的评估结果反馈机制是绩效评估体系的重要组成部分,它关系到评估的目的是否能够真正实现。在评估结果出来之后,相关主管领导或人力资源部门的相关工作人员,应及时就评估结果与被评估者进行沟通,使被评估者及时了解自己的优缺点,同时,应帮助被评估者想办法发挥优势,弥补劣势,使其在评估中不断提高与完善自己,在不断提高个人工作绩效的同时,推动组织绩效的提高,实现个人和组织的双赢。高校应将绩效评估结果与人力资源管理的其他环节联系起来,要将绩效评估看作"一种师资管理过程",其既是师资规划、作用、培养、晋升等的补充,又是对这些管理过程的检查,以实现对评估结果更好的利用。例如,应将评估结果作为教师收入分配的依据,根据评估结果的不同档次,收入分配应拉开差距,从而建立个人绩效的激励机制;应将绩效评估结果与职业生涯管理、进修培训等环节相联系,以帮助教师进一步提高自己的能力,完善自己的修养,实现自己的人生价值。

(四)绩效评估量化

绩效是一个多维度的概念,高校通常有多重产出并使用不同的单位进行测量,因而高校绩效评估体系通常涉及大量多维的评估指标。因此,绩效评估指标体系及相应的评估方法是全面、客观评估高校绩效的关键所在,它直接关系到评估的科学性、客观性、公正性以及绩效评估实施的效果。指标体系(Indicator System, IS)的建立是进行预测或评价研究的前提与基础。它是将抽象的研究对象按照其本质属性和特征的某一方面的标识分解成行为化、可操作化的结构并对指标体系中每一个构成元素(即指标)赋予相应权重的过程。为了使指标体系能够全面反映研究对象的特性、尽可能地做到科学与客观,有必要引入一些量化方法或数学模型,以此来帮助评估指标体系的构建并对公共组织的绩效进行评估。近年来,许多专家与学者在这方面进行了探索,对应用数据包络分析法、层次分析法、模糊综合评价法这三种方法进行了高校绩效评估的实践。这三种评估方法主要存在两方面的局限:其一,指标权重的设置往往带有一定的主观随意性,特别是在专家组成员的选择、专家人数、专家打分等方面仍然存在主观干扰因素;其二,多指标、大样本无疑能够为综合评价提供丰富的信息,但在一定程度上也增加了评价工作的复杂性。每一个指标均从不同的角度和层面反映评价目标的某一信息,而各个指标之间往往存在一定关系,所反映的信息将产生重叠,导致统计分析失真。因子分析法则能克服这些局限,对高校绩效情况进行科学的评价。因子分析法是近些年来颇为流行的多元变量统计方法。它是用较少个数的公共因子的线性函数与特定因子之和来表达观测到的每个变量,从研究相关矩阵内部的依赖关系出发把一些错综复杂的变量归纳为少数几个综合因子的多变量统计分析方法。人们在对现象进行观测时,往往会得到大量指标(变量)的观测数据。这些数据在带来信息的同时,也给数据的分析带来了一定困难。另外，诸多变量之间可能存在相关性，实测到的数据所包含的信息有一部分可能是重复的。因子分析法就是在尽可能不损失信息或者少损失信息的情况下将多个变量减少为少数几个因子，这几个因子可以高度地概括大量数据中的信息。这样，既减少了变量个数，又能体现变量之间的内在逻辑关系。分析时根据相关性的大小将原始变量分组，使得同组内变量间的相关性较高而不同组之间的变量相关性较低。每组变量代表一个基本结构（因子），它们能够反映问题的一个方面或一个维度。将几个主因子的方差贡献率作为权重来构造综合评价函数，能够简化诸多原始变量、有效处理指标间的重复信息，使评价结果具有较强的客观合理性。

二、地方高校教师绩效评价模型的建立

在对高校教师绩效进行评价时，简单定性分析方法当然不能准确衡量各个教师的综合绩效水平，而用简单的量化方法又不能反映教师绩效的各个因素对高校教师总体绩效水平的综合影响。因此，以下在上文提出的高校教师绩效评价指标体系的基础上，采用层次分析法对反映各级指标间相互影响因素的相对重要性的权数进行确定，构建模糊综合评价模型对高校教师绩效水平进行模糊综合评价。其具体评价模型为：

$$B=A \times R \qquad (4\text{-}1)$$
$$V=B \times X \qquad (4\text{-}2)$$

其中，B 表示评判结果矩阵；A 表示权重集；R 表示模糊评判矩阵；V 表示评价结果；X 表示评语集。

运用该模型对高校教师绩效水平进行评价的具体方法如下。

①因素集的建立：以教师绩效为评价目标，将目标的要求逐级分解到具体指标，根据指标因素内涵大小和指标间相关程度，划分为目标层、准则层和指标层三级。

②评语集（X）的建立：综合考虑各因素对教师绩效的影响，将评语集确定为 $X=$｛高，较高，中等，较低，低｝，为了便于分析，得到数值结果，可将评语集具体量化为 $X=$｛100，90，70，50，30｝。

③确定权重集（A）：评价指标的权重能够表征评价指标的相对重要性大小；权重的合理与否直接影响综合评价的结果；由层次分析法计算各个指标层的权重大小。

④确定模糊评判矩阵（R）：通过专家打分、调查、座谈、讨论及个别访问等方式，对不同性质的评价指标进行分析，得出评判隶属矩阵。

⑤计算评判矩阵（B）：根据公式 $B=AR \times R$ 得到用于评价的评判矩阵。

⑥得出评价结果（V）：最终评价结果由 $V=B \times B \times T$ 得到，最终评分分值越高，说明项目在所有评价指标上的综合表现越佳，从而说明教师绩效水平越高，反之亦然。

三、地方高校薪酬控制

（一）薪酬控制的内容

薪酬循环控制的内容主要包括对人事资料、人力资源规划、招聘、训练、考核、升迁、薪资表编制、薪资发放等作业的控制。

1. 人事职能控制

任何地方高校的劳动人事部门均要根据高校的实际情况提出员工规划、工资预算、分配计划及培训办法等。如根据高校现有员工状况及未来发展需要，提出员工规划；根据员工规划、劳动法及其他相关的法律法规、高校工资制度，提出工资总额预算；根据高校员工分布情况及工资总额预算、工资分配制度，提出工薪分配计划和考核奖惩办法；根据员工素质状况，结合具体工作和未来发展规划，提出员工培训计划（包括岗前培训、常规教育、业务技能培训、专职脱产培训等）。上述计划编出后，应由高校最高管理者批准并授权劳动人事部门去执行。高校最高管理者还应授权劳动人事部门指定专人负责工资单的编制工作，指定专人负责人事档案的记录和保管工作，负责对员工考核结果的兑现。

①劳动人事部门录用新员工时应符合国家有关法律法规的规定及高校发展的需要。劳动人事部门应根据经批准的员工规划，采用适用的招聘方法进行招聘，并拟定录用人员名单，报请高校管理者审批。经批准录用的员工，应由劳动人事部门代表高校与其签订劳动合同。劳动合同应包括的内容：合同期限、工作岗位、工作条件和劳动保护、工资和福利待遇、奖励和处罚、合同终止和解除的条件、违反合同的责任以及劳动争议的解决办法等。对试用期满后的员工，劳动人事部门应根据测评意见及平时考察情况提出是否正式录用的意见，并报高校管理者审批。员工录用后，对其岗位和职务的安排，应遵循"人尽其才、人尽其责"的原则。人员录用后，应由劳动人事部门核定工资标准，记入人事档案。有关新进人员的姓名、工资标准、扣除项目及始发期，应立即通知薪资部门，并抄送新进人员所属部门主管。

员工工资有所变动时，人事部门应将新的资料记入员工档案，并于生效日前通知薪资部门。人员停职，人事部门应将解职通知送交薪资部门。薪资部门的各项工作及编制工资表所列的姓名与工资标准等，均应根据高校所签发的正式文件办理。

②员工培训应充分考虑员工素质状况和高校发展规划的要求。新录用的员工，由劳动人事部门根据培训计划实施岗前培训。培训内容应包括高校概况与要求、职业道德、规章制度等。员工的常规教育，应结合高校的具体经营情况和新法规、新规章的要求进行安排。业务技能培训，可根据新材料、新工具、新技术应用的需要进行安排，也可根据转变和提高业务技能的需要进行安排。对需要进行脱产培训的员工，应经高校管理者批准后，有计划地妥善安排，但必须考虑实际工作的需要，做好接替工作，不能影响正常的工作秩序。高校应该制定鼓励员工主动学习新技术、新知识的措施，以利于全体员工素质与技能的提高。

③劳动人事部门应严格贯彻执行对员工的考核办法，并要进行实事求是的考核，将考

核结果作为奖惩、培养、辞退、晋升和调整工作岗位的依据。高校各部门应根据考核办法，对所属员工按月、按季或按年进行考核，根据考核结果提出奖惩意见并交劳动人事部门。考核结果也应反馈给员工，以利于职工改进不足，发扬长处。劳动人事部门汇总各部门考核情况，在做适当调查的基础上提出奖惩意见，报高校管理者审批。劳动人事部门根据批准情况办理奖励事务，对于奖金奖励，由专职人员填制奖金单，交由财务部门发放；对于升级、升职的奖励，按照具体规定办理并记录人事档案。劳动人事部门在接到要求惩处的申请后，应认真对照高校奖惩办法中的规定，视其是否相符；并要进行认真调查、听取本人意见、征求工会意见，核定事实后，提出惩处意见，报高校管理者批准。劳动人事部门根据批准的意见办理惩处事务，对于扣除工资、奖金的惩处，由专职人员填制工资扣款单，交由财务部门扣款，其他处分按有关人事制度规定办理。

④劳动人事部门应根据高校有关人事制度办理辞退和离职等人事变动手续。当出现合同中规定的辞退情况时，由员工所在部门填制员工辞退审批表交劳动人事部门，或直接由劳动人事部门填制辞退审批表。劳动人事部门应调查核实有关情况，对照合同中有关条款签署辞退意见，报高校管理者审批。批准后，由劳动人事部门通知员工及其所在部门，按规定办理交接手续及相关事宜，并记录人事档案。对因考核或工作需要的岗位变动，劳动人事部门应填制岗位变动审批表，报管理当局批准后，通知员工办理交接手续，并记录人事档案。员工辞职，一般应由员工向所在部门提出书面申请，劳动人事部门接到转交来的申请后，报管理当局审批，批准后由劳动人事部门通知员工办理移交手续，并记录人事档案。

2. 工资计算控制

任何地方高校均应建立工资计算制度，选择适合本高校的工资标准和计算方法。工资一般应包括基本工资、奖金及工资性津贴。工资计算制度主要包括以下各项内容。

①工资计算应以考勤结果为依据。因此，各高校应建立健全考勤制度，考勤制度应明确规定各类假期的期限与工资待遇。日常考勤工作应由教师所在部门执行，劳动人事部门应加强检查和监督。

②员工请假，应填制请假单，由其所在部门主管签字后送交劳动人事部门，在审批权限内劳动人事部门直接审批，对超出权限的报高校管理者审批，请假获准后，由劳动人事部门通知员工并由考勤人员进行登记。

③加班记录及劳动定额完成记录应由员工所在部门主管签字核准后，送交劳动人事部门。

④工薪结算部门根据日常考勤记录、劳动（工作）定额完成记录、请假记录及考核结果的相关记录，按照高校工资计算规定及时编制工资单，计算奖金及各项社会保障金扣款额，经复核无误后交财务部门。财务部门根据员工工资所得，计算代扣个人所得税额、其他代扣款和实发工资，进行相关财务处理。

值得提出的是，工资结算部门除负有计算工资和编制薪酬记录之责外，不能兼做其他与工资计算有关的工作，如记录考勤、计时、工资发放等。工资结算部门应编制的表单，一般有薪酬支票、每位员工所得与扣缴表、薪资日记账、员工分户账（载明每位员工的所得、被扣缴税款及其他扣除项目等）、薪资分摊表及报给税务机关的有关缴款书等。

3. 工资发放控制

若以现金发放工资，应以装工资袋为宜。工资发放，高校应根据工资表实发数总额，以现金支票提取现金；然后根据个人实发数，分装个人工资袋；当时发生差错，当时查清，不得留到签领后再查。以现金发放工资时，个人应在工资表上签收，凡遇缺席情况，应将工资袋妥善保管，绝不可交由他人代转。若以现金发放工资，装好工资袋后一般不可将其分送各部门主管代发。

如以银行存款支付工资时，一般要在银行开立专户，会计部门根据工资表，将应付薪资总额送往财务部门；财务部门据以自普通银行存款账户开出支票，转入薪资专户，然后根据每个人实发数从专户转存至各个员工工资银行存款户头。

（二）薪酬控制的重点

1. 人力资源规划控制的重点

①人力资源计划须每年、每季更新。

②人力资源规划是全面性的，需考量升迁、教育、训练、薪资、激励、福利等项目。

③达到所需可用人力前的"前置时间"，在做人力资源规划时应予以顾及。

④人力资源如有"冗员"，会造成员工劳逸不均与挫折感，应极力避免。

⑤员工职业规划的制订，应考虑个别员工的能力、个性等差异；必要时可采纳员工的意见，以使其对高校产生认同感。

2. 招聘作业控制的重点

①招聘和选拔的基本目的是增加选择适当人员的成功概率，因此招聘、选拔方式的选择，要视其个别情况、应用此方式的可信度及有效度而定。

②员工均须经审核或测试合格后，方可依规定聘用。

③人员选拔，除注意学历及经历外，应测验其学识、专业技能，并重视操守品德及身体健康。此外，亦可函询应征者过去服务高校主管的评语意见，作为取舍参考。

④新进人员招聘和选拔作业程序应依高校规定办理，应征应缴的文件表格需齐备，各阶层人员的任用应依规定的核准权限办理。

⑤选拔时，避免主观印象，给予规定外的承诺，双方均应坦诚相向。

⑥选择的招聘方式，务求客观公正，为高校遴选优秀人才。制订的招聘条件，须保持适当弹性，当市场人力供应不足时，不妨稍微放宽，人力剩余时，条件不妨稍严。

3. 任用作业控制的重点

①经营财、物人员必须有必要的担保手续。

②按规定办妥一切手续，并建立员工个人基本资料档案。

③工资标准依照规定办理。

4. 培训作业控制的重点

①职前训练需能帮助新人明确了解高校的组织体系、各项管理规章、高校文化，进而迅速适应工作环境，熟悉作业程序，发挥工作效能。

②训练内容应充实、生动，任何课程均有充分准备。

③负责安排、设计训练课程的人员或部门必须适当。训练可提升员工的生产力，具有前瞻性，应与高校各项政策相互配合。

④训练研习计划必须与人力规划密切配合，同时视业务需要，设计适当课程。训练期间尤其应重视考核，并将受训成绩列入人事记录，作为派遣、升迁的重要参考依据。

⑤管理者对下属受训的表现应予以指导及协助。

5. 考勤考核作业控制的重点

①上班及下班时间，应按时考核。如有迟到、早退或旷工情形，均依高校规定做适当处罚。

②员工请事假、病假、婚假、丧假、产假、公假及特别休假，均依规定办理。

③员工请假手续、限制天数、证明文件、扣薪办法等，均依规定执行。

④绩效评估的目的是协助人力资源决策的制定及员工发展。

⑤评估标准与计算方式应事先告知员工。

⑥主管与员工讨论评估结果时，双方均有所准备，主管对员工的评估回馈，应具有建设性，同时对员工应充分了解。

⑦各级主管为办理员工考核，应设有考评记录，考核方式应客观、公平。

6. 奖惩升迁作业控制的重点

①各部门主管申请奖励员工事项，应具有充分条件及佐证，依规定签报，并定期发布。

②各部门主管申请惩罚员工事项，应依规定签报，必须经过慎重审议，考虑各项因素后再做适当决定。

③报请升迁人员应符合高校晋级条件，按规定程序报请核定，并依权责发布。

④现行晋级办法必须具有鼓励作用，有助于高校提拔人才，提高员工士气。

⑤奖惩升迁员工必须做到公平、公正、公开。

7. 福利作业控制的重点

①福利措施应合乎高校的负担能力，并让员工满意。

②福利工作应依照规定执行。

③福利金收支、账务、出纳必须控制良好。

④职工福利委员会应定期向员工报告公司福利金的收支情形。

⑤福利金支用应避免浪费。

⑥各项福利项目应符合员工需求。

⑦各项活动的员工参与度应予以加强。

8. 离职、退休作业控制的重点

①员工离职、资遣、退休，应查明有关规定慎重处理。有关员工自动要求离职的，应查明原因，采取适当措施，以降低不必要的人员流动率。

②员工离职、退休，应依高校规定时间提出申请，办妥手续，并做好工作交接。

③符合资遣条件时，应查明已无其他可供选择的途径，方可资遣。

④退休为员工享有的权利，除已届龄者外，其余经验丰富、办事得力者应设法挽留。

值得注意的是，在工资控制中，特别要注意实行不相容职务的分离制度：工资单的编制与复核不能由一人担任，工资单的编制人、复核人不能同时担任工资的发放人；员工的录用与审核不能由一人同时负责，员工的辞退与审批也不能由一人同时负责；员工的考核与审批不能由一人同时负责；工资的编制、发放与工资档案保管也不能由一人同时负责。

四、绩效评估反馈流程

高等教育进入大众化阶段后，高等教育质量成为人们关注的焦点。对高校教师进行绩效管理成为保证和提高高等教育质量的重要措施之一，绩效评估是进行绩效管理的关键环节。绩效评估有很多作用，管理者可以通过绩效评估进行人力资源管理，但是绩效评估的最终目的是将组织的目标和个人的目标联系或整合起来以提高组织的效益。要想实现这个目的就必须重视对评估结果的处理和运用，主要通过两条途径对绩效评估结果进行处理：一条途径的主体是被评估教师，即把绩效评估结果和分析报告反馈给教师个体；另一条途径的主体是高层管理者，即把绩效分析结果上报给高层管理者。只有高层管理者和一线教师都积极参与到绩效评估的整个过程中，绩效管理的最终目的才能实现。

（一）高校教师评估目的的特殊性

绩效评估最早普遍用于公司。学者对高校绩效评估的研究也是通过对公司的调查研究得来的。企业是以营利为目的的，追求最大剩余价值是其根本所在，而高校的职能是培养人才、服务社会和科学研究。高校教师绩效评估的普遍兴起是由于高等教育质量逐渐成为社会关注的焦点，实施教学和管理的直接承担者及其教学管理绩效是高等教育质量的关键所在。因为教育有不可逆性，所以，高校进行绩效评估的最大目的是保证教育质量，提高教学效果。具体来讲，高校进行绩效评估的目的有以下几点：首先，使被评估教职工认同对其绩效表现的评价以消除分歧和矛盾；其次，使教师认识到自己的成就和优点，从而有利于教师充满信心地弥补缺陷和不足；最后，通过沟通分析问题出现的原因，并根据学校的发展目标共同确定下一个阶段的任务。

（二）高校教师评估客体的特殊性

高校教师评估的客体是教师。高校教师是一个特殊的群体，与其他部门的员工相比，往往具有高学历、专业性强等特点，在个性、价值观念、心理需求、行为方式等方面具有诸多特殊性，具体体现在以下几个方面：一是高校教师具有较高的素质。高校教师绝大部分都是受过正规化高层次教育的人，具有较高的学历、开阔的视野、博而专的知识、积极的思维方式、强烈的求知欲望、较强的学习能力以及其他方面的能力素养。二是高校教师具有强烈的实现自我价值的愿望。他们渴望展示自己的才能，喜欢具有挑战性的工作，而且特别注重他人、组织、团队和社会对自己的评价，希望得到认同与尊重，看重工作的成就。三是高校教师具有较高的创造性和工作自主性。高校教师在除授课以外的时间里，从事的大多是创造性的劳动，依靠自身的专业技能进行创造性的思维，不断产生新的知识成果。他们倾向于拥有宽松的、高度自主的工作环境，有弹性的工作时间，强调工作中的自我引导、自我管理和自我调节。在对高校教师实行绩效管理，尤其是在进行绩效评估反馈时，首先必须考虑到教师这个特殊群体的诸多特点。如果忽略了高校教师的这些特点，高校的绩效管理就达不到预期的效果。

（三）高校教师绩效评估反馈流程设计

1. 专家对评估结果进行分析

评估体系和技巧决定着评估结果的可靠性和有效性。但是在绩效评估的过程中往往会存在一些计划之外的实际问题。那么，在对高校教师绩效评估结果进行处理时，就需要专家对评估结果进行分析，而不是通过简单的比较得出结论。专家通过对信息的加工、整理，得出绩效评估对象（高校教师）的评估指标数值或状况，将该评估对象评估指标的数值状况与预先确定的评估标准进行对比，通过差异分析，找出产生差异的原因及影响，最后形成绩效评估的分析报告。采取专家对评估结果进行分析的措施，一方面是为了尽量确保绩效管理的有效性和可靠性；另一方面可以为教师个体和高层管理者提供组织总体的绩效发展概况，并提供相应的诊断建议。这样，教师个体可以确定自己的工作优势和有待提高的绩效领域；高层管理者也可以据此对教师队伍进行激励管理，帮助教师制订绩效改进的计划，以实现高校的组织效益。

2. 将评估结果反馈给教师

绩效反馈是绩效管理中最关键的一个环节。管理者应把绩效评价所得到的结果真实地反馈给教师，并清楚解释结果的由来，使教师了解到自己工作的绩效，认识到自己工作中的不足，进而制订出绩效改进计划。高校的管理者面对的是一个特殊的群体，高校教师与其他部门的员工相比往往具有学历高、专业性强等特点,往往在个性、价值观念、心理需求、行为方式等方面具有很多特殊性,要想成为成功的高校管理者必须充分了解并善于利用这些特点对教师进行管理。因此,向高校教师进行绩效反馈时就必须讲求方法和策略。

首先,管理者必须是真诚的,反馈的氛围是具有建设性的。在进行反馈之前,管理者要做好充分的准备,和教师商定面谈的时间与地点,选择双方都比较空闲的时间以确保反馈时双方都能集中注意力,认真对待这件事情,而不是走过场。地点最好是选择比较舒适、放松的环境,如小型会议室、类似咖啡厅的休息地点。最为重要的是管理者要熟悉面谈教师的评估资料,不仅包括他的工作情况,还包括他的背景、经历、性格特点等。对反馈对象有了充分的了解,管理者才可能预测到在反馈过程中可能出现的问题以及应对策略,知己知彼,才能百战不殆。这种做法也使教职工在反馈前能够做充分的准备,可以引导教职工重新回顾自己的绩效行为、态度和结果,准备好相关证明自己绩效的依据;准备好要向管理者提出的问题,以帮助自己解决工作过程中的疑惑和障碍。

其次,反馈是对具体行为的反馈。在反馈过程中最忌讳的就是说大话、空话、套话,无论是表扬还是批评,这样的话都不会达到预期的效果。例如,"你的表现很出色"这样的话只会让听者一时感觉很好,对以后的工作发展起不到多大的作用;而"您的课堂气氛很活跃,而且有秩序,活而不乱",听者在听到这样的话时就会回忆起自己上课时的情景和心态,有意识地积累经验,为以后的工作发展打下基础。另外,对消极消息的反馈越笼统,否定的意义越强,听者就会越反感。因此,管理者要针对具体的行为和事实为教师做出具体的反馈,用具体结果支持结论,引用数据,列举实例,这样才能让教师心服口服。

最后,管理者要提高沟通技巧。沟通是人际关系和谐的必要条件,有效的沟通才能够达到好的效果。如果管理者在绩效反馈过程中没有应用有效的沟通技巧,结果只会适得其反。因此,要达到预期效果,管理者必须提高沟通技巧。沟通必须以平等为原则,保持双向的沟通。过去管理者和员工的沟通往往是上级找下级谈话,以命令、训斥的方式进行,下级只能是被动地接受。这样,教师的真实想法就没有表达的途径,一些好的建议和意见被压制。只有以平等为原则,才能实现有效的双向沟通,才能使全体教师参与到管理活动中来,教师才能意识到是自己在管理自己,这就迎合了高校教师较强的自主意识。

管理者在进行绩效反馈时首先要鼓励教师对自己的工作进行自我评价。通过自我评价,教师可以认真地思考自己的工作绩效,从中发现自己的优势,找出自己的不足。认真思考的教师能够更好地参与到反馈过程中。高参与度往往会带来高满意度。

少批评多鼓励。绩效反馈的目的是向教师提供准确的绩效反馈,不仅是找出问题、解决问题的有效途径,还是一个管理者对教师进行激励的有效途径;管理者要看到教师的成绩,给予肯定并表示祝贺。一位有效的管理者不应该是没有一点技巧地对员工贬损,因为,当教师意识到自己存在绩效问题时,他们会努力寻找解决的途径,如果管理者一而再再而三地举出绩效不良的例子，教师就会反感，产生防卫心理，结果必会适得其反。少批评多赞扬可以使教师清楚地意识到管理者不仅仅是在寻找员工绩效的不足，增加了绩效的可信程度。

管理者要明确沟通的目的在于解决问题。这并不意味着绩效反馈就只是为了找出员工在绩效中存在的问题。绩效反馈要遵循多表扬少批评的原则。赞扬往往会强化员工的相应行为，表扬也能够营造宽松的交流环境。针对教师的不足，管理者应该明确沟通的重点要放在解决问题上，而不是员工个人或者他本身的价值；在沟通过程中管理者不仅要帮助教师找出缺陷，还要分析问题存在的原因，并且管理者和员工还要针对原因就如何解决这些问题达成共识。

3. 将专家的分析结果反馈给教师

专家对组织绩效结果的分析，能够反映出整个组织的绩效现状，指出存在的问题和改进的建议等。这一方面有利于教师了解目前组织绩效的状况，并与自己的绩效现状进行对比，找出自己的优势以及需要改进的地方和程度；另一方面为管理者和教师进行绩效反馈面谈提供了科学、有效的凭证。教师可以针对反馈信息，就自己的工作领域提出问题，同时也可以对学校的管理等工作提出相应的建议。这些问题和建议又可以反馈给专家和高层管理者，专家对这些反馈信息进行分析，高层管理者对这些信息进行综合考虑，为反馈会议的召开做好充分准备。

4. 反馈会议

反馈会议是高层管理者和教师进行沟通的一种有效途径。高层管理者和一线教师在专家的帮助下通过共同改进计划并确定下一步要达到的绩效目标，使教师的个人目标和绩效改进计划与学校的发展目标和计划达成一致。首先，要营造舒适的气氛并明确会议的目的。对于绩效反馈这样的会议，教师常常有不愉快的经历，因此在会议之前他们常常感到紧张，或者不舒适。管理者要想在会议中实现双向沟通，就要明确会议的目的，并且会议上的行动要和所阐述的目的相一致。其次，要鼓励教师发表自己关于绩效评估的意见和以后的打算，以及对组织目标发展的建议。高层管理者只有在集思广益的基础上，优化选择，才能实施有效的绩效管理，同时增强教师的归属感和主人翁意识。最后，高层管理者和教师确定具体的改进计划，在管理者和教师进行绩效反馈面谈的基础上，在高层管理者和教师对绩效评价结果达成共识后，高层管理者和教师共同制订组织的绩效目标和个人的绩效改进计划。一方面，教师参与到学校的绩效改善计划制订的过程中，会提高他们对绩效管理制度的满意度；另一方面，教师可以使自己的绩效改善计划得到上级的支持和帮助。反馈会议是确定下一年绩效目标的切合点。研究表明，目标的制订有利于提高员工的满意度，激发员工提高改善绩效的动力，以实现绩效的真正改善。

第五章 高校财务会计工作的监督

第一节 高校财务内部控制监督职能

一、高校实施内部控制监督职能的主要手段

(一)授权审批审计监督

授权审批审计监督是对授权审批管理系统实施的监督，即根据分级管理经济责任制，对授权审批系统所赋予审批人的职责和权限的执行情况进行审计监督。授权审批审计监督的形式以内部经济责任审计为主。由于高校审计部门属于学校内部监督部门，其只能审计监督管理层以外的二级学院、部门及单位的负责人，高校管理层的经济责任审计由政府审计部门负责。内部经济责任审计是高校通过对二级学院、部门及单位负责人任职期间，在管理职责范围内的经济审批及有关经济活动和国家财经法律法规执行情况负有的责任，进行内部审计，并通过单位的经济活动记录来查证被审计人员所承担的经济责任，做出内部审计评价。

1. 经济责任审计监督依据及范围

在高校内部进行经济责任审计监督首先必须有监督依据，明确监督对象和范围，只有这样才能有效开展监督工作。

(1)经济责任审计监督依据

经济责任审计监督的依据是高校分级管理经济责任制度及授权审批管理制度所授予的权限和职责。

(2)经济责任审计监督对象和范围

经济责任审计监督的对象为高校部门、二级学院及单位中具有审批权限和经济管理职

权的负责人，因此审计监督的范围是被审计人员（即负责人）所管理的本部门、本学院和本单位所有审批的经济事项及经济活动。

2. 经济责任审计监督程序和内容

由于高校经济责任审计监督的对象是具有一定行政管理权力的特殊群体，经济责任审计监督结果将作为干部考核的一个依据，因此审计监督程序和审计监督内容与一般审计监督有所区别，应重点监督被审计人的经济行为。

（1）经济责任审计监督程序

经济责任审计监督程序按干部经济责任审计程序进行，由组织部门委托审计部门实施。

①由组织部门提出书面委托，经管理层分管领导批准，由审计部门对被审计人员进行任期、任中授权审批等经济责任审计。

②审计部门接到委托书后，办理审计立项，制订审计实施方案，在实施审计的前三日向被审计人员及所在单位送达审计通知书。

③审计通知书送达后，被审计人员及所在单位应当按照审计要求，及时提供有关资料。被审计人员应根据经济责任审计内容，准备书面述职报告。

④审计组进场实施审计时，被审计人员应向审计组提交述职报告并进行述职，同时审计部门在其所在单位进行审计公示，并听取有关教职工的意见。在实施审计的过程中，要做好审计工作底稿。

⑤审计组现场审计结束，整理审计工作底稿，出具审计报告初稿。

⑥征求被审计人员及其所在单位对审计报告的意见，被审计人员及所在单位对审计报告提出书面意见，审计组核实意见后，审计部门将审计报告及所在单位的书面意见，报送管理层主管领导审批。

⑦审计报告批准后，提交给委托审计的组织部门，并送达被审计人员及其所在单位执行。审计报告由学校有关部门归入被审计人员干部档案。

（2）经济责任审计监督内容

经济责任审计监督的重点是被审计人员的审批行为及经济活动的合法性、合理性。合法性即审批事项及经济活动是否符合法律法规和学校的规章制度；合理性即审批行为及经济活动是否遵循效率和效益原则。

①合法性情况。主要内容包括被审计人员的审批行为及经济活动过程是否遵守国家财经法律法规和财务规章制度，有无违规审批等问题。

②被审计人员财务审批的真实性和有效性情况。主要内容包括审批事项是否符合职权范围，授权委托手续是否完善，有无越权审批、不按计划审批或不符合制度规定的审批行为。

③经济决策情况。主要内容包括被审计人员经济决策是否符合规定程序，重大经济活动事项是否进行了集体讨论决策，效果如何，有无重大失误，经济目标的完成情况。

④经济合同签订情况。主要内容包括学院或部门对外签订的经济合同审批手续是否完整；合同条款是否符合学校利益，是否存在合同条款损害学校利益等情况；债权、债务是否清楚，有无纠纷和遗留问题。

⑤单位财务收支执行情况。主要内容包括被审计人员所管理的单位各项资金收入的真实性、合法性情况，有无违规收费，各项收入是否纳入学校财务统一核算，有无隐瞒、截留、私设"小金库"的行为；各项支出及补贴的发放是否符合规定、是否真实，有无超标准、超范围支出，有无虚列支出、滥发钱物等问题。

⑥资产管理情况。主要内容包括固定资产的购置、使用、处置和管理是否符合程序；学校的财产是否存在私自出租、出借、无偿转让等情况；设备购置、基建工程项目是否按照有关规定进行招标程序，投资项目是否经过充分论证和严格的审批程序。

（二）财务审计监督

高校内部财务审计监督是指内部审计部门依法对学校及其所属独立核算单位各项资金的筹集、管理、使用的真实性、合法性和效益性所进行的监督和评价，并提出建设性的管理建议。高校财务审计监督是对财务部门管理系统进行的监督控制，包括校级财务机构和二级财务机构，重点监督财务部门管理系统财务收支的合法性、真实性和效益性；内部审计部门应根据要求进行财务审计监督。

1. 财务审计程序

财务审计程序大致可分为确定审计计划、实施审计监督、编写审计报告、进行审计整改、审计材料归档5个工作程序。

（1）确定审计计划

①根据学校管理层的要求或按照审计工作计划，确定当年被审计的内部单位和审计项目。

②选派人员组成审计组，编制审计工作方案，包括审计对象、时间、内容等。

③向被审计单位发送审计通知书。

（2）实施审计监督

①财务部门提交与被审计项目相关的账簿、会计凭证、制度等书面资料。电子数据，包括有关财务管理、会计核算、内部管理制度等文件资料，被审计年度会计凭证、会计账簿、会计报表等资料，与审计项目有关的经济合同、协议，以及其他有关财务收支的资料。

②审计组实施审计，填写审计工作底稿，取得审计证据。

③审计组整理、归纳、汇总、分析审计证据和审计工作底稿。

（3）编写审计报告

①审计组编写审计报告，其中包括基本情况、审计发现的主要问题、审计处理情况和建议、问题的整改情况等。

②审计组征求被审计单位对审计报告的意见,并根据反馈的意见对有关问题进行核实、修改或复议。

③审计组出具审计意见书或审计决定,经审计部门审定并签发。

(4)进行审计整改

①被审计单位将审计建议或审计建议书、审计决定书的落实情况报送审计部门。

②审计部门对重要的审计事项进行跟踪审计。

(5)审计材料归档

①审计项目结束后,整理审计材料。

②审计材料归档,建立审计档案。

2. 校级财务审计的内容

高校校级财务审计的内容包括基本情况审计、预算审计、收入审计、支出审计、资产负债审计、净资产审计、年终决算及报表审计等。

(1)基本情况审计的主要内容

①财务管理体制与运行机制是否符合国家的有关规定;学校财务工作是否实行统一领导,是否按规定设置财务管理机构并配备合格的财会人员。

②财务规章制度和内部管理制度是否健全,执行是否有效。

③财务管理部门内部不相容岗位是否分设,并相互控制与制约;会计核算是否符合会计法规、会计制度和学校的规章制度。

(2)预算审计的主要内容

①预算编制的原则、方法及编制和审批的程序是否符合国家、上级主管部门和学校的规定,各项收入和支出是否全部纳入预算管理范围,有无赤字预算;预算调整是否按规定的程序办理并经批准后执行,有无调整项目的原因及金额的详细说明。

②各项收入和支出是否按预算执行,是否真实、合法,会计核算是否符合会计制度,预算执行过程中的控制是否有效。

③预算的执行情况及差异。预算的执行情况如何,如果差异较大,应当进行原因分析。

(3)收入审计的主要内容

①财务收入来源的合法性。事业性收费的项目、标准和范围是否经物价部门批准,有无擅自增加收费项目、扩大收费范围、提高收费标准等问题。

②收入入账的完整性。各项收入是否及时足额到位,有无隐瞒、截留、挪用、拖欠或设置账外账、"小金库"等问题。

③学费等收费收入是否按规定实行收支两条线管理,并按规定使用财政部门统一印制或监制的收费票据,是否按有关规定将应当上缴的收费收入及时足额上缴财政专户。

④是否筹集到满足正常运行所需的资金,保持合理的资金结构。

(4)支出审计的主要内容

①支出是否真实，是否按预算执行，有无超预算、超计划等问题；有无转移、虚假发票报账、违反规定发放钱物等问题。

②支出是否合法，是否按照国家、上级主管部门和学校规定的支出范围和标准执行，有无超标准、超范围支出等问题。

③支出是否有效益，资金使用率如何，有无结余很大或损失浪费等问题。

④专项资金是否专款专用，有无挤占、挪用等问题。

⑤对投资项目是否进行过可行性研究，投资方向和投资规模是否合理，资金配置是否有效。

(5)资产负债审计的主要内容

①现金及各种存款的管理是否符合规定，银行开户是否合法，内控制度是否健全，日常资金管理是否安全，有无公款私存等情况。

②教学和实验材料有无按国家政策和学校规定进行采购，验收入库、保管、领用是否按照规定的程序办理；有无定期清查盘点，账实是否相符，盘盈、盘亏是否及时调整，调整是否符合有关规定。

③固定资产的购置有无招投标程序和审批手续，报废、调出、变卖等资产处置是否按照规定的程序办理并报有关部门审批，资产有无被无偿占用或流失等问题；固定资产是否进行定期或不定期的清查盘点，盘盈、盘亏是否及时查明原因，并进行相应的账务处理，账卡、账物是否相符。无形资产的管理是否符合有关规定，转让、购入、捐赠和投资的无形资产是否按规定进行评估。资产的账务处理是否符合高校会计制度的规定。

④对外投资是否按规定经有关部门批准或备案；与被投资企业的产权关系和经济关系是否明确；以实物或无形资产对外投资是否按规定进行资产评估，有无资产流失、投资失误等问题；收益处理是否合法。

⑤往来款项(包括应收或暂付款、应付或暂存款)是否及时清理、结算；有无长期挂账形成呆账、坏账情况；无法收回的应收和暂付款项的核销是否按照有关规定和程序执行，核销是否查明原因、分清责任；对各项负债是否及时清理并按照规定办理结算，是否在规定的期限内归还或上缴应缴款项；债权、债务是否清楚，代管款项是否符合规定，有无将学校收入转为代管款项的情况。

(6)净资产审计的主要内容

①各项专用基金的管理是否符合国家和同级财政部门的规定；职工福利基金和学生奖贷基金、勤工助学基金等是否按照规定的比例提取。

②各项专用基金是否专款专用，是否按照规定的用途使用，使用效率如何，会计核算是否符合规定。

③事业基金管理是否按规定进行，其中一般基金和投资基金的会计处理是否符合会计制度的规定。

（7）年度决算及报表审计的主要内容

①年终收支结转是否符合高校会计制度的规定，不同类别的结余是否分别进行处理和单独反映。收支结余是否按照高校会计制度的规定进行分配结转，是否按照有关规定提取各项专用基金，有无多提或少提等问题。

②年度决算和财务报告编制的原则、方法、程序和时限是否符合财务制度的规定和上级主管部门的要求。

③年度决算和财务报告的内容是否完整，资产负债表、收入支出表的数字是否与会计账上的科目余额表一致，有无隐瞒、遗漏或弄虚作假等问题。

④财务情况说明书是否真实、准确地反映了学校年度财务状况，对本期或下一期财务状况发生重大影响的事项是否真实有据。

⑤财务分析的各项指标是否真实、准确。

3. 二级财务机构及独立核算单位财务审计的主要内容

二级财务机构及其所管理的独立核算单位的财务审计内容应包括二级财务机构的建立和完善情况、独立核算单位的财务情况两部分。

（1）二级财务机构审计的主要内容

二级财务机构审计的重点是机构健全情况、人员配备情况、会计基础工作规范化情况等。

①会计机构建立和会计人员的配备是否符合高校财务制度规定，会计基础工作是否规范，会计手段、工作环境以及队伍建设是否符合实际需要。

②会计账簿设置是否规范，内容是否完整、真实、合法，记录是否及时、清晰、准确。

③会计凭证的填制是否符合要求，所反映的经济内容及会计处理是否真实、合法，会计凭证的审核、传递、归档是否符合规定。

（2）独立核算单位审计的主要内容

二级财务机构所管理的独立核算单位，组织形式多样，有事业性质的校医院、自收自支的非营利性质的服务单位、学校办的企业或集团、参股的公司等，采用的会计制度也不尽相同，校医院采用医院会计制度，公司制的企业采用企业会计制度等。对独立核算单位的财务审计，应根据每个单位的性质而有所差别或侧重。

①各项收入是否进行了完整、真实、准确的记录和会计处理，相应的款项是否及时收回，有无截留资金形成账外资金等问题。

②各项支出是否合理，成本费用是否配比，重要的支出是否经过授权，重大支出的内部控制是否健全、有效。

③利润的计算是否正确，是否符合法定程序，有无隐瞒、夸大等人为调节利润的问题，利润分配是否符合规定、是否经各投资方认可。

④各项税金的计提、计算是否符合税法，对各项税收减免政策是否正确、充分使用，税金的缴纳是否符合要求。

⑤各项资产是否真实、账实相符，增减变动是否真实、合法，计价方法是否统一，相关业务的截止是否准确，资产是否为企业所有并安全完整、保值增值。

⑥各项债务的形成、管理、清偿是否符合会计核算的要求，计算是否准确。

⑦所有者权益各项目的形成、计提、使用等增减变动是否合法、真实，相应的会计处理是否符合规定。

⑧各项经济合同是否具有合法性、合理性，合同的要素是否完备，特别是涉及基本建设、物资购销、重大投资活动的合同是否存在损害国家和学校利益的情况。

⑨各项收入、支出、资产、债务在会计报表上的反映是否真实。

(三)采购和招标监督控制

采购和招标是高校财务部门管理系统以外的两大经济行为，一般由高校的采购或招投标管理部门进行日常管理，由内部审计监督控制系统进行监督和控制。

1. 采购监督

高校使用财政性资金采购货物或服务，应按当地政府的有关规定执行政府采购。高校采购分集中采购和自行采购，集中采购是指高校所采购的货物、工程或服务项目属于政府集中采购目录范围内的、金额在采购限额标准以上的，需要委托政府机构实施的采购；自行采购是指高校所采购货物或服务项目不在政府集中采购目录范围内，或金额在集中采购限额标准以下的采购。高校采购监督的对象主要是自行采购。

(1)采购手续监督

采购手续监督主要是审核应该进行政府采购的项目是否实施了政府采购。

①根据政府采购目录的要求，必须进行政府采购的货物或服务项目是否全部实施政府采购。

②应当以公开招标方式采购的货物或服务有无化整为零或者以其他方式规避公开招标采购。

(2)采购方式监督

采购方式监督主要是对采用各种采购方式的前提条件予以监督。

①是否存在应当采用公开招标方式而擅自采用其他方式采购的现象；采购工作人员有无在开标前泄露标底的行为。

②采用邀请招标、竞争性谈判、单一来源采购、询价方式采购的，是否符合采购方式规定的条件或情形。

（3）采购程序监督

采购程序监督包括采购程序合法性监督、采购小组成员资格监督、供货商资质监督等。

①采用邀请招标方式采购的，随机方式选择的供应商数量和资格条件是否符合要求；是否存在操纵选择供货商的行为。

②采用竞争性谈判方式采购的，谈判小组人数和成员是否符合规定；谈判供应商的数量和资格条件是否符合要求；是否存在以不合理的条件对供应商实行差别待遇的现象。

③采用单一来源采购方式采购的，货物或服务性价比是否合理；是否存在采购工作人员与供应商串通的情况。

④采用询价方式采购的，询价小组人数和成员是否符合规定；被询价的供应商的数量和资格条件是否符合要求。

⑤采购完成后是否对货物或服务进行验收，验收人与采购经办人是否分离。

（4）采购合同和采购文件监督

采购合同监督的重点是合同条款内容，采购文件监督的重点是文件的完整性，通过合同条款和文件的完整性可以发现采购过程中的其他问题。

①采购是否遵循平等、自愿的原则签订书面合同；合同条款是否存在损害学校利益的内容，如果发现存在损害学校利益的内容，需进一步核查采购过程。

②采购文件是否齐全完整、保管妥当，如果发现采购文件不完整的情况，需进一步核查采购过程。

2. 工程项目招标监督

高校建设工程项目招标应根据地方招投标实施办法进行招标，建设工程项目包括建筑物的新建、改建、扩建、装修、拆除、修缮等项目。高校建设工程项目招标主要有委托招标和自行招标两类。委托招标是指工程项目金额达到或超过当地政府规定限额，应由政府招投标管理部门统一委托招标代理机构进行的重大项目的招标；自行招标是指高校接受政府招投标管理部门的授权，自行组织金额低于统一招标限额的一般项目的招标。高校工程项目招标的监督对象主要为自行招标。对高校工程项目招标的监督主要从招标手续、招标过程和评标委员会组成3个方面进行。

（1）招标手续监督

招标手续监督主要是审查监督应该参加招投标的工程项目是否按规定进行了招投标。

①依据招投标法的要求必须进行招投标的各类工程项目是否全部进行了招投标。

②是否存在化整为零，逃避招投标的情况。

（2）招标过程监督

招标过程监督主要是审查监督高校招标项目是否按照招投标法规定的程序和要求进行了招标。

①招标方式是否符合法律规定。公开招标是否发布了招标公告,招标公告是否在指定的报刊、信息网络或其他媒介上发布;邀请招标是否达到3个以上特定法人或其他组织投标,是否存在限制或排斥潜在投标人的情况。

②单位工作人员有无泄露标底的行为,编制标底的工作人员是否参与编制同一招标项目的招标文件。

③招标的开标、评标、定标程序是否符合法律规定,开标过程是否有记录档案;评标是否由评标委员会负责,成员名单在中标结果确定前是否保密,是否按招标文件确定的评标标准和方法进行评标;中标人确定后,招标人是否存在改变中标结果的行为。

④投标人资格审查是否严格把关,是否存在不符合条件的投标商通过资格审查并中标的情况。

⑤中标结果是否合理,投标人是否以低于成本的报价竞标;投标人有无相互串通投标报价行为;投标人与招标人有无串通投标行为。

（3）评标委员会监督

评标委员会监督主要包括对组成人员的合理性、资格的合法性以及评标的公正性进行监督。

①评标委员会成员是否由招标人的代表和有关技术、经济等方面的专家组成,成员人数是否为5人以上的单数,其中技术、经济等方面的专家是否占总数的2/3。与投标人有利益关系的人员是否未进入相关项目的评标委员会,主管部门工作人员是否未担任评标委员会成员。

②评标专家是否在相关领域工作8年以上,并具有高级职称或同等专业水平。

③评标委员会成员是否客观、公正地履行职责,是否私下接触投标人以及收受投标人的财物或其他好处,是否做到对评标过程保密。

二、基于 COSO 框架的高校内部控制总体设计

（一）高校内部控制设计的目标

高校内部控制的设计有着自己的目标,是与高校管理工作的实际要求相符的,高校内部控制的主要目标有以下几个方面。

1. 确保国家教育方针和高校管理制度的贯彻执行

党和国家的教育方针旨在培养全面发展的社会主义建设者和接班人,高等教育的任务是培养具有创新精神和实践能力的专门人才、发展科学技术文化、服务社会。每所高校都有符合自身发展的管理目标,并且大多制定了体系完备的管理制度,高校内部控制必然要为高校实现其管理目标服务,确保各项管理制度的贯彻执行。

2. 确保高校各项资产的安全完整

资产的安全性是内部控制有效运行的关键所在，高校内部控制必须保证高校各项资产安全完整，防止资产流失。具体而言，就是必须对现金、银行存款、有价证券等流动资产和教学仪器设备、房屋建筑物和实验材料、库存教材、图书等实物资产的安全和完整进行保护，消除隐患，防止并及时发现各种侵吞、舞弊行为，以保证高校各项教学、科研业务的正常进行。如果高校资产的安全和完整得不到合理保证，就意味着高校内部控制已经处于失灵状态，不管其内部控制理念多么先进，内部控制措施设计的多么严谨，都不能有效实现高校内部控制目标。

3. 确保高校管理信息和财务会计资料真实完整

高校作为非营利性公益组织，其管理信息的真实、完整对于其教育方针和管理目标的实现至关重要，所以高校管理信息和财务会计资料的真实性和完整性应该同样被列为高校内部控制的主要目标。具体包括高校管理活动按照适当的授权进行，管理信息的生成、汇总、传递和上报、处理按照规定程序运行；高校财务会计资料安全、完整，记录及时正确，会计报表的编制符合高等学校会计制度相关要求；对资产和记录的接触、处理均经过适当授权，账面资产和实际资产定期核对并相符。

4. 权责明确分工

只有权责明确才能充分发挥组织人员和各级部门的积极性，其对人员的职责履行有着十分重要的影响。一个没有权责明确分工的组织，其效率是低下的，各部门相互推诿，最终谁也不会去执行和负责；另一方面会造成职责不明，对于不兼容岗位没有明确的制约性条款，从而使内部控制失效。

因此，在高校内部控制框架下，应该制订明确的权责分工细则，在完成工作的基础上，履行自己的职责。主要要求：管理人员的授权和责任相符，工作内容与工作责任相符，部门之间的权利和责任相符，并且在不相兼容的部门之间存在着明确的权责界限。

5. 完善人事管理制度

人力资源是组织发展的根源，制定合理完善的人事管理制度是保证高校持续合理发展的关键。一所高校如果没有健全的人事管理制度，将无法满足管理工作的人力要求，管理工作会出现人力紧张，现有人员工作能力参差不齐，整体控制不力等问题。

因此，应建立完善的人事管理制度，这样就能满足内部控制设计目标对人力资源的要求、同时能够满足高校长期发展的需要。

（二）高校内部控制设计的控制对象和运行

1. 控制环境

高校内部控制环境主要是指对高校内部控制系统的建立和实施产生重大影响的各种因素的统称，主要包括高校管理人员的素质，个人道德的大环境，高校的组织结构和发展方向，经过长期培养形成的高校文化和工作规章制度，以及社会整体文化氛围和对知识、人才的重视程度等。控制环境决定了高校内部控制的基调，影响高校员工的控制意识。它是其他控制对象的基础，并为之提供基本规则和构架。控制环境是一个组织存在的重要依托，积极向上的组织环境，是任何事业发展的基础性因素。

高校内部控制环境目前还存在学校的控制风险意识淡薄、决策机构权力和职责不明确、资产财务管理部门在高校组织架构中地位较低、高校文化对内部控制影响不够等缺陷。为营造良好的控制环境，高校应加强大学文化建设，提倡道德文化建设，高校作为教书育人的文化机关，管理层应该以较高的道德标准率先垂范；高校应明确教学、教辅、后勤、管理等不同岗位的任职要求，根据学校定位和规模划分管理层级和幅度，合理进行责任分配和授权；合理制订教职工招聘、培训、晋升机制，规范薪酬计量，并根据岗位知识、能力要求合理拉开差距；宣传内部控制理念，并将之培育成高校组织文化的有机部分，使内部控制理念深入人心。

在高校内部控制框架中，控制环境的运行需要有一整套严格的运行规范，在规范的指导下，调动内部控制框架内的不同因素，实现各个因素有序有利地为整体的控制目标服务。控制环境的运行是可控因素的有效调节，一方面控制环境的进行是为了整个控制活动的进行；另一方面控制环境的有效实施会促进控制活动的展开。在整个控制活动的进行中，两者的关系相应而生，相互促进。

2. 风险评估

风险评估是量化评估某一事件或事项所带来的影响和损失的可能程度。高校的风险评估主要就是对高校经济活动和管理行为有影响的内、外部风险的识别和分析，如会计账务的真实以及高校资产投资风险的控制、高校的建设工程可行性分析及具体施工中的成本控制。风险评估是利用专业的技术知识、专业的技术方法对可能出现的风险进行的评估，并通过对这些数据类的评估实现对预期风险的有效预防，保证管理活动有序、安全、稳定地运行。

高校内部控制中的风险评估是对高校控制活动的有效保护，风险评估的开展主要是根据高校的不同控制目标而不断变化的。任何经济行为都有一定的风险性，只有积极地开展风险评估，对有可能出现的风险及时预测，做到未雨绸缪，对整个高校控制活动中的框架进行风险测评，制订控制目标和最大的风险承受极限，及时避免有可能出现的危险，才能最大限度地减少损失。

3. 控制活动

控制活动，主要是有助于高校管理层决策顺利实施的政策和程序，以及各种规章制度的执行，是针对高校控制风险所采取的措施，是整个控制过程中最为重要的一个环节。高校控制活动的主要内容就是控制整个运行过程中的执行程序和规章制度的制定，它包括高校管理行为的授权、批准、执行、复核、资产保护以及高校岗位职责分工等具体活动。高校在实际控制活动中,要研究出适合学校本身办学目标、办学特点的制度,明确教学、科研、财务业务的职能和权限,对高校日常业务活动进行一般控制与应用控制以及实物控制,如对已购买的仪器设备进行记录,对单价高的专业仪器设专人管理,并设定接触限制等。

高校的内部控制是通过控制活动来实现的,高校的教学、科研、财务等决策都必须通过相应的控制活动按照一定的控制原则来实现对控制对象的有效控制,可见控制活动在高校控制流程中的重要性,控制活动是高校内部控制框架最主要的控制对象。

高校控制活动的有效运行能够有效实现高校控制目标,控制活动是控制内容的一部分,控制活动的实现是根据高校管理层的指令对有可能出现的变化进行及时的调控,通过这样的调控活动让整个内部控制框架中的各个因素能够维持在一个相对稳定的状态,在看似不规则的运行中,其内部的控制活动能够按照相关的规律有序地运行,最终实现高校控制的目的。控制活动的主要形式就是调整和规范,针对有关的不稳定因素,进行及时的调控。比如,高校的会计控制,高校的会计活动中可能会出现记录不及时、会计科目使用不正确、资金流出没有经过复核或批准的问题,这就是控制活动的不稳定因素导致的,因此控制活动中对这些不稳定的因素要进行调控处理,以达到预期的控制目标。

4. 信息与沟通

高校内部控制框架中的信息与沟通是指要以恰当的形式,在一定时间范围内识别、获取和沟通高校管理信息,以使高校内部各层次人员能根据所获取的信息顺利履行其职责。信息与沟通强调信息数据处理过程中的反馈与沟通,高校内部控制框架是一个相互连接的信息网络,在这样的网络中,信息是一种流动的媒介,传达的是整个高校控制系统的运行状况,通过信息的传递和相应的信息处理反馈活动,最终实现高校内部控制的有效实施。

高校信息与沟通对高校管理信息的深度与及时性,教学、财务、学生管理、科研等信息处理系统的业务集成性提出了较高的要求,并要求信息发布者和使用者判断信息内容是否恰当,信息是否及时、准确,信息的获取是否方便。高校信息处理、发布、接收后,沟通就成为关键。沟通分为高校的内部沟通和外部沟通,内部沟通包括高校管理哲学和高校文化的明确阐述、明确的授权、高校管理风险的合理提示、每位员工在高校控制活动中的角色和职责以及相互间的信息传递;外部沟通则包括与教育管理部门、家长、学生就业单位、地方政府等的沟通,旨在让外界了解学校的培养目标、培养方向、培养措施、学生的理论素养与实践水平等。

高校的内部控制体系中,信息与沟通是维系整个控制活动的关键,管理信息的流动性能保证整个系统的有效运转,一旦信息停止,高校的控制活动也必将停止,信息就是高校控制活动的血液,承载着改变控制变量的任务,在高校内部控制框架中的各个因素之间不停地流动,最终保证高校控制活动的顺畅运行。

5. 监控

高校内部控制框架中的要素之一就是对高校的内部控制活动的监督,在高校管理活动中通过对正常管理和控制活动以及高校员工履行职责的过程进行监控,来评价内部控制系统运行的有效性。高校内部控制的主要监督内容就是高校管理人员是否按照法律法规和高校管理制度处理工作中遇到的各种问题,高校控制活动是否按照设计正常运行,不相容职务是否分离,如高校大型教学设备采购的决策、执行、验收、付款、使用等环节是否得到有效分离,各个管理部门的职责权责界定是否明确,是否存在推诿、越权的行为等。

监督是高校内部控制的最后一个环节,监督的目的就是保证控制目标的顺利实现,并检测内部控制制度的设计是否严密有效,能否防止、发现和纠正可能或已经出现的错误或弊端,从而保证高校内部控制有效、健康运行。

在实践中,高校内部监督一般是由内部审计部门或纪检监察部门牵头进行的,但监督结果往往不尽如人意。主要存在控制环境不尽如人意,管理层缺乏内部控制理念,高校内部控制机构设置和权责不合理,如很多高校的内部审计机构隶属纪检监察甚至财务部门,监督职能不能有效发挥。此外,高校监督部门地位不高,审计部门不能参与学校经济活动决策过程,信息不对称造成监督的信息与沟通渠道不畅,以致高校监督部门不能及时了解学校发展现状及存在的问题,更无从谈起监督;很多高校的监督体系有待完善,审计部门只对调任干部进行离任审计,而对在任中审计较少,只对工程项目进行竣工审计,而事中审计、鉴证较少。

要使高校监督活动有效运行,首先必须完善高校治理结构,对内部机构进行合理设置,宣传内部控制理念,营造良好的高校控制环境;其次要提升监督部门的技术手段,借助信息技术强化控制活动;最后提高审计等监督部门的地位和独立性,完善监督体系,保障高校监督活动的正常、有效运行。

第二节　高校财务风险控制及预警

一、高校财务风险概述

(一)高校财务风险的定义

财务风险是企业财务管理中的基本概念,而对高校财务风险的定义,目前国内主要从狭义和广义两个视角来分析。

狭义的高校财务风险通常被称为举债筹资风险，是指高校由于举债而给高校财务状况带来的不确定性。在高校财务风险问题受到广泛关注后，很长时间内，许多学者和高校管理人员都将高校财务风险等同于负债风险，他们认为高校财务风险与高校负债数额和高校偿债能力密切相关。狭义的高校财务风险定义产生在特定的历史背景下，切实反映了在扩招、评估压力下国内众多普通高校的财务风险来源，但是该定义的局限性也是不言而喻的。负债风险是当前高校的显著风险，但不能代表高校财务风险的全部，高校在运营过程中的其他问题同样会导致财务风险。如果将高校财务风险简单地理解为负债风险，那势必不利于对高校财务风险的全面控制和管理。

广义的高校财务风险是指高校在运营过程中，由于委托代理关系、财务治理等内外部环境因素作用所形成的财务状况的不确定性，使高校蒙受损失，造成其不能充分承担其社会职能，提供公共产品甚至危及其生存的可能性。相对于狭义的高校财务风险，广义的财务风险从更宽泛的视角界定了高校财务风险的成因，拓宽了对高校财务风险的认识，有利于加强对高校财务风险的全面控制和管理。也有观点认为，在定义高校财务风险时，应将高校财务风险界定为可能给高校带来损失的不确定性。

（二）高校财务风险的组成

作为非营利性机构，高校与企业不同，高校的财务风险从总体上看主要表现在以下3个方面。

1. 筹资风险

如今，高校资金筹集形式日益多样化，既有财政拨款、学费收入，也有国内外资助及金融机构贷款等其他形式。在高校的全部流入资金中，财政拨款是政府预算支出项目，来源最为稳定可靠，其风险一般可以忽略不计。而国内外资助资金，由于其在全部资金中所占比重较小，因此对该部分资金的财务风险也可简化处理。学费收入风险是指因学生拖欠学费而使高校遭受经济损失的可能性，此风险主要通过加强学生的收费管理而避免。

综上所述，高校筹资风险主要体现在高校取得的金融机构贷款风险上。高校的金融机构贷款风险是指高校向银行等金融机构取得贷款后，由于贷款结构不合理、贷款使用不当或贷款管理不善，而使高校遭受经济损失的可能性。高校贷款风险的成因主要有国家政策变动、利率波动、高校资金管理不善、资本结构不合理、长短期债务失衡、高校支付能力不足等。目前，向银行等金融机构贷款是高校解决资金短缺的主要途径，但随着高校贷款规模的持续扩大，长期贷款比重的逐步增加，高校的融资成本也不断上升，巨额贷款使高校面临极大的财务风险。

2. 投资风险

在市场经济条件下，高校与企业一样受到市场经济规律的影响，但是高校不同于企业，企业投资的目的是追求更高的回报和盈利，而高校属于非营利性组织，其投资主要是为了满足社会日益增长的教学科研需求，其投资风险主要体现在基建项目投资风险和校办产业连带风险两方面。高校基建项目投资的投向合理性，直接影响高校的办学水平与质量。高校若对自身定位认识不清，对所投资基建项目缺乏科学论证，则会导致盲目投资或重复投资，倘若项目完成后，不能取得预期的经济效益和社会效益，将会给高校带来巨大的还贷压力。

校办产业连带风险是指高校校办产业经营而使高校产生连带经济责任的可能性。高校的校办产业是为了实现高校科技成果转化而成立的，虽然现在大多校办产业已经进行了公司制改造，但高校仍然与校办产业有千丝万缕的联系，一旦校办产业由于经营不善导致经济损失，高校很可能要承担连带责任。

3. 教育教学风险

目前，随着高校招生规模的不断扩大，虽然不断增加教育教学成本，但各高校仍无法保证软、硬件与学生人数的同比增长。学校教学基础设施不足，生均校园面积、生均图书拥有量、生均教学仪器设备台件数下降情况在许多高校出现。师资力量不足，教师满负荷工作，知识得不到更新、教育水平得不到提高，导致教育教学质量下降，科研能力减弱，培养出的学生名不副实，毕业生就业困难，最终使得高校信誉受损，办学效益低下，进而引发财务风险。

假如为了规避财务风险，高校进一步压缩日常教学经费、科研经费、师资培训经费及教师待遇经费等，只能加剧师资流失和教育教学质量下降，形成"教育教学风险—财务风险—教育教学风险—财务风险"的怪圈。

（三）高校财务风险的特殊性

由于高校与一般企业在各个方面的差异，高校的财务风险也体现出不同于企业财务风险的特殊性（见表5-1）。

表5-1　高校财务风险与企业财务风险比较

风险类别	企业财务风险	高校财务风险
筹资风险	企业筹资风险是指与筹资活动相关的财务风险，包括负债和自有资金的风险，以及因筹资技术欠佳，资金投放、使用、收回、分配的不合理而引起的筹资风险	高校筹资风险主要体现为高校贷款风险，是指高校向银行等金融机构贷款后由于贷款结构不合理或贷款管理不善而使高校遭受经济损失的可能性
投资风险	企业投资风险是指由于投资项目的实际收益与预期收益之间存在偏差，给投资者带来的不利或亏损的可能性，主要包括投资额风险、收益风险、变现风险、购买力风险	高校属于非营利性组织，其投资风险主要体现在基建项目投资风险和校办产业连带风险两大方面

风险类别	企业财务风险	高校财务风险
其他风险	企业其他风险包括资金回收风险和收益分配风险。资金回收风险是指企业从成品资金到结算资金,再从结算资金到货币资金两个转化过程时间和金额上的不确定性;收益分配风险是指由于收益分配而对企业未来的生产经营活动产生的不利影响,包括收益确认风险和对投资者分配收益的形式、金额和时间把握不当而产生的风险	高校其他风险表现为高校教育教学风险,是指由于师资力量不足,教师满负荷工作,知识得不到更新、教育水平得不到提高,导致高校教育教学质量下降,科研能力减弱,培养出的学生名不副实,毕业生就业困难,最终使得高校信誉受损,办学效益低下,进而引发财务风险

对企业财务风险的考察,往往要根据企业的资金流转环节从筹资风险、投资风险、利润分配风险等方面来进行,虽然高校与企业有相似的资金流转环节,但资金流转的目的却截然不同,即企业资金流转是为了获利,而高校主要从事非营利性活动,是为了满足社会的共同需要。因此,高校运营过程中产生的资金耗费,不可能像企业那样,通过销售产品或提供劳务,得到价值补偿并取得利润。虽然高校在国家政策规定范围内,除财政拨款外,也可以依法取得一定的收入,但是目前,这部分收入在我国高校总收入中所占份额仍然很小,不足以抵补支出耗费,只有依靠国家财政拨款,才能保证高校业务活动的顺利开展。可见,在资金流转方面,高校财务风险管理有其特殊性,主要体现在:筹资方面的政策性较强,开支方面的补偿性差,产品方面的无营利性,周转方面的再生性弱,等等。同时,资金收支活动渠道多样化、校办产业种类多样化、财务管理政策性强等高校财务管理的复杂性,也会导致高校的特殊财务风险。

二、高校财务风险评价体系设计

(一)风险评价指标体系理论

1. 风险评价的内涵

风险评价是指在风险识别和风险估测的基础上,对风险发生的概率,损失程度,结合其他因素进行全面考虑,评估发生风险的可能性及危害程度,并与公认的安全指标相比较,以衡量风险的程度,并决定是否需要采取相应措施的过程。

2. 风险评价指标体系构建理论

指标体系是指若干个相互联系的统计指标所组成的有机体,在构建风险评价指标体系时要把握好以下几个方面,即选取原则、指标范围和层次结构。

(1)选取原则

一般来说,全面性原则和整体性原则是指标体系构建的基本原则,指标越多越细越全面,反映客观现实就越准确,但也要兼顾可操作性原则和简明性原则,以免随着指标量的增加而造成数据收集处理工作的成倍增加，指标过多也会导致指标重叠。

（2）指标范围

指标范围的确定涉及风险评价的目的，即根据所要求评价的主体选择跟主体有关的指标，如在针对公立高校财务风险评价的指标体系构建中，风险评价的主体是公立高校的财务状况，所选取的指标应与财务运行情况相关，且适用于公立高等院校。

（3）层次结构

层次结构反应风险评价主体的属性，确定组成系统诸要素在整体中处于何种地位、具有什么作用、占有多大比例，要突出反映评估对象本质的要素，舍去某些次要的要素。我国现有的财务风险评价指标体系主要包括短期偿债能力分析、长期偿债能力分析和盈利能力分析3方面，还有的以现金流量为基础，重点把握现金盈利值和现金增加值这两类指标。

3. 常用的指标体系评价方法

（1）单变量判定模型

单变量判定模型的应用原理是当企业出现财务困境时，其财务比率和正常企业的财务比率有显著差别。这种方法是人们开始认识财务风险时最先采用的评估方法，比较常用的单一变量包括资产收益率、资产负债率等，但随着经营环境的复杂化，用单一变量进行财务风险的评价势必造成评价结果的片面性。

（2）多元线性评价模型

多元线性评价模型是在单变量判定模型的基础上发展起来的，它的应用原理是变量服从多元正态分布，多元线性评价模型考虑多个变量对评价主体的影响，但同时面临解决线性相关的问题。

（3）综合评价法

综合评价方法的应用依据是财务比率存在标准值，它们或是极大型变量指标，或是极小型变量指标，抑或是区间型变量指标，但都可以根据标准值和变量的变化规律对指标数值进行打分。当然，该评价方法的关键是确定标准评分值和标准比率，主观性较强，但通过长时间的实践，评价结果会越来越趋近于真实值。

（4）神经网络分析模型

神经网络分析模型实现了风险的动态评价。这种模型在20世纪90年代已经在国外普遍使用，它由一个输入层、若干中间层和一个输出层构成，它不需要主观定性地判断企业财务风险状态，但是比较复杂，技术要求高，因此在我国企业中它的应用受到不小限制。

（二）基于现金流量的高校财务风险评价体系构建

1. 现金流量模型的构建

（1）现金流量表的编制原理

首先，现金流量表可全面显示出高校资金的整体使用是否合理，从而在高校的日常运营活动、投资活动和筹资活动中寻找致使总体失衡风险发生的现金紧张的原因。此外，为了单独反映由于不良的预算管理引起的资金日常运营的风险、由于资产购入引发的投资风险和由于贷款出现的筹资风险，应列明各资金活动中的现金来源、使用和结余的详细信息。其次，高校投资和筹资活动要与高校的长期计划相匹配，最终体现在高校的日常运营上，从强化高校管理的角度来看，它应该着重于其日常运营中发生的现金流量的状况。再加上目前"定额经费加专项经费"的拨款模式，高校不但要做到收支平衡，还要在基本运行与专项经费运行中做到各自现金流量的收支平衡。鉴于此，编制的现金流量表不但要反映高校运营的现金流量状况和其日常经营、投资、筹资活动中的现金流量状况，而且要显示日常经营中的基本运行及专项经费的现金流量状况。

此外，编制现金流量表要依托目前的报表体系，与资产负债表、收入支出表、银行贷款情况统计表的内容相衔接，还要满足合理的钩稽关系。

（2）现金流量表的基本内容

当前中国高校的"现金"仅指库存现金与银行存款。本书所编制的高校现金流量表以现金流量为依托，主要用于显示高校总的现金流量的构成，涵盖日常经营、投资和筹资的现金流量情况；附表用于更深层次地显示日常运营活动的现金流量构成，涵盖基本运行和专项经费的现金余存情况。

主表编制时主要依托于资产负债表，总括并且分别显示了"运营活动产生的现金净流量""投资活动产生的现金净流量""筹资活动产生的现金净流量"和整体"现金净流量"的形成与变化。其中，"运营活动产生的现金流量"显示在高校教学、科研与对外服务等活动中发生的现金流量；"投资活动中产生的现金流量"显示把日常运营资金安排到基础建设里发生的现金流量、固定资产、无形资产和对外投资活动中发生的现金流量；"筹资活动产生的现金流量"显示高校借款的新增数额和因借款产生的当年利息支出等现金流量；总现金流量的净增加额是通过加总以上3项现金流量净增加额得到的。

附表编制时主要依托于收入支出表，将主表里"本期运营收支结余"项目依据运营活动的不同性质进行进一步分解。依据高校能否自主的统筹安排资金，分别用"非限定性现金流量"和"限定性现金流量"两项来反映基本运行和专项经费的现金余存情况。以此为基础，调整事业基金、专用基金等项目，从而获得"本期运营收支结余"。

2. 高校财务风险评价规则构建

（1）高校财务风险评价规则构建思路

高校财务风险评价旨在快速揭露高校资金运动中存在的风险，强化对高校资金的管理。着重于对过程进行管理，着重于防范风险而不是补救风险。因此，尽管要揭露由现金流中断而引起的财务风险，然而此文构建的评估财务风险的体系更偏重于在风险累积进程里表现的各项表面特征，从而能更好地预警和监管风险。构建评价规则有两个核心需要引起注意，一是对风险进行分类评价；二是对风险进行等级评价。

分类评价需要选择部分评价指标以便反映高校总体运行状况、日常营运状况、投资状况和筹资状况；等级评价需要依据风险的危害性定性划分，与目前评价财务风险较多使用的排序评价法相比，此文的评价方法能同时显示财务风险的总体状况和在风险等级下各资金活动情况。

整体来说，评价规则的思路应当按照先划分风险，再经由阈值和判别过程来划分等级。

具体来说，在风险分类阶段要捕捉到能反映各项资金活动风险情况的评价指标；在划分和判别风险等级阶段要捕捉到能够进行风险等级划分的阈值和判别步骤，并以此评估出高校的风险状况。此外，在高校发展过程中，高校的财务风险具有阶段性的特点。主要表现为在不同时期，度量每项资金活动中的风险指标在侧重点上有所不同，同样的风险表征也呈现出阶段性的特征。所以，与之对应，风险指标能够进行调整和变动，然而选取风险指标和表征风险等级具有同一性。在紧随其后的规则构建中，此文简洁地制订了划分及判别风险等级的过程，目的在于着重诠释风险评估体系中的原理。

（2）选取分类评价指标

通过观察分析高校的财务实践发现，对日常营运风险、投资风险和筹资风险起决定作用的是营运非限定性收支平衡情况、限定性收支平衡情况、自筹基建支出情况和贷款利息支出情况等，因此可选取如下最具代表性的评价指标：一是总体运行风险方面，可采用"期初现金余额 + 本期运营收支结余"指标。如果指标为正，表明高校能确保收支平衡，资金周转正常；指标为负，表明高校现金周转存在问题。二是日常运营风险方面，考虑到日常经营中资金具有不同的性质，高校之间运营风险具有可比性，各自采用"限定性收支净额""非限定性收支净额"和"非限定性收支净额与本期运营收支结余的比值"3个指标。三是投资风险方面，因为高校日常经营收支结余的资金和用于基础设施建设支出的资金相匹配，所以当判别自筹基建支出是否合理时，采用"投资和暂付款的现金净流量占本期运营收支结余的比重"这一指标。四是筹资风险方面，由于存在诸多因素影响高校贷款，每年高校偿还的本金数额无规律可循，因此这里没有分析贷款额，而是仔细考虑利息支出和贷款总额的密切联系，以及由利息支出产生的刚性需求通过日常运营结余来安排，所以选择"利息支出占运营支出的比重"这个指标。

（3）设计风险等级

下面依照风险程度的高低顺序把高校财务风险分为绿色、黄色、橙色和红色4个等级。

一是绿色等级。这是高校财务风险等级里安全性最高的一个等级。在此等级中，高校谨慎管理各方面的资金，应对风险的能力比较强。总体运行稳健，现金周转正常。二是黄色等级。此等级下财务风险渐进积累并开始呈现，总体勉强可以稳健运行自身能够支付支出的贷款利息和自筹基建，然而将结余的资金安排到其他管理活动比较困难，需要一些贷款可以保障。开始出现非限定性收支净额，赤字比较少，依靠挤占限定性收支结余才能得到缓解。三是橙色等级。此等级中，高校具有明显的财务风险表征，为确保其正常运营，需要利用相当一部分的沉淀资金，为了填补资金缺口，需要申请银行贷款，然而总体稳健运行。实际的财务负担主要是由支付贷款利息造成的，需要银行贷款来满足自筹基建支出，同时贷款还要满足其他管理活动的需要。限定性收支净额尽管有结余，然而非限定性收支净额却难以保持收大于支。四是红色等级。此等级下，财务风险达到最高，高校总体运营已然难以保持收支平衡，现金周转困难。发展到该等级的原因有两种：一种是以橙色等级为基础，财务状况呈现并进一步恶化。另一种是由于某项资金运动陷入困境，如在日常运营里，非限定性收支净额亏空巨大，限定性收支净额呈现赤字；在投资活动中，自筹基建支出达到运营收支结余的数倍，高校申请并利用了数额巨大的银行贷款；在筹资活动中，高校运行只能借助于贷款，不断借债还债，高校运营的主要支出是利息支出。因此，应用绿色、黄色、橙色和红色等级来体现高校财务风险的安全和危害度时，能够得出高校的风险等级和评价指标匹配这个结论。

（4）确定划分等级的阈值及判别流程

为了划分不同的等级，需要确定评价指标阈值。对于上文所划分的4类风险等级，在理论上各项评价标准需要确定3个阈值。通常依据科学的统计理论和方法来选择阈值。

划分等级的过程实质上是按照整体到部分的顺序考察高校财务风险，总体运行未出现风险并不意味着贷款、投资和运营方面无风险，然而总体运行如果呈现风险，必定说明它管理资金的活动具有很大的风险。所以，判别等级要完成3个步骤：一是初步诊断总体运行风险，识别高校是否进入红色的等级范围；二是诊断各项资金活动所具有的风险，将本身的财务状况和对应的评价指标的阈值进行对比，以此分析各类风险的等级状况；三是综合诊断，全面考虑总体风险和各类风险的等级后果，以便最终确定高校的风险状况。通常而言，总体风险等级和每一类风险等级中的最差等级决定高校整体的财务风险。

（5）风险评价及原因诊断

最终划分的风险等级一方面能用于描述特定时期内具体高校的财务状况，另一方面则能够直观地显示每个风险等级里高校的分布状况，以揭示目前高校财务风险的总体危害度，可以很好地预警高校风险。由于高校财务风险的等级评价能综合反映总体风险和分类风险状况，因此借助日常运营风险、投资风险、筹资风险中的单双因素和三因素来确定高校风险出现的原因，进而诊断出高校应加强对哪些资金活动的管理。综合分析每个高校风险出现的原因，能够评价引起目前高校总体风险情况的因素。

三、高校财务风险预警体系的构建

(一)高校财务风险预警指标体系的建立原则

财务风险预警系统是高校防范财务风险的保证，构建行之有效的财务风险预警系统，应该注意以下几个方面的问题。

1. 体现高校财务风险的特点

高校不同于企业，企业是营利性组织，其资金流转是为了增值；而高校是非营利性事业单位，其资金流转是为了维持和开展教学、科研活动。因此，高校财务风险也与企业财务风险不同，有其独特性，即筹资上有较强的政策性要求、开支上的非补偿性、产品上的非盈利性、周转缺乏再生能力等。既然高校并不是在财务活动的每一环节都存在与企业等量的风险，因此也就不能将反映企业财务风险的指标直接用来反映高校财务风险，而要选取能反映高校财务风险特点的评估指标。

2. 定量分析与定性分析相结合

理想的财务分析，既要包括运用模型而进行的定量分析，也要包括基于分析人员经验、考虑非量化因素而进行的定性分析。定量分析以数据为基础，定性分析以逻辑为基础，定量与定性相互补充、相互配合才能达到理想的财务风险预警效果。

3. 具有动态性特点

首先高校财务预警指标的动态性体现在高校财务预警指标不仅要能评价过去，而且要能预测未来，即能体现动态的分析过程。其次体现在财务预警指标必须随着情况的变化而变化，即随着高校财务风险的变化要对其不断进行修正和补充，从而保证预警指标的先进性。

4. 反映全局和系统的观念

高校财务预警指标体系的目的是预警，但不能仅仅是预警，而应是围绕预警开展一系列活动。具体包括预警事前确定评价指标、制订指标的安全区间和风险区间、建立数学模型、资料信息的传递等；预警事中分析资料、发现问题、发出预警；预警事后分析风险原因、寻找风险根源、建立追踪系统跟踪预警等。高校财务预警系统要注重日常监控，随时发现各种可能导致预警的情况，重视从细微处发现问题，及时对症下药。

(二)高校财务风险预警指标体系的指标构成

按照高校财务风险预警指标的设计原则，在我国现有的高校财务管理和会计核算体系基础上，参照较成熟的企业财务风险预警指标，设立的财务风险预警指标体系共有12项指标，分别是：

1. 流动比率

$$流动比率 = 流动资产 / 流动负债 \qquad (5-1)$$

一般情况下，流动比率越高，说明高校短期偿债能力越强，债权人的权益越有保障。按照企业财务管理的长期经验，一般认为 1 ~ 2 的比率比较适宜。它表明，高校财务状况稳定可靠，除能满足日常生产经营的流动资金需要外，还有足够的财力偿付到期短期债务。如果比率过低，则表明高校可能难以如期偿还债务。但是，流动比率也不能过高，过高则表明高校流动资产占用较多，会影响资金的使用效率和高校的获利能力。

2. 资产负债率

$$资产负债率 = 负债总额 / 资产总额 \qquad (5-2)$$

资产负债率越小，说明高校资产中债权人有要求权的部分越小，由所有者提供的部分就越大，资产对债权人的保障程度就越高；反之，资产负债率越高，债权的保障程度就越低，债权人面临的风险就越高。学校资产负债率的警戒线一般为 60%。

3. 现实支付能力

$$现实支付能力 = 年末货币资金 / 月均支出额 \qquad (5-3)$$

其中：月均支出额 = 全年支出总额 /12

现实支付能力指标用来预测高校近期正常的支付能力。该指标值越大，说明高校偿还到期债务的能力越强；反之，高校偿还到期债务的能力越弱。该指标值不能过低。

4. 潜在支付能力

潜在支付能力 =[年末货币资金 + 年末应收票据 + 年末借出款 + 年末债券投资 - 应收（预付）款 - 年末应缴财政专户 - 年末应交税金] / 月均支出额   (5-4)

该指标表明，学校年末存款能满足学校支出的月份。该指标值越大，表明潜在的支付能力越强；反之则越弱。一般应具有满足 3 ~ 4 个月的支付能力。

5. 收入负债比率

$$收入负债比率 = 年末负债总额 / 总收入 \qquad (5-5)$$

它反映在不考虑支出的情况下高校收入刚性偿还债务的能力大小。该指标值越小，表明高校的偿债能力越强；反之说明高校的偿债能力越弱。

6. 自筹收入能力

$$自筹收入能力 = 自筹收入 / 总收入 \qquad (5-6)$$

其中：自筹收入 = 事业收入 + 经营收入 + 附属单位缴款 + 其他收入

该指标反映了高校自我筹集资金的能力，该指标值越大，说明高校自我发展能力越强；反之，说明高校自我发展能力越差。该指标值不应过低，否则会影响高校的正常运转。

7. 经费自给比率

$$经费自给比率 = 自筹收入 / （事业支出 + 经营支出） \tag{5-7}$$

经费自给比率指标说明高校利用自身资源能力的大小。该指标值越大，说明高校的管理绩效越好；反之，说明管理绩效越差。

8. 收入支出比率

$$收入支出比率 = 总收入 / 总支出 \tag{5-8}$$

若总收入小于总支出，比值小于1，说明学校该年度出现赤字和负债，或动用历年学校财务结余，或向银行贷款。该指标数额越小说明学校财务运转越困难。若该指标值长期小于1，说明学校面临较大的财务负债风险。

9. 净资产收入比率

$$净资产收入比率 = 总收入 / [（期初净资产 + 期末净资产）/2] \tag{5-9}$$

该比率与收入成正比，与净资产投入成反比。该指标值越大，表明用一定的净资产投入得到的收入越多，即其收益能力越强；反之，其收益能力越弱。

10. 自有资金动用程度

自有资金动用程度 =（应收及借出款 + 校办企业投资 + 对外投资 + 借出款）/（事业基金 + 专用基金 - 一般基金） \hfill (5-10)

该指标越小，表示高校实际自有资金动用越少；该指标值越大，说明高校未来的发展越有可能受到制约。

11. 净资产增长率

$$净资产增长率 = （期末净资产 - 期初净资产） / 期初净资产 \tag{5-11}$$

净资产增长率是衡量高校发展潜力的一个重要指标。该比率越大表明高校的发展潜力越大，面临的财务风险越小；反之，高校面临的财务风险越大。

12. 货币资金净额增长率

货币资金净额增长率 =（期末货币资金净额增长率 - 期初货币资金净额增长率）/ 期初货币资金净额增长率 \hfill (5-12)

货币资金净额增长率指标能够反映高校流动资产中货币资金的运作风险状况，能够反映高校的发展潜力。该比率越大，表明高校的发展潜力越大，面临的财务风险越小；反之，高校面临的财务风险越大。

对于具体高校的微观财务管理而言，上述指标体系较全面地反映了高校可能存在的财务风险，计算简便；对于政府部门的宏观财务管理而言，上述指标数据均属于对外报表数据，容易获得，并且各高校间计量口径一致，方便比较。

第三节 高校财务综合绩效评价

一、高校财务综合绩效评价概述

(一)高校财务管理绩效评价的内涵

对高校财务管理绩效内涵的探讨有利于形成规范的评价框架,从而有利于构建符合高校特点的分析路线图。对财务管理的评价是高校管理评价的重要组成部分,高校的财务管理能够保障和引导各项工作的顺利进行,对其绩效的评价应当包含财务管理的观念、结构、体制和机制4个方面。高校财务管理观念是财务管理人员对财务管理的作用和方式的认知,以及在长期的工作过程中形成的看法,并能通过一定的方式表现出来。高校财务管理结构指的是财务管理过程中的人、财、物的配比关系,能对现有要素在时间和空间上的状态及功能进行评价。高校财务管理的体制指的是财务管理部门的安排是否符合相应的工作流程,是否能够建立起高校的监督反馈机制,构建起高效率的工作保障流程。高校财务管理的机制指的是财务管理部门在发挥其本职作用与其他部门之间的协调程度,是否能够体现财务管理部门的管理规律,充分发挥其管理作用。

(二)高校财务管理绩效评价的目标

高校绩效评价的目标应当以提高相关部门的综合效率水平为目的,就财务管理部门而言表现在体现财务管理的价值、增强部门员工的个人素质、提高工作效率3个方面。

财务管理部门通过发挥其服务功能体现财务管理的价值。在工作过程中要能够以学校的办学目标和办学定位为基准,通过科学的配置学校资源实现资金使用价值的最大化,通过建立健全规章制度实现国有资产的有效利用,防止国有资产流失,通过预算管理和监督控制实现资金使用到位。

财务管理部门通过有效的宣传教育来增强员工的素质。建立学习型组织,为员工提供足够的制度保障和学习环境以激励部门进行有效的学习,发挥员工的主观能动性。通过不断的宣传和教育能够提高员工的士气,激发员工工作的自信心和自豪感,形成良好的管理环境,降低管理成本。

财务管理部门通过有效的管理手段来提高工作效率。在工作上要不断地进行总结,从而对现有工作制度进行修正,减少不必要的中间环节来达到增加绩效的目的。通过对现在工作进行评价来发现管理上的偏差,重新建立起有效的工作保障制度,降低工作风险,对未来做出有效的判断。

（三）高校财务管理绩效评价的功能

对高校财务管理绩效评价功能的认知对判断高校现有管理水平非常必要,认清现状才能够有效把握未来,为以后工作能力的提升提供基础。同时,客观的判断还能够为建立组织激励机制提供重要依据,为管理部门监测提供有效判断标准,促进高校财务管理绩效的提升。通过对高校财务管理进行评价有助于发现财务管理过程中的问题,有助于分析如何有效提高财务管理绩效问题,有助于财务管理部门提高工作效率与合理调配资源,有助于促进高校各项工作的顺利开展,并最终促进高校建设水平的提升。高校财务管理的功能有以下几点。

一是高校其他工作的基础和导向。由于财务问题关系到学校各项与资金相关的工作的顺利开展,且以阶段性财务预算为基础,因此对高校财务管理绩效的评价具有基础性和导向性作用。对财务管理绩效的评价能够发现工作中的关键环节,规范资金的使用情况,为学校的整体工作绩效的提升提供基础性的支持。通过对高校财务管理的评价能够为高校工作提供一个价值切入点,体现部门对资金的客观需求,起到信息结合点和传递中心的作用,从而能够为其他工作提供有效的行为指导。

二是规范和激励财务管理行为的保障。客观的财务管理绩效评价能够规范管理人员的观念,使其意识到管理过程中应当注重什么,应当对什么做出有效反映。评价结果能够使得财务管理人员在内心中建立起行为管理措施的判断标准,建立起规范的行为程序,从而更有效率地投入工作中。绩效评价也能对员工的行为起到激励的作用。通过客观的评价标准,员工的绩效将能够定量测度,从而能够建立起与绩效挂钩的激励机制,对财务管理行为起到激励的作用。

三是提高财务管理绩效的基础。管理行为绩效的评价是寻找可能的缺陷,对行为中的不足进行有效改进的基础。通过认真地总结和评价,保留财务管理过程中值得肯定的部分,摒弃管理中无效的部分,从而能够提高财务管理的绩效。同时,绩效评价还能够发现管理中存在问题的原因,从原因入手寻找应对措施,促进财务管理绩效水平的提高。

二、高校财务综合绩效评价体系的构建

（一）高校财务绩效评价系统的设计原则

1. "3E"原则

公共财政资金在使用中,经常存在各种问题,如由于片面追求支出经济节约而忽视了最终的目标、过分追求效率忽视效果造成资金浪费或者为追求最终效果而导致资金利用效率低下等。发达国家从20世纪80年代开始,在政府财政支出绩效评价的实际操作过程中逐步摸索总结出了"3E"原则,即"经济性（economy）、效率性（efficiency）及效果性

(effectiveness)"。自此以后,在进行绩效评价时,"3E"原则被公认为基本原则。其中的"经济性"用来衡量支出节约性,"效率性"用来衡量投入产出比,"有效性"用来衡量最终目标的达成程度。以上三个要素并不是孤立的、片面的,而是一个相互影响相互作用的有机整体。要想科学、客观地评价高校资金使用状况,不能只分析某一个要素,而应该综合考察与分析经济性、效率性和有效性三个要素。

2. 可操作性原则

在选取评价指标时要考虑选定的评价指标是否承载了尽可能多的信息量,指标数据是否容易获得,采集数据要尽量符合成本效益原则,同时各项指标的计算能够标准化、规范化。绩效评价指标体系的构建应力求体系简繁适中,适应当前的管理水平,计算方法要容易进行,指标体系应该实现定量分析与定性评价有机结合,准确反映待评高校的财务绩效。遵照这些要求,构建出的评价体系、选取的评价指标的可操作性将会较高。

(二)绩效评价指标体系的分类

高校绩效指标的分类,是人们制订和运用绩效指标的基础,体现出人们对绩效指标研究的不断深化。目前主要有以下3种分类。

第一,一套完整的绩效指标体系包括内部指标、外部指标和运行指标。其中,内部指标反映了学校方面的特征;外部指标反映了高校所设置的学科适应社会经济的情况;运行指标主要指高校的单位成本、教职人员的工作量、图书馆设备的利用率等教育工作运行的"生产率"情况。

第二,绩效指标体系包括输入指标、过程指标和输出指标3类。其中,输入指标主要指高校可利用的资源、人力和经费情况,是对高校现有办学条件的一种描述;过程指标指办学活动中有关资源使用率、管理行为和组织运行的情况;而输出指标是指高校通过办学活动,最终取得了什么成绩和产出。这种分类较全面地反映了学校办学的各个方面,有着较为深远的影响。

第三,当管理的概念反映到变量上,指标可分为3种类型,即效率指标、效益指标和经济指标。实际上高校除输入指标、过程指标和输出指标所反映的输入、过程和输出这些变量以外,还存在着不可控制的但相当重要的背景变量,如高校的设备捐赠、所处的地理位置、生源质量等,分析所有这些变量才能全面地考察高校的绩效。经济指标着眼于将实际输入与目标所规定的输入做比较,从而测量输入的节省情况,以避免过度的花费;效率指标着眼于输出与输入的比较,通常是对现实的结果与现实的输入进行比较,从而考察资源使用情况,以追求成本的最小化;而效益指标着重衡量政策所定的目标是否已经实现,从而测量工作的有效性,以追求目标的达成。

"3E"涉及学校办学的各个方面,从学校办学的投入、过程和产出各个因素看,投入指标更多与经济相联系,过程指标更多与效率相联系,产出指标更多与效益相联系。从实际应用方面看，绩效指标所采用更多的是生均成本、生师比等用来评价学校办学效率方面的指标，而不是衡量办学效益方面的指标。

高校绩效指标可以分为不同类型，在运用到具体的高校财务绩效评价实际中，应注意因地制宜，要分清高校的类型，想要评价的侧重点，选取不同的指标类型。没有任何一种类型的指标是适合所有学校的，最重要的是要合理选取指标体系。

第六章 统计学理论与应用

第一节 统计学产生与发展

一、统计概述

(一)统计的含义

"统计"一词从其产生时就是同国家知识紧密联系在一起的。可以说，自从有了国家，就有了统计。最初统计只是一种计数活动，为统治者管理国家收集资料、提供数据，作为管理国家的依据。随着社会经济的发展，统计的应用领域越来越广泛，不仅局限于经济管理领域，在自然、社会、科技等领域中也大量地运用统计。如今，"统计"一词在不同的场合被人们赋予不同的含义。一般认为，统计的含义有三种，即统计工作、统计资料和统计学。

1. 统计工作

统计工作即统计实践，是指关于设计、收集、整理、分析和预测社会经济现象及自然现象总体数量方面资料的活动过程。具体包括统计设计，即根据统计对象的性质和统计研究的目的，对统计工作涉及的各个方面和环节进行规划；统计收集，即对统计资料的调查；统计整理，即对统计资料进行科学的加工；统计分析和预测，即计算相应指标及描述研究对象的特征和规律，反映未来的发展趋势。

2. 统计资料

统计资料即统计信息，是指通过统计工作所获得的反映客观现象的各项数据资料及与之相关的其他资料的总称。统计资料具体表现为各种统计图、统计表、统计公报、统计年鉴、统计手册及统计分析报告等。统计资料能反映客观现象发展的规模、水平、速度、结构、比例及有关情况。

3. 统计学

统计学即统计理论，是指研究如何收集、整理、分析和预测社会经济现象及自然现象统计资料的方法论科学。统计学所包含的一系列收集、处理、分析统计数据的方法来源于对统计数据资料的研究，其目的是探索事物的内在数量规律性，以达到对客观事物的科学认识。

统计的三种含义既有相对的独立性，又有密切的联系。统计工作是人们的统计实践，也是主观反映客观的认识过程；统计资料是统计工作的成果，统计工作与统计资料是工作过程与成果的关系；统计工作与统计学则是实践与理论的关系。一方面，统计理论是统计经验的总结，只有当统计工作发展到一定程度，才可能形成独立的统计学；另一方面，统计工作的发展又需要统计理论的指导，统计学研究极大地促进了统计工作水平的提高，统计工作的现代化和统计学的进步是分不开的。

（二）统计学的研究对象和特点

1. 统计学的研究对象

统计学的研究对象是指统计研究所要认识的客体，其决定着统计学的研究领域及相应的研究方法。由统计学的发展史可知，统计学是从研究社会经济现象的数量开始，作为一门实质性科学建立起来的。但是，随着统计学研究范围的不断扩大及统计方法在社会领域和自然领域的有效应用，加之统计方法体系本身的不断完善和发展，统计学的研究对象也发生了变化。统计学已从实质性科学中分离出来，转而将重点集中在研究统计方法上，成为一门认识现象总数量特征和数量关系的方法论科学，其研究方法是关于收集、整理、分析和提供现象总体数量方面的原理、原则和方式、方法。

一切事物都有质和量两个方面，事物的本质都表现为一定的数量，质总是具有一定的量而存在的，数量的积累达到一定界限引起质的变化。只有对客观事物的数量方面进行分析研究，才能把握事物本质的特点。因此，要研究客观事物的存在、发展并掌握其规律，必须研究事物的量，研究事物在一定时间、地点、条件下的数量表现所反映的发展规律性。

客观事物的质和量是对立统一的两个方面。统计学在研究客观事物数量方面，不能离开质，应以事物的质的分析为基础，来明确事物数量表现的范围，同时要最终说明事物本质的变化。例如，只有弄清楚国内生产总值的本质和经济内容的范围，才能对其进行正确的统计和计算，而统计的目的最终又要说明国内生产总值的产业结构及分配的发展变化情况。

2. 统计学的特点

统计学的认识对象是社会现象总体的数量特征和数量关系，即社会现象总体的数量方面。其在研究社会现象时，首先从定性研究开始，然后进行定量分析，最后达到认识社会现象的本质、特征和规律的目的，这就是质—量—质的研究过程和方法。其特点可以归纳为以下五个方面。

①数量性。一切客观事物都有它的质和量两个方面，统计就是要用大量的数字资料，并通过统计指标和指标体系等特有的统计方法，来综合反映现象的规模、水平、结构、比例关系、差别程度、发展速度和效益等，从而揭示事物的本质和规律性。数据是统计的语言，这一特点将它和其他实质性社会科学（如政治经济学）区别开。

②总体性。总体性也称大量性，统计学是通过对大量事物进行观察研究，或对一个事物的变化做多次观察研究，才能得出反映现象总体数量特征、反映事物必然性的结论。这是因为客观事物的个别现象通常有其偶然性、特殊性，而现象总体则具有相对的普遍性、稳定性，是有规律可循的。虽然统计研究是从个别事物开始的，从个别入手，对个别单位的具体事实进行调查研究，但其目的是认识总体的数量特征。例如，城镇居民调查，虽然是对每户居民进行调查，但其目的不在于研究个别居民户的家计状况，而是通过大量的调查来反映一个国家、一个城市、一个地区的居民收入水平、收入分配、消费水平、消费结构等。当然，统计也不是一概不研究个别事物。由于以大量观察为依据的综合数量特征形式来研究客观现象发展过程，不可避免地容易趋于一般化、抽象化，因此，还要有选择地抽取个别典型单位进行深入具体研究，以便更有效地掌握现象总体的规律性。

③具体性。统计学研究的数量方面是指社会现象的具体数量方面，而不是抽象的数量关系，这是它不同于数学的重要特点。任何社会现象都是质量和数量的统一。一定的质规定一定的量，一定的量表现一定的质。因此，必须对社会现象质的规定有了正确认识后，才能统计它们的量。数学研究抽象的数量关系和空间形式，统计则反映一定时间、地点条件下具体社会现象的数量特征，它是从定性认识开始，进行定量研究的。比如，只有对工资、利润的科学概念有了确切的了解，才能正确地对工资、利润进行统计。统计学研究社会现象的具体性特点，把它和研究抽象数学关系的数学区别开，但要注意，统计学在研究数量关系时，也要遵守数学表明的客观现象量变的规律，并在许多方面运用数学的方法。

④社会性。统计学研究社会现象，这一特点要与自然技术统计学区分开。自然技术统计学研究自然技术现象（如天文、物理、生物等现象），自然技术现象的变化发展有其固有的规律，在其变化进程中，通常表现为随机现象，即可能出现也可能不出现的现象。而统计学的研究对象是人类社会活动的过程和结果，人类的社会活动都是人们有意识、有目的的活动，各种活动都贯穿着人与人之间的关系，除随机现象外，又存在着确定性的现象，即必然要出现的现象。所以，统计学在研究社会现象时，还必须注意正确处理好这些涉及人与人之间关系的社会矛盾，如调查者与被调查者之间、领导者与被领导者之间、部门与部门之间、局部与整体之间的矛盾等。

⑤广泛性。统计学研究的数量方面非常广泛，是指全部社会现象的数量方面。它既研究生产关系，也研究生产力，以及生产关系与生产力之间的关系；既研究经济基础，也研

究上层建筑，以及经济基础与上层建筑之间的关系。另外，它还研究生产、流通、分配、消费等社会再生产的全过程，以及社会、政治、经济、军事、法律、文化、教育等全部社会现象的数量方面。广泛性使统计学区别于研究某一特定领域的其他社会科学，如政治学、经济学、社会学、法学等。

（三）统计学的产生和发展

统计是适应人类社会实践活动的需要而产生和发展的。最初的统计实践活动可追溯到原始社会一般的计数活动。随着社会生产力的发展和人类社会组织机构的建立与健全，人类的计数活动变得越来越频繁、普遍和复杂，特别是在国家出现之后，统治者为了实现国家管理的职能，需要对国家进行人力、物力和财力的清点计数，一种具有特定目的、特定程序和一定组织形式的总体计数活动——统计便出现了。然而，使人类的统计实践上升到理论并予以总结和概括成为一门系统的学科——统计学，却只是近代的事情。可见，统计学的产生和发展是与人类的文明史、社会进步紧密相连的。循着计数—统计—统计学这条历史的、逻辑的线索去追溯和探索，将有利于我们了解统计学的研究对象和性质、学习统计学的理论和方法、提高统计理论水平和统计实践能力。

随着统计实践的发展，客观上要求总结丰富的实践经验，使之上升为理论，并进一步指导实践，统计便作为一门科学应运而生。

统计发展史表明，统计学是从设置指标研究社会经济现象的数量开始的，随着社会发展与实践的需要、统计方法的不断丰富和完善，统计学也不断发展和演变。从当前世界各国统计研究状况来看，统计学已不仅为研究社会经济现象的数量方面提供各种统计方法，还为研究自然技术现象的数量方面提供各种统计方法；它既研究确定现象的数量方面，又研究随机现象的数量方面；其作用和功能已从描述事物现状、反映事物规律，向抽样推断、预测未来变化方面发展，从一门实质性的社会性学科发展为方法论的综合性学科。展望统计学的未来，其发展趋势的主要特征包括以下几个方面：第一，统计理论与方法不断完善和深化。随着统计应用范围的扩大和要求的提高，对自然界、社会各种纷繁复杂现象的数量表现和数量关系，都要求通过比较完备的理论和方法进行研究，这就要求统计学不断从其他学科汲取营养，从而得到不断充实和完善、不断发展和提高。第二，计算机和统计软件强化了统计计算手段，提升了统计的效率。当今世界，计算机及其软件广泛应用于统计研究与统计分析工作中，复杂的计算和分析都可以通过计算机来解决，其为统计学的发展开拓了广阔的前景。第三，国际经济一体化为统计学的发展提供了更加广阔的天地。

二、统计学的研究方法和统计工作过程

（一）统计学的研究方法

研究方法在科学研究活动中是一个非常重要的问题，方法正确，事半功倍；方法不正确，

事倍功半。统计学在研究大量社会经济现象总体数量特征的过程中，要使用多种统计方法，包括大量观察法、统计分组法、综合指标法、归纳推断法和统计模型法等。

1. 大量观察法

所谓大量观察法，是指对所研究事物的全部或足够数量进行观察的方法。这是由统计研究对象的多样性和复杂性决定的。大量复杂的社会现象是在诸多因素的综合作用下形成的，各单位的特征及其数量表现有很大的差别，一部分单位的特征，是不能代表总体一般特征的，必须选择事物的全部或足够数量的单位加以综合分析，这样使事物中次要的、偶然的因素作用相互抵消或减弱，从而排除其影响，以研究主要的、共同起作用的因素所呈现的规律性。大量观察法可以对总体的所有单位进行全面调查，如统计报表、普查；也可以对能够反映总体特征的部分单位进行非全面调查，如重点调查、抽样调查等。当然，大量观察法并不排斥对个别单位的典型调查，大量观察与典型调查相结合，能深化对总体现象的认识。

2. 统计分组法

社会现象错综复杂，类型多样，这就决定了统计必须采用分类研究的方法，即统计分组法。统计分组法是指根据事物内在的性质和统计研究任务的要求，将总体各单位按照某种标志划分为若干组成部分的一种研究方法，例如，将人口按照职业分类，工业企业按部门分类或按经济类型分类等。统计分组法将资料分门别类，将性质不同的单位分开，将性质相同的单位归在一起，保持组内各单位的同质性，显示组与组之间的差别性，以区别现象的不同情况和不同特点。通过分组可以研究总体中不同类型的性质和它们的分布情况，可以研究总体中的构成和比例关系，可以研究总体中现象之间的依存关系。必须注意，在统计分组中选择一种分组方法，突出了一种差异，显示了一种矛盾，同时又会掩盖其他差异，忽略其他矛盾，要十分重视分组的科学性。缺乏科学根据的分组，不但无法显示事物的根本特征，甚至会将不同性质的事物混淆在一起，歪曲社会现象的实际情况，也就达不到认识社会的目的。

3. 综合指标法

综合指标法是运用各种统计综合指标来反映和研究社会现象总体的一般数量特征和数量关系的研究方法。对大量的原始数据进行整理汇总，计算各种综合指标，可以显示出现象在具体时间、地点条件下的总体规律、相对水平、集中趋势、变异程度等。在统计分析中广泛运用各种综合指标来探讨总体内部的各种数量关系，揭露矛盾，发现问题，进一步寻找解决问题的方法。如动态趋势分析法、因素影响分析法、相关与回归分析法、抽样推断法等都是运用综合指标法来研究现象之间的数量关系的。

综合指标法与统计分组法是密切联系、相互依存的。统计分组如果没有相应的统计指标来反映现象的数量特征，就不能揭示总体内部各种数量关系。而综合指标如果没有科学的统计分组，就无法划分事物变化的数量界限，就会掩盖现象的矛盾，成为笼统的指标。所以，在研究社会现象的数量关系时，必须科学地进行分组，合理地设置指标，指标体系和分组体系应该相互适应。综合指标法和统计分组法总是结合起来应用的。

4. 归纳推断法

归纳推断法包括归纳和推断两个方面。所谓归纳，是指由个别到一般，由事实到概括的整理、描述方法。归纳法可以使人们从具体的事实中得出一般的知识。所谓推断，是指以一定的逻辑标准，根据局部的、样本的数据来判断总体相应数量特征的推理方法。在研究社会现象的总体数量方面，通常所观察的只是部分或有限的单位，而所需要判断的总体范围却是十分宽广的，甚至是无限的。这就产生了如何根据局部的、样本的数据对总体数量方面进行判断、估计和检验的问题。例如，通过对城镇居民生活收入与消费的调查来了解一个地区、一个省甚至全国居民生活收入与消费情况，就属于利用样本资料对总体的相应数量特征进行推断的问题。归纳推断法是现代统计学的基本方法，既可以用于对总体参数的估计，也可以用于对总体的某种假设检验。归纳推断法广泛应用于农业产量调查、工业产品质量检查与控制，以及根据时间数列进行预测所做的估计和检验等。

5. 统计模型法

统计模型法是指根据一定的经济理论和假设条件，用数学方法去模拟现实客观现象之间相互关系的一种研究方法。利用这种方法可以对客观现象和过程中存在的关系在定性分析的基础上，定量地进行比较完整的近似描述，凸显所研究指标之间的数量关系，从而简化客观存在的其他复杂关系，以便利用模型对所研究的现象变化进行定量的估计和趋势预测。例如，回归分析法模拟变量之间的数量关系，所建立的回归方程就是统计数学模型。统计模型法除用数学方程式反映指标之间的数量关系外，有时还可以依据统计指标之间的逻辑关系，构建框架式的逻辑模型，例如，国民经济指标体系就是表达经济现象之间关系的统计逻辑模型。

以上介绍的是统计研究的基本方法，并不是所有的方法。在运用上还应注意各种方法的结合。在调查方法上要注意将大量观察法和典型调查结合起来，在分析方法上要注意将综合分析和具体情况分析结合起来，多种方法结合应用，可以提高认识能力，全面深入研究分析问题，更好地发挥统计这个认识社会的有力武器的作用。

（二）统计工作过程

统计工作过程是对社会现象的数量方面进行调查研究、综合分析，以认识社会现象本质和规律性的过程。就一次统计活动来讲，一个完整的认识过程一般可分为统计设计、统计调查、统计整理和统计分析四个阶段。

1. 统计设计

统计设计是在正式进行具体统计工作之前，根据统计研究的目的和统计对象的性质，对统计工作的各个方面和各个环节所进行的总体规划和全面安排。统计设计的结果表现为各种设计方案，如国民经济核算体系方案、统计指标体系、统计分类目录、统计报表制度、统计调查方案、资料汇总或整理方案及统计分析提纲等。统计设计是统计工作的第一阶段，也是整个统计工作协调、有序、顺利进行的必要条件，还是保证统计工作质量的重要前提。

2. 统计调查

统计调查是根据统计研究的任务和统计设计规定的调查方案的要求，运用科学的调查方法有组织地收集被研究对象的各项数字或文字资料。统计调查是认识事物的起点，这个阶段所收集的资料是否完整、准确、及时，直接关系到统计整理的好坏，关系到统计分析的结果正确与否，决定着统计工作的质量，因此，它是整个统计工作的基础。

3. 统计整理

统计整理是指根据统计研究的目的，将统计调查所得的资料进行科学的分组、汇总、列表的加工处理过程。统计整理使分散的、不系统的原始资料条理化、系统化，从而能够说明现象总体的特征，为统计分析打下基础。统计整理处于统计工作的中间环节，起着承前启后的作用。

4. 统计分析

统计分析是根据统计研究的目的，综合运用各种分析方法和统计指标，对加工整理后的资料和具体情况进行定性和定量的分析，并对未来进行趋势预测。统计分析是统计工作的最后阶段，能揭示出现象本质，得到发展变化规律的结论，是统计工作获取成果的阶段。

第二节 统计学的理论与作用

一、统计学中的几个基本概念

（一）统计总体和总体单位（总体和个体）

统计总体简称总体，是指根据一定的研究目的，统计所要研究的、客观存在的、具有某一共同性质的许多个别单位所构成的整体。构成总体的各个单位，就是总体单位，简称单位或个体，它是构成总体的最基本单位。

例如，如果要了解全国的工业企业生产经营状况，那么全国所有的工业企业就是所要研究的总体。这些企业尽管经济类型、企业规模、职工人数、生产产品的类型、产量等都不相同，但有一个性质是相同的，那就是它们都是工业企业，而不是商业或建筑业企业，而这些企业中的每一个工业企业都是总体单位,正是这些"许多"总体单位,构成了要研究的总体。又如,要了解消费者对某种品牌保暖衣的满足程度,将所有穿过该品牌保暖衣的人作为一个总体进行调查研究。这些人虽然性别、年龄、职业、收入状况等各不相同,但有一个共同点,那就是都穿过该品牌的保暖衣,而每一个穿过该品牌保暖衣的人都是总体单位。若是对某市的交通事故进行分析,则所发生的全部交通事故构成了总体,总体单位是每一件交通事故。从这些例子中可以看出,作为统计总体的可以是人、物、企业事业单位或事件,其具体形态主要是由所研究问题的性质决定的。

统计总体具有以下三个特征。

①同质性。同质性是指构成总体的各个单位必须具有某一个共同的特征和性质。同质性是各个别单位构成统计总体的先决条件。

②大量性。大量性是指总体是由许多单位组成的,仅个别或少数单位不能构成总体。这是因为统计研究的目的是描述现象的规律,由于个别单位的现象有很大的偶然性,而大量单位的现象综合则相对稳定,因此,现象的规律性只能在大量个别单位的汇总综合中才能表现出来。

③变异性。变异性是指构成总体的各单位只是在某一性质上相同,而在其他性质或特征上具有一定的差异。例如,某市全体工业企业的经济职能相同,但是在所有制类型、经营规模、职工人数等方面是不同的。同质性是构成总体的基础,变异性使统计研究成为必要。如果总体的各个单位没有差异,统计研究就变成了毫无意义的活动。

(二)总体和样本

样本是按照一定的概率从总体中抽取的一部分个体的集合。抽样的目的是用样本数据推断总体数据特征。

样本容量是构成样本的单位数目;总体容量是总体中个体的数量。

(三)参数与统计量

1. 参数

参数是描述总体综合数量特征的统计数据,是对总体中所有个体某一数量特征的综合。

①一般用希腊字母表示;

②参数是待定的未知常数,可通过普查等全面调查的方式获得,也可通过随机抽样的方法科学推断而来。

2. 统计量

统计量是描述样本数量特征的统计数据,是对样本中所有个体某一数量特征的综合。统计量是为了估计总体参数。

①一般用小写英文字母表示;

②由样本数据计算，用以推断参数；

③用于显著性检验的统计量一般用大写英文字母表示，如 Z 统计量。

（四）统计指标与标志

1. 统计指标

统计指标综合反映统计总体数量特征的概念和数值。统计指标有两个组成部分，即指标名称和指标数值。指标名称是对总体本质特征的一种抽样和概括，反映其内容所属的范畴，体现了对总体"质"的规定性；指标数值是指标在一定时间和对象范围内具体的数量表现，从数量上说明某一现象的总体特征，体现了对总体"量"的规定性。统计指标的指标名称和指标数值有机结合，辩证、统一地反映客观现象的质与量。

统计指标有两个很重要的特点：一是综合性。统计指标是对总体单位的某一特征进行调查、登记并加以汇总整理而得到的数据，构成总体全部单位的综合结果，而不是说明个别单位或部分单位的数量特征。例如，每一个人的工资额只能反映其个人的工资水平，因此，工资是数量标志而不是统计指标。但是，将其加总得到的工资总额或将其平均得到的平均工资则反映了该企业全部职工总的工资水平及工资的平均水平，这里的工资总额和平均工资就是统计指标。二是具体性。统计指标是说明总体在具体时间、地点、条件下的数量特征，而不是无经济意义的抽象的量，任何一个统计指标都是质与量的统一体。

统计指标可以从不同的角度进行分类，具体如下。

①统计指标按其数值的形式不同，可以分为总量指标、相对数指标和平均数指标。

总量指标是反映总体现象的总规模和总水平的总和指标。其形式是具有计量单位的绝对数，如企业的职工总人数、企业的销售收入等。

在社会经济研究和管理中，总量指标具有重要作用。它是反映一个国家的国情和国力，一个地区、一个企业单位的人力、物力、财力的基本数据。总量指标是认识社会经济现象的起点，是加强社会经济管理、平衡供求关系、保证国民经济协调发展、全面提高社会经济效益的重要工具，也是企业进行经济核算和经济活动分析的基础。总量指标是计算相对数指标和平均数指标的基础。相对数指标和平均数指标一般是两个有联系的总量指标对比的结果，总量指标的计算是否科学，直接影响相对数指标和平均数指标是否准确。

总量指标按反映总体的内容不同，可分为总体单位总数和总体标志总量。总体单位总数是表明总体在一定时间、地点条件下达到的总规模。例如，要了解某市工业企业的生产经营状况，则每个工业企业是总体单位，全市工业企业数就是总体单位总数。总体标志总量是总体各单位某一数量标志值的总和，它说明总体在一定时间、地点条件下达到的总水平。例如，将某学校的每一位教师的工资额加总得到的是该校所有教师的工资总额，这里的工资总额就是总体标志总量。

总量指标按反映的时间状况不同，可分为时期指标和时点指标。时期指标是反映社会经济现象在一段时间内发展过程的总量指标，如产品产量、商品销售量、投资额、进出口贸易额等。时点指标是反映社会经济现象在某一时点或某一时刻的数量状态的总量指标，如人口数、职工人数、企业个数、设备台数、产品库存量等。

总量指标按计量单位不同，可分为实物量指标、价值量指标和劳动量指标。实物量指标可以反映产品使用价值的数量。通常采用的实物计量单位有自然单位、度量衡单位和标准实物量单位等。自然单位如计算机用"台"、手表用"只"等。度量衡单位是以统一的度量衡制度规定的单位计量，如钢材用"吨"、电用"度"等。标准实物量单位是用来加总不同规格同类物资的实物数量，以准确地反映产品的使用价值。价值量指标是用价值单位反映产品和劳务的数量，具体用货币单位表示，如国内生产总值、职工工资总额、利税总额等。价值量指标具有较强的综合性。劳动量指标是用劳动时间为单位计算的产品产量或完成的工作量，一般用于工业企业内部的核算。

相对数指标是两个有联系的指标数值的比值或比率，用于反映社会经济现象的结构、强度、发展速度、普遍程度或比例关系。相对数指标一般用相对数形式表示，如人口的性别之比、人口密度等都是相对数指标。

平均数指标是按某个数量标志说明总体单位一般水平的统计指标，如职工的平均工资、工人劳动生产率、产品的单位成本等。

②统计指标按其反映的数量特征不同，可分为数量指标和质量指标。数量指标是反映总体现象绝对量多少的统计指标。其说明总体现象规模的大小、数量的多少，用绝对数的形式表示，并有计量单位，如人口数、企业数、产品产量、商品销售额、设备数量、产值等。数量指标是反映总体的各种总量，也称为总量指标。质量指标是说明总体内部的数量关系和总体单位水平的统计指标。其是反映现象的相对水平或工作质量的指标，其数值一般用相对数和平均数表示，如出生率、人口密度、平均工资、劳动生产率、资金利用率、失业率等。从形式上看，相对数指标和平均数指标都是质量指标。质量指标的特点是数值不随总体范围的大小而增减。

③统计指标按其作用不同，可分为描述指标、评价指标和预警指标。描述指标是反映社会经济资源条件和基本情况的指标，如社会劳动力资源总数、国有资产总量、外汇储备数、流动资金等。通过这类指标，说明国民经济和社会发展的基本状况。评价指标是用来对客观现象活动的结果进行评估和考核的指标，如对工业企业经济效益的评价指标有产品销售率、劳动生产率、资金利用率、流动资金周转速度等。预警指标是对现象的宏观运行进行监测，并根据可能出现的总体失衡、结构性矛盾、突发异常情况做出预报的指标，如失业率、人口增长率、通货膨胀率等。这类指标通常涉及面广、敏感性强，对国民经济的发展和社会稳定具有重要作用。

2. 标志

标志说明总体单位的属性和特征。例如，每一位职工可以有性别、年龄、民族、文化程度、工种、工龄、工资等属性和特征。这些都是每一位职工的标志，这些标志在总体单位中各有一定的具体表现，既有相同的，也有不同的。

①标志按其具体表现可分为不变标志和可变标志。在总体单位中具体表现完全相同的标志称为不变标志。例如，在女学生总体中，性别标志就是一个不变标志，也是总体同质性的基础。在总体单位中具体表现不完全相同的标志称为可变标志。例如，在女学生总体中，年龄、民族、成绩等是可变标志。

②标志可分为品质标志和数量标志。表明总体单位品质特征的标志叫作品质标志，如人的性别、民族、职业、文化程度等；表明总体单位数量方面特征的标志叫作数量标志，如生产工人的年龄、工资、工龄等。标志的具体表现即标志值，如工人的性别有男、女，文化程度可分为小学、初中、高中等，职工的年龄有20岁、30岁等。有的虽为品质标志，有时也用数值表示，如产品质量的等级用一、二、三等品表示，这里的数值表示并不是真正意义上的数量差别，是不可测量的；又如，学习成绩本属于数量标志，但有时用优、良、中、及格、不及格表示，这实际上是将数量标志进行定性化处理。

（五）变量

变量是可变的数量标志或统计指标。总体单位的数量标志有可变的，也有不可变的，称可变的数量标志为变量，如年龄、成绩等。数量标志的具体表现称为变量值。说明总体数量特征的指标，其指标数值随着时间的变化而变化，形成时间序列的资料，这种统计指标也是变量。各个时期的指标的不同表现就是变量值。统计所研究的客观事物的数量主要是研究这些变量的分布状态、特征表现、相互联系和变化规律。

①变量按其取值的连续性可分为离散型变量和连续型变量。离散型变量是指变量的取值只能是整数而不能是小数的变量，如人口数、企业数、设备数等；连续型变量是指相邻两个变量值之间可作无限分割的变量，如身高、体重、温度、粮食产量等。

②变量按其性质可分为确定性变量和随机性变量。确定性变量是指变量值受某种决定性因素的影响，沿着某个方向有规律地变动的变量；随机性变量是指变动的影响因素很多，作用不同，变动没有确定的方向，带有一定的偶然性的变量。例如，在同样条件下加工的某种零件，其尺寸大小总是存在差异，造成这种差异的原因可能有原材料的质量、供电电压和周波的变化、气温和环境的变化及生产工人的注意力等，这些因素都是不确定的，带有偶然性的因素。在这里，零件的尺寸就是一个随机性变量。客观地说，任何事物的变化都具有一定的偶然性，没有偶然因素影响的现象是不多的，从这一点来看，确定性变量是随机性变量的一种特例。

（六）统计指标体系

统计指标体系是指由若干个相互联系的统计指标所构成的有机整体，用以说明所研究的总体现象各方面的相互依存和相互制约的关系。

单个的统计指标只能反映总体现象某一个侧面的特征，而一个总体往往具有多种数量表现和数量特征，并且彼此不是孤立的。如果要全面地认识总体的基本特征，必须将反映总体各方面特征的一系列统计指标结合起来，形成统计指标体系，使得人们对总体有更全面、更系统、更深入的认识，更好地发挥统计的整体功能。

由于总体现象本身的联系是多种多样的，所以统计指标之间的联系也是多种多样的，相应地可以建立各种各样的统计指标体系。例如，要反映工业企业的全面情况，就用一系列关于人力资源、资金、物资、生产技术、供应及销售等相互联系的指标来组成工业企业统计指标体系。如果只反映工业企业的产品生产量情况，则可用产品实物量、产品品种、质量、总产值、净产值、原材料消耗、产品成本、销售利润等一系列统计指标构成产品生产量统计指标体系。如果要从宏观经济的角度反映国民经济运行不同环节之间的经济联系，就必须从生产、分配、流通、使用等过程相应地建立一系列指标，构建反映国民经济运行状况的统计指标体系。统计指标体系还可以用下列的形式表示：

商品销售额 = 商品价格 × 商品销售量

农作物收获量 = 亩产量 × 播种面积

社会经济统计指标体系可分为基本统计指标体系和专题统计指标体系两大类。

①基本统计指标体系是反映和研究国民经济与社会发展及其各个组成部分基本情况的指标体系。其可分为三个层次：最高层是反映整个国民经济与社会发展的统计指标体系，是由社会统计指标体系、经济统计指标体系和科技统计指标体系三个子系统构成的。中间层则是各个地区和各个部门的统计指标体系，它是最高层统计指标体系的横向分支和纵向分支，是为了满足本地区和本部门的社会经济管理、检查、监督的需要而设置的指标体系。第三个层次是基层统计指标体系，是指各种企业和事业单位的统计指标体系。它既要满足本企业和本单位的管理与监督的需要，也要满足中间层和最高层建立统计指标体系的需要。

②专题统计指标体系是针对社会经济的某一个专门问题而制定的统计指标体系。统计指标体系按其功能不同可分为描述统计指标体系、评价统计指标体系和预警统计指标体系。描述统计指标体系全面反映客观事物的状况、运行过程和结果，包括所有必要的统计指标，具有较强的稳定性。评价统计指标体系比较、判断客观事物的运行过程和结果，它是根据不同分析评价的需要而建立的。它有一部分指标可以直接从描述统计指标体系中选取，另一部分指标可由描述统计指标体系加工处理后得到，该指标体系比较灵活、变动性大。预警统计指标体系对客观事物的运行进行监测，并根据指标值的变化，预报即将出现的不正常状态、突发事件及某些结构性障碍等。该体系的指标一部分是由描述统计指标体系中的灵

敏性和关键性指标所组成的；另一部分是对一些描述统计指标加工而成的。在这三种指标体系中，描述统计指标体系是最基本的指标体系，它是建立、评价预警统计指标体系的基础。

二、统计的职能及作用

（一）统计的职能

随着社会经济及科学的发展，人类进入了信息社会和知识经济社会，政府各级统计部门成为知识型的产业部门。随着政府职能的改变及现代化管理体制的完善，统计的职能逐步扩大，在认识和管理方面所发挥的作用日益增强，发挥着信息职能、咨询职能与监督职能。

1. 信息职能

统计的信息职能是指根据一整套科学的统计指标体系，运用科学的统计调查方法，灵敏、系统地采集、处理、传递、存储和提供大量的以数量描述为基本特征的社会经济现象的信息。信息职能是统计的基本功能。统计部门是提供全面、及时、准确的社会经济统计信息的职能部门，统计信息是社会经济信息的主体。

2. 咨询职能

统计的咨询职能是指利用已经掌握的统计信息资源，运用科学的分析方法和先进的技术手段，深入开展综合分析和专题研究，为科学决策和管理提供各种可供选择的咨询建议和对策方案。在对统计信息进一步加工整理的基础上，对其分析研究，开发利用，就能发挥统计咨询职能。统计信息咨询可以为各级政府管理部门制定规划、政策和管理决策提供依据，可作为企业制定生产经营管理措施的依据，并且是科学研究机构、高等院校结合定性分析进行定量分析和预测分析的资料来源。各级政府统计部门拥有丰富的统计信息资源，已成为国家重要的咨询机构，为各级政府管理部门、企业、事业单位、社会团体、个人和国外的用户提供统计咨询服务，使统计信息社会共享，发挥多方面的社会化功能。

3. 监督职能

统计的监督职能是指根据统计调查和统计分析，及时、准确地从总体上反映经济、社会和科技运行状况，并对其实行全面、系统的定量检查、监测和预警，以促进国民经济按照客观规律的要求，持续、稳定、协调发展。如果统计是观测经济、社会、科技发展状况的仪表，那么统计监督就是根据该仪表的显示来监测经济、社会、科技发展运行状况，并对其采取措施进行调节和控制，同时，还可以起到对该仪表本身运行状况进行检测的作用。因此，通过统计监督既可以使国民经济健康发展，又可以保障各级政府统计部门的统计工作有效运转。

统计的信息职能、咨询职能和监督职能是一个相互促进、相互制约、紧密联系的有机整体。收集和提供统计信息是统计最基本的职能。统计的信息职能是保证统计咨询职能和统计监督职能有效发挥的基础和前提，没有准确、丰富、系统、灵敏的统计信息，统计咨询和监督职能就是无源之水、无本之木。统计的咨询职能是统计信息职能的延续和深化,其能使统计信息对科学决策、管理和人们的实践发挥作用。统计的监督职能是在统计信息职能、咨询职能基础上的进一步拓展,它可以通过对统计信息的分析研究来评价和检验决策、计划方案的科学性、可行性,并及时对决策、计划执行和管理过程中出现的偏差提出矫正意见。统计监督职能的强化,必然会对统计信息职能和咨询职能提出更高的要求,从而促进统计信息职能和咨询职能的优化。统计的信息职能、咨询职能、监督职能三者之间具有相辅相成的关系,只有形成合力,提高三者的整体水平,才能够使统计在现代化管理中发挥重要作用。

(二)统计的作用

①认识社会的有力武器;

②制定政策的基本依据;

③政府宏观调控的基础;

④经济管理的重要手段;

⑤宣传教育和科学研究的重要工具。

第三节 统计学方法在高校财务管理中的应用

一、统计学方法概述

统计学方法主要是一种能够对数据进行收集、整合、分析及解释的方法,能够依据所统计的有关数据得出结论,对所反映的问题展开分析。针对同种统计法的资料选取,通过不同的统计学分析法最终得出的结论存在较大的差异。由此应当选择正确的统计学方法,其一,主要根据具体研究的目的,相关研究水平及研究因素;其二,根据数据间所存在的相应特征,对有关样本量的大小加以明确;其三,在针对统计学资料加以选择过程中,能够针对其主要类型加以正确判断,包括等级资料、计量及计数等,选用最为合适的统计学方法,完成对数据的最终处理计算;其四,根据有关资料的实际情况及统计学原则等,选用最为科学合理的统计学分析方法。

二、统计与会计两者之间的关系

在高校开展财务管理过程中,核算体系所存在的统计及会计作为该体系的关键组成部分。在整个体系中统计与会计是相互独立的，同时又是密不可分的。在绝大多数情况下，统计学及会计学在具体的发展过程中形成相互辅助、相互发展的关系。

在整体会计领域内，统计学方法被广泛应用，其中有绝大多数的会计方法，主要是基于统计学方法而逐步演变发展所得。如财务会计中所实施的加权移动平均法、管理会计领域所实施的时间序列法等。在统计学方法中，会计方法也被广泛运用，绝大多数的统计学方法，都需要基于会计方法而逐步实施。包括设置循环账户、编制资产负债表等。

三、高校财务管理工作应用统计学方法的意义及具体运用

（一）高校财务管理工作应用统计学方法的意义

将统计学方法运用于高校财务管理工作中，能够更好地满足高校开展财务管理的工作需求，同时也顺应高校的运营发展需求。统计学能够行之有效地将不同部门及单位之间的成果加以反应，同时对高校的未来发展方向有所点明。统计学方法在高校财务管理工作中十分关键，我们应当将统计学方法研究好、学习好并对其熟练运用，从而使高校工作能够更加高效，顺应高校的未来发展。

（二）高校财务管理工作运用统计学方法

1. 统计学方法运用于高校财务会计工作

在开展高校财务会计工作过程中，通过广泛运用统计学方法，基于一定层面，高校的财务管理会计核算工作开展中所具备的静动态三要素，主要指的就是需要确保在运用统计学方法时，保证最终取得的有关目标及时期指标相符。基于另一层面在高校财务管理的财务会计计量核算工作开展过程中，通过借助加权平均法、移动平均法等，基于统计方法的本身计算原理为基础。除此之外运用统计学方法于高校财务会计工作开展中，偿还债务能力、盈利能力等多方面的比率计算，同样是基于统计学方法为结算原理展开。

2. 统计学方法运用于高校管理会计工作

高校财务管理工作中，具体的管理会计工作为高校的进一步发展提供决策性建议，一直以来都全面融入高校的科研工作、教学工作，以及高校本身的运营管理工作中。在高校的管理会计工作中，运用统计学方法，能够更加高效地实现对高校财务方面的预测、控制、分析，比如运用回归分析法、层次分析法等多种方法。

四、高校财务管理统计方法应用创新途径

（一）普及计算机应用知识

高校财务管理工作的关键是实现对有关会计信息的采集、整理及分析，除了需要将统计学方法应用其中，还应当合理有效地使用计算机等技术工具。因此高校财务管理工作人员势必需要掌握相应的计算机知识，具备计算机软件运用能力。现阶段绝大多数统计学方

法在应用过程中，都需要借助计算机软件完成，这对高校财务管理工作人员的计算机操作能力提出了较高要求。如果财务管理工作人员并未具备相应的计算机设备操作能力，那么必然会在很大程度上阻碍统计学方法在高校财务管理工作中的应用。同时会在很大程度上对统计人员与会计人员之间的沟通交流造成一定阻碍。由此应当定期或不定期地组织财务管理工作人员，参与计算机操作知识的培训，对其普及有关计算机设备的运用知识，有效提高工作人员对计算机软件的使用熟练度。

（二）健全教育成本核算机制

为了逐步健全教育成本的有关核算机制，满足高校财务管理的工作需求，可以基于如下方面逐步完善：设置多栏式的辅助账目，采提取折旧等系列化的措施，针对有关教育支出实施全面化的核算。正确制定高校教育工作开展中具体使用的成本开支标准及相应范围的最终准则教学工作中所耗费的相应人力、财力、物力等，借助统计学方法进行计算。实施提取折旧措施，根据教学成本本身的实际情况，构建成本管理评价体系，完成教学有关费用支出、教学仪器设备占用率、有关图书资料的应用类、教学投入下频率及教学师生比等的核算。借助统计学方法，实施教学成本管理，减少教学成本投入，提高教学效率。

（三）提高财务会计工作人员、统计工作人员的分工协作能力

在开展高校财务管理工作过程中，首先，应加强会计工作与统计工作这两个工作板块之间的借鉴沟通协调力；其次，应当重视有关会计信息的收集整理；最后，应当提高会计工作人员及统计工作人员之间的协作能力，比如在会计工作开展中，相应的财务管理分析报告，应当交由会计工作人员及统计工作人员，两者互相协助完成。进而提高会计人员及统计人员的整体合作能力，从而推进统计学方法运用于我国高校的财务管理工作中。

（四）构建科学合理的财务管理指标

根据高校的教学工作开展及运营中的效益目标，构建相应的科学化财务指标体系，始终围绕企业本身的运营能力、盈利能力、发展能力等多种要素加以确定。同时与统计学计算原理相结合，实现对高校运营中的成本、投入、资金等方面展开统计分析。尤其是针对高校的教学多方面投入及经济收益方面，可以取得更加良好的效果。在实施单项的资产风险及收益研究方面，通过完成对收益率的计算、制定相应的收益率框图、对标准差、变异系数的计算，从而完成对高校财务项目的预测计算。除此之外还需要借助财务电算化管理平台，实现与电子信息技术的相结合，构建针对性实用性财务电算发展平台。能够基于所收集的有关财务管理信息，借助 Matilab 专业软件，将统计学分析中的有关软件加以整理，从而将统计学运用于高校财务管理工作开展中，确保其信息采集及处理更加精准高效。

（五）创新高校财务管理方法加强统计学运用

在我国当前高校财务管理工作开展中，不仅要重视以统计学方法运用为主的创新过程，

还要重视我国高校的财务管理创新方法，从而加强统计学方法在高校财务管理工作中的运用。在高校财务管理工作中，广泛运用沃尔评分法，此种方法能够根据有关财务指标，完成不同指标权重的划分，并能够对比分析不同比率指标的标准数值，最终得出不同经营财务状况评价方法。在高校的财务管理工作开展需要收集大量财务信息情况下，根据不同财务信息之间的不同比率权重分配，之后根据不同行业间的相应财务水平，作为不同财务比率的主要统计标准数值。从而实现将高校的财务管理工作开展中最终所得出的有关财务比率，借助沃尔评分法实现标准值及实际值的对比相较，更好地实现高校财务管理的定量化评价分析。

随着我国现如今社会市场经济的飞速发展，我国各大高校财务管理工作的开展，无论是基于管理内容还是管理形式，都会产生较大的变革。要想更好地顺应这一高校财务管理工作变革，势必要沉着冷静地做出相应改变，从而有效减少具体变化对高校财务管理工作的开展造成不良影响。同时应当及时转变传统高校财务管理工作理念，提升自身的综合素养及财务管理意识。在开展高校财务管理工作过程中，合理有效地使用统计学方法尤为关键，是确保高校财务管理工作开展有序性的关键措施，统计学方法更是在高校财务管理中得以创新，财务管理有关工作人员，也更应当重视对自身审计、财政税收、经济管理及计算机、经济法规等诸多方面的广泛学习，从而有效减少统计学方法运用中，高校财务管理所存在的相应问题，推进高校在下一阶段开展财务管理工作中，能够取得更加良好的发展，提高财务管理工作开展整体效率。

第七章 统计数据理论与应用

第一节 静态数据的应用

静态数据，又称截面数据，是在同一总体、同一时点（或同一时间）、不同统计单位截面上的调查数据。例如，工业普查数据、人口普查数据、家庭收入调查数据等。

静态数据的特点：相同时间，不同统计对象，相同统计指标，按统计单位排列数据，数据具有离散性、个体性、差异性等。

静态数据分为单变量静态数据、双变量静态数据及多变量静态数据。

一、单变量静态数据的应用

单变量静态数据是对同一时点（或同一时间）、同一总体内的不同统计单位所承载的一个数量标志进行一系列观察所得到的一列（或一行）数据。

单变量静态数据的特点：同一时点（或同一时间）的某种经济现象（一种标志），突出统计单位之间的差异，数据按单位排列成一列（或一行）。

单变量静态数据主要用于计算总量指标、结构相对指标、比较相对指标、比例相对指标、平均指标、变异指标和参数估计、假设检验等。

（一）编制频数分布表，粗略把握数据的分布特征

对单变量静态数据的分析首先需要编制频数分布表，再根据频数分布表产生常用的条图、饼图、直方图等。在此基础上粗略地把握单变量静态数据的分布特征。所谓分布特征有4种：集中趋势、离散态势、偏态、峰度。

集中趋势：频数分布数列中各观察值有一种向中心集中的趋势，在中心附近的观察值数目较多，而远离中心的观察值数目较少。

离散态势：频数分布数列中各观察值存在差异，表现出偏离中心的态势。

偏态：频数分布数列中各观察值分布在中心两侧不对称的程度，反映偏离正态分布的程度。

峰度：频数分布数列中各观察值不均匀分布的程度，反映偏离正态分布的程度。

（二）计算统计指标，量化数据的分布特征

计算总量指标，反映在一定时空条件下的社会经济现象总规模或绝对水平。计算总量指标，是认识社会经济现象总体的起点，是宏观管理的依据，是计算相对指标和平均指标的基础。

计算相对指标，反映现象总体在时间、空间、结构、比例以及发展状况等方面的对比关系。计算相对指标，将对比的总量指标的绝对水平及其差异抽象化，为不能直接对比的社会经济现象总体找到共同比较的基础，从而增强人们判断和鉴别纷繁复杂事物的能力。

计算平均指标，反映各总体单位标志值的集中趋势和标志值的一般平均水平。计算平均指标，揭示现象的依存关系，比较在同一时期同类现象在不同地区、不同单位的一般发展变化水平，用于评价总体各单位的工作质量和效果。

计算变异指标，反映标志值的离散程度和标志值的一般平均差异水平。计算变异指标，衡量平均指标的代表性，如果变异指标值越小，平均指标值的代表性就越大；如果变异指标值越大，平均指标值的代表性就越小。

（三）计算估计量，把握总体数据的分布特征

估计量是一个随机变量，是一个样本函数，用这个样本函数来估计总体，推算总体的数量指标，研究总体的数量特征。

在对数据进行描述、掌握了数据的分布特征以后，就可进行参数估计与假设检验。

1. 单变量静态数据推断——参数估计

所谓参数估计就是用抽样指标来推断总体指标。参数估计分为点估计和区间估计。

点估计是用样本指标值作为估计量来直接估计相应的总体指标值：用样本平均数估计总体平均数，用样本成数估计总体成数，用样本方差估计总体方差，等等。

区间估计是用样本指标值作为估计量来估计相应的总体指标的数值范围：用样本平均数估计总体平均数的置信区间，用样本成数估计总体成数的置信区间，用样本方差估计总体方差的置信区间，等等；用两个样本平均数之差估计两个总体平均数之差的置信区间，用两个样本成数之差估计两个总体成数之差的置信区间，用两个样本方差之比估计两个总体方差之比的置信区间，等等。

2. 单变量静态数据推断——假设检验

所谓假设检验就是先对总体提出一个假设，再用抽样获得的样本信息去检验这个假设

是否成立。假设检验分为单样本假设检验和双样本假设检验。

单样本假设检验就是用一个样本信息去检验总体假设：用样本平均数检验假设的总体平均数，用样本成数检验假设的总体成数，用样本方差检验假设的总体方差，等等。

双样本假设检验就是用两个独立的样本信息去检验总体假设：在同一总体中抽取两种不同处理的两个样本，用两个样本的平均数来检验其两种不同的处理是否存在显著性的差异。在两个总体中分别抽取一个样本，用其样本平均数之差、样本成数之差、样本方差之比来检验两个总体是否存在显著性的差异。

二、双变量静态数据的应用

双变量静态数据是对同一时点（或同一时间）、同一总体内的不同统计单位的两种标志进行一系列观察所得到的数据。

双变量静态数据的特点：同一时点（或时间）的两种现象（两种标志），突出变量之间的联系。

双变量静态数据分三种类型：两个变量均为类型变量、两个变量均为数值变量、一个类型变量和一个数值变量。

（一）两个变量均为类型变量的数据应用

1. 列联表

当两个变量都是类型变量时，它们之间的联系可称为关联，研究关联关系的方法是列联表分析法。

列联表是按两种质量标志对一组观测值进行交叉分组所得到的频数分布表，表的横标目是一个质量标志的各个名称，表的纵标目是另一个质量标志的各个名称，表心各格列出同时联系于横行某特定标志名称和纵行某特定标志名称的观测值的频数。

在表的右边栏列出各行频数的合计，在表的底行列出各列频数的合计，在表的右下角列出频数总计。

2. 编制交叉表

交叉表更直接地反映交叉分组的结构关系。交叉表中的比例关系揭示了两变量间的关联。如果各个行百分比与合计列百分比（或者各个列百分比与行合计百分比）基本一致，则可以认为两变量不关联；否则，认为两变量关联。当两变量关联时，较大的纵百分比表示有较强的联系；较小的纵百分比表示有较弱的联系。表明较强联系的纵百分比往往趋于交叉表表心的一条对角线位置，而表明较弱联系的纵百分比则趋于另一条对角线位置。

3. 关联推测指数

若两变量存在关联，用一变量（自变量）推测另一变量（因变量），使得推测的盲目性降低的幅度称为关联推测指数，关联推测指数公式如下：

$$\lambda_{y,\,x} = \frac{\displaystyle\sum_{j=1}^{k} \max(f_{ij})_j - \max(f_{i.})}{n - \max(f_{i.})} \tag{7-1}$$

式中，$\lambda_{y,x}$——表示为自变量，y 为因变量的关联推测指数；

　　　n——表示观察值总数；

　　　$\max(f_{i.})$——表示行合计中的最大值；

　　　$\max(f_{ij})_j$——表示第列的交叉分组频数的最大值。

(二)两个变量均为数值变量的数据应用

当两个变量都是数值变量时，它们之间的联系称为协变。研究协变关系的方法采用相关和回归分析的方法。相关分析和回归分析只是从数据出发定量地分析变量间相互联系的手段，并不能揭示现象之间的本质联系，不能仅凭数据进行相关分析和回归分析，需要结合实际经验去分析，才能把握事物的客观规律性。

1. 从数据看现象的相关性

事物具有"质"和"量"两个方面，应用统计学既研究事物"质"的方面，又研究事物"量"的方面，但重点研究事物"量"的方面。从两种现象间的本质联系去判断现象的相关性，并由实质性科学加以说明，是对现象"质"方面的研究——定性研究。从现象所承载的数据列判断现象的相关性，是对现象"量"方面的研究——定量研究。现象之间有没有关系、是什么关系，需要定性与定量相结合才能把握。

定性定量研究两种现象的相关性有多种可能性，见表7-1。

表7-1　定性定量研究两种现象的可能性

定性研究	定量研究	
	无相关性	有相关性
无相关性	没有相关性	没有相关性,数据出现巧合 有可能没有认识到它们的相关性
有相关性	有相关性,但不是线性相关	有相关性,但没有因果关系或分不清因果或互为因果 有相关性,有因果关系(直线形或曲线形)

2. 从一种现象的数量推算另一种现象的数量表现

很多现象之间存在相互联系、相互制约的关系，可以根据已收集到的有关实际资料和现象之间的对应关系间接地推算所需的统计资料。例如，根据生活费用指数推算货币购买力指数等。从一种现象的数量推算另一种现象的数量表现的步骤如下。

(1)确定因果关系

用定性分析的方法确定两种现象的因果关系：如果有因果关系(因果关系不能颠倒)，这两种现象所承载的数量对应关系可通过直接模拟回归方程来表示；如果没有因果关系(分不清因果关系或互为因果关系)，则根据研究的目的确定因果关系，再通过模拟回归方程来表示这两种现象所承载的数量对应关系。

(2)选择回归模型的类型

以表示自变量(横轴)、表示因变量(纵轴)建立直角坐标系,用坐标内的点来表示两变量(作散点图),根据点的分布规律判断两变量之间的回归关系类型。

第二节 时间序列数据的应用

时间序列数据是针对同一主体在不同时点(或不同时间)的调查数据,也称动态数据,例如,我国历年人口发展数据、某企业逐月产品统计数据、某高校历年毕业生人数记录数据等。时间序列数据的特点:相同统计对象,不同时间,不同统计指标,按时间先后次序排列数据,数据具有连续性、差异性等。时间序列数据主要用于计算时间序列指标、指数和预测,时间序列指标描述事物动态发展变化的规律,指数描述事物变动和空间对比关系,预测是根据事物发展的过去、现在预计事物发展的将来。

一、时间序列的作用、种类和编制原则

(一)时间序列的作用

时间序列描述客观现象的发展过程和结果,为研究客观事物的动态发展提供依据,其作用如下。

①描述社会客观现象在不同时间的发展状态和过程。

②说明事物的比例关系,揭示事物变动的程度。

③考察社会经济现象发展变化的方向、速度、趋势及其变化的规律。

④预测社会经济现象未来的变化状态。

⑤时间序列是历史资料的积累,可以系统地保存资料。

(二)时间序列的种类

根据统计指标的性质将时间序列分为绝对数时间序列、相对数时间序列、平均数时间序列。

1. 绝对数时间序列

绝对数时间序列是由一系列同类总量指标(绝对数)按时间先后顺序排列而形成的数列,反映某种现象在各个不同时期所达到的绝对水平及其发展变化的情况。按其反映的社会现象性质不同,又分为时期序列和时点序列。

（1）时期序列

时期序列是以时期数指标值排列而成的绝对数时间序列，反映某种现象在一段时期内的累计量。例如，按时间先后顺序排列的我国历年的国内生产总值就是一个时期序列，序列中的每一个指标值都汇总了一整年国内生产总值，是一个连续生产过程创造的工作成果总量。

时期序列有以下几个特点：

①可加性。序列中各指标值相加，其结果表示研究现象在更长时期内发展的总量。例如，一月、二月、三月的产值加起来，表示第一季度的总产值。

②与时期相关性。在时期序列中每一个指标所包括的时间长度叫作"时期"。一般而言，时期越长，指标数值越大；反之，则越小。例如，某企业一年的产值要大于该年内某个月的产值。

③连续性。时期序列中的各指标值是反映现象在一段时间内发展的累计总量，必须对这段时间内发生的数量进行逐一登记并累计。

（2）时点序列

时点序列是以时点数指标值排列而成的绝对数时间序列，反映某种现象在一定时点（瞬间）上的发展状况。

时点序列中，每一个时点只是一个瞬间，因此无时点长度之说。相邻两个时点的间隔，叫作时点间隔。在进行统计调查时，对于变动频率慢的，宜选择较长的间隔，反之，可选择较短的间隔。例如，对于全国人口数，可选择间隔一年以上的时点间隔，而企业商品的库存量则可每月末统计一次。

时点序列有以下几个特点：

①不可加性。将构成时点序列的数值相加没有实际意义。

②与时点间隔无关性。时点序列中的指标值反映某一具体时刻（瞬间）上的时点现象，其大小不受间隔长短影响。例如，某企业产品当月末的库存数比当年末库存数可能大也可能小。

③间断性。时点指标反映现象在某一时刻上的数量，只需在某一时点上进行统计该时点资料，不必进行连续登记。

2. 相对数时间序列

相对数时间序列是指由一系列同类的相对指标数值所构成的时间序列，反映客观现象之间相互联系程度的发展过程。

相对数时间序列是两个总量指标时间序列进行对比而得的派生数列，由于对比的分子分母性质不同，又分为三种对比序列，即两个时期对比序列，两个时点对比序列和一个时期序列与一个时点序列。在相对数时间序列中，各个指标值是不能相加的。

3. 平均数时间序列

平均数时间序列是由一系列同种平均指标按时间先后顺序排列而成的时间序列，反映客观事物不同时期一般水平的发展变化过程。例如，各个时期职工的平均工资所形成的动态数列就是平均数时间数列。

无论是哪一种平均时间序列，都是由绝对数时间按序列派生而来的，其各项指标数值不能相加。

（三）时间序列的编制原则

编制时间序列的基本要求就是要保证数列中各项指标值的可比性，在编制时间序列时要遵循以下原则。

1. 时间长短要统一

时期序列各项指标数值大小与时期长短有关，各指标值包括的时期长短相等，序列中各指标值具有可比性。有时为了特殊的研究目的（如研究现象在各个历史阶段的发展变化情况），也可编制时期长短不等的时间序列。虽然时点序列中各指标值不涉及时期长短的问题，但是时点序列指标数值间的时间间隔相等便于分析对比。

2. 总体范围统一

时间序列中各时期指标值的大小与其包括的总体范围有直接关系，如果总体范围发生了变化，前后时期的指标值就不能直接对比。

3. 含义要统一

时间序列中各个指标内容的同质性，要求指标值反映的内容一致，不能只看指标名称而不了解它们的内容在历史上的变化。

4. 计算方法要统一

采用什么方法计算，按照何种价格或单位进行计量，编制时间序列时要有明确指示，保证前后各期统一，各个指标值都要保持前后一致。

二、水平指标

编制时间序列做动态分析，包括对现象发展水平的分析和对现象发展速度的分析。发展水平的指标包括发展水平、增长量、平均发展水平、平均增长量。

（一）发展水平

发展水平是时间序列的每一项具体指标值（指标一般用总量指标，也可用相对指标，还可用平均指标），反映客观现象在一定时期或时点上所达到的规模或水平，是计算其他动态分析指标的基础。

时间序列中第一项水平是最初水平，最后一项水平是最末水平，除最初水平和最末水平以外的各项水平叫作中间水平。

发展水平的概念不是固定不变的,它们随着研究目的的改变而改变。

(二)增长量

增长量是说明时间序列水平在一定时期内增长的绝对数量的指标。其计算公式为:

$$增长量 = 报告期发展水平 - 基期发展水平 \tag{7-2}$$

增长量可为正值,也可为负值。增加时为正,减少时为负。根据研究目的不同,选择基期也有所不同,因而增长量可分为累计增长量、逐期增长量和年距增长量三种。

1. 累计增长量

累计增长量是报告期发展水平与某一固定时期发展水平(通常为最初水平)之差,说明现象在一定时期内总的增长量(或减少量),通常将固定时期水平选为时间序列的最初水平,累计增长量可分别表示为:

$$a_1 - a_0, \ a_2 - a_0, \ a_3 - a_0, \ \cdots, \ a_{n-1} - a_0, \ a_n - a_0 \tag{7-3}$$

2. 逐期增长量

逐期增长量是报告期水平与其前一期水平之差,说明报告期比前一期增长或减少的绝对数量,用符号表示为:

$$a_1 - a_0, \ a_2 - a_1, \ a_3 - a_2, \ \cdots, \ a_n - a_{n-1} \tag{7-4}$$

累计增长量等于相应时期的逐期增长量之和,即:

$$a_n - a_0 = (a_1 - a_0) + (a_2 - a_1) + \cdots + (a_n - a_{n-1}) \tag{7-5}$$

逐期增长量等于相应时期的累计增长量与前一期累计增长量的差额,即:

$$a_n - a_{n-1} = (a_n - a_0) - (a_{n-1} - a_0) \tag{7-6}$$

3. 年距增长量

年距增长量又称同比增长量。在实际工作中,为了消除季节差异的影响,经常以计算可比口径的年距增长量来反映不同年份相同季节的实际变动状况。其计算公式为:

$$年距增长量 = 本期发展水平 - 上年同期发展水平 \tag{7-7}$$

(三)平均发展水平——序时平均数

序时平均数是指对时间序列中不同时间上的指标值加以平均所得的平均数,反映现象在一定时间上的一般水平。序时平均数消除现象在短时间内波动的影响,便于在各时间段之间进行比较,便于对同一现象在不同历史阶段的变化状况进行比较,便于对不同单位、不同地区、不同部门或不同国家在某一时间内某一现象发展的一般水平进行比较。

1. 绝对数时间序列的序时平均数

(1)时期序列的序时平均数

时期序列中的各项指标反映事物在一段时期内发展的结果,其序列中各项指标数值相加等于全部时期的总量,直接用序列中各时期指标值之和除以时期项数即得序时平均数。

其计算公式为：

$$\bar{a} = \frac{\sum\limits_{i=1}^{n} a_i}{n} \qquad (7\text{-}8)$$

式中，$\bar{a}$——平均发展水平，即序时平均数；

　　a_i——各个时期的发展水平；

　　n——时期序列的项数。

（2）时点序列的序时平均数

通常把间隔用"日""天"表示的时间序列称作连续时点序列；否则就称作间断时点序列。无论是连续时点序列，还是间断时点序列，都存在时间间隔相等与不相等的情况，所以时点序列的序时平均数的计算分以下四种情况：

①间隔相等的连续时点序列序时平均数的计算。

②间隔不相等的连续时点序列序时平均数的计算。

③间隔相等的间断时点序列序时平均数的计算。

④间隔不相等的间断时点序列序时平均数的计算。

2. 相对数时间序列的序时平均数

相对数时间序列属于派生序列，它是由两个具有密切联系的绝对数时间数列相对比而形成的，一般不宜直接将数列中的相对数简单加总平均，而应分别计算出构成相对数时间序列的分子序列与分母序列的平均发展水平，然后进行对比，求得相对数时间序列的序时平均数。其计算公式为：

$$\bar{c} = \frac{\bar{a}}{\bar{b}} \qquad (7\text{-}9)$$

式中，$\bar{c}$——相对数时间序列的序时平均数；

　　$\bar{a}$——分子项总量指标时间序列的序时平均数；

　　$\bar{b}$——分母项总量指标时间序列的序时平均数。

相对数时间序列序时平均数可分为两个时期序列对比而形成的序时平均数，两个时点序列对比而形成的序时平均数、一个时期数列与一个时点序列对比而形成的序时平均数等三种类型。时点序列又分为连续序列和间断序列，间隔相等序列和间隔不相等序列，这样相对数时间序列序时平均数又可细分为很多种。

三、速度指标

速度指标是动态分析指标，可用来分析和比较某现象在不同发展时期、不同地区、不同部门和不同国家之间的发展变化程度。时间序列的速度分析主要研究发展速度、增长速度、平均发展速度和平均增长速度、增长百分之一的绝对值。

（一）发展速度

发展速度是以相对数形式表示的两个不同时期发展水平的比率，它用来反映现象在一定时期的发展方向和变化速度。发展速度一般用百分数表示，若对比结果数值很大时，可以用倍数表示。其计算公式为：

$$发展速度 = 报告期水平 / 基期水平 \tag{7-10}$$

发展速度由于采用的基期不同，可分为环比发展速度和定基发展速度两种。

1. 环比发展速度

环比发展速度是报告期水平与前一期水平对比所得的动态相对数。它说明报告期水平已经发展到了前一期水平的百分之几（或多少倍），表明这种现象逐期的发展程度。其计算公式为：

$$环比发展速度 = 报告期水平 / 报告期前一期水平 \tag{7-11}$$

如果计算的单位时期为一年，这个指标也可以叫作"年距发展速度"，年距发展速度主要是为了消除季节变动的影响。

2. 定基发展速度

定基发展速度是用报告期水平与某一固定基期水平对比所得的动态相对数。它说明报告期水平对某一固定时期水平的变动程度，表明这种现象在较长时期内总的发展速度。其计算公式为：

$$定基发展速度 = 报告期水平 / 某一固定基期水平 \tag{7-12}$$

（二）增长速度

增长速度是反映社会经济现象增长程度的动态相对数，它可以根据增长量与基期水平对比求得，用以说明报告期水平比基期水平增加了多少倍（或百分之几）。其计算公式为：

$$增长速度 = （报告期水平 - 基期水平） / 基期水平 = 发展速度 -1 \tag{7-13}$$

显然，当发展速度大于1或100%时，相应的增长速度就大于0，表明现象正增长；当发展速度小于1或100%时，相应的增长速度就小于0，表明现象负增长。

增长速度根据采用的基期不同，可以分为环比增长速度和定基增长速度两种。

1. 环比增长速度

环比增长速度是逐期增长量与前一期水平对比得到的动态相对数，用来反映现象逐期增长的程度。其计算公式为：

$$环比增长速度 = 逐期增长量 / 前一期水平 = 环比发展速度 -1 \tag{7-14}$$

2. 定基增长速度

定基增长速度是报告期的累计增长量与某一固定基期水平（通常为最初水平）对比得到的动态相对数，用来反映现象在一段时期内总的增长速度。其计算公式为：

$$定基增长速度 = 累计增长量 / 固定基期水平 = 定基发展速度 -1 \tag{7-15}$$

定基增长速度和环比增长速度都是发展速度的派生指标，它们只反映现象增长部分的相对程度。环比增长速度与定基增长速度这两个指标之间没有直接的换算关系。

四、时间序列趋势外推预测

我们假定一个时间序列具有某种随时间变化的趋势，其过去的变化趋势会延续到未来，那么，就可以根据历史数据变化规律预测将来。

（一）直线趋势外推法

直线趋势外推法就是根据具有线性变动趋势的历史数据拟合成一条直线（建立直线回归模型）进行预测的方法。直线趋势外推适用于历史数据逐期增长大体相同的预测对象的中长期预测。

直线趋势外推公式：

$$\hat{y} = kt + b$$
$$k = \frac{12 \sum ty}{n(n+1)(n+2)} \tag{7-16}$$
$$b = \bar{y}$$

式中，n——样本容量，取偶数。

（二）指数曲线趋势外推法

指数曲线趋势外推法是指根据预测对象具有指数曲线变动趋势的历史数据拟合成一条指数曲线模型进行预测的方法。指数曲线趋势预测法适用于历史数据环比系数大致相同的预测对象。

指数曲线趋势外推公式：

$$\hat{y} = a \cdot b^t \tag{7-17}$$

这个方程可化为直线型 $\ln y = \ln a + t \ln b \Rightarrow y' = A + kt$，按照直线趋势预测法求参数 k、A，然后再求 k、A 的反对数，得到 a、b，然后建立指数曲线回归方程。

第三节　统计分析报告的写作

前面的统计数据应用获得成果以统计分析报告为载体反映出来。统计分析报告运用大量统计数据来反映、研究和分析社会经济活动的现状、成因、本质和规律，并做出结论，提出解决办法的一种统计应用文体。统计分析报告是统计工作的最终成果，是衡量统计工作水平的综合标准。高质量的统计分析报告，来自高质量的统计设计、统计调查、统计整理、统计分析和统计分析写作。统计分析报告的写作是整个统计工作的最后阶段，以下讨论如何做好这最后阶段的工作。

一、统计写作的原则、特点和类型

（一）统计分析报告的写作原则

1. 充分性原则

要有充分的统计资料和充分的统计分析研究才能写出好的统计分析报告。材料收集整理不完备，匆匆忙忙地写，写不出好的统计分析报告。有了大量的资料，不用统计分析的方法去研究，也写不出好的统计分析报告。统计分析报告是统计分析研究成果的表现，缺乏统计资料，就缺乏统计写作的基础，缺乏统计分析研究，也就表现不出统计工作的成果。因此，在统计分析报告写作之前要做大量的准备工作。首先要收集大量的资料，并深入实际，掌握情况，打下扎实的写作基础。其次，对获得的统计资料进行认真分析综合，得出正确的观点，反复思考主题与材料的关系，文章应该怎么写，要心中有数。写作时用观点驾驭材料，用材料说明观点。

2. 反映应用统计思想原则

统计分析报告要体现出本书开头提出来的"应用统计思想"，准确地反映事物间的关系，客观地描述事物的本质。统计分析报告要用数据说话，使研究结论符合客观事物的本来面目，使统计分析报告反映恰当。

3. 生动性原则

统计分析报告要语言生动、内容生动，就必须做到准确、简洁、鲜明、通俗。准确，就是要如实地、贴切地、恰如其分地反映客观事物。简洁，就是简单明了、干净利落、思路清晰，抓住事物的本质和关键，不说空话、套话、废话。鲜明，就是直截了当、旗帜鲜明，能吸引人，能打动人。通俗，就是使人一看就懂，易于理解和接受，要深入浅出，不故弄玄虚。

（二）统计分析报告的写作特点

统计分析报告既要遵循一般文章写作的普遍规律和要求，又要在写作格式、写作方法、数据运用等方面有自身的特点和要求。

1. 方法特有性

统计分析报告运用特有的"统计数据的应用"方法，全面地、深刻地研究和分析社会经济现象的发展变化。统计分析的方法比经济分析的方法更灵活、更具体、更全面。统计分析不像数学分析——只分析抽象数量关系和空间形式，而是在具体时间、地点、条件下研究各种数量关系和数量界限，并通过定量研究，上升到定性的认识。

2. 数量性

统计分析报告以反映社会经济情况的统计数量为基础，以统计数字为主要语言，以统计表和其他统计方法直观地反映事物之间的联系。统计分析报告所占用的统计数据不是个别的、简单的，而是复杂的、大量的，通过这些数据的分析可反映社会经济现象普遍性问题。统计分析报告运用的数字语言（包括统计表和统计图），从数量方面表现事物的规模、水平、构成、速度、质量、效益等情况，并把定量分析与定性分析结合起来，通过确凿、翔实的数字和简练、生动的文字进行说明和分析。没有统计数字的运用，就不能称为统计分析报告。

3. 准确性

统计分析要求用准确的数据说明观点。它既要反映客观事物（被研究对象）的数量特征和数量关系，又要揭示事物间的联系和本质。如果所依据的统计数据不准确，或者没有通过定量分析得出准确的结论，或者脱离数据空泛议论，就都不是好的统计分析。准确是统计分析报告乃至整个统计工作的生命。统计分析报告的准确性除数字准确、情况真实之外，还要求论述有理、观点正确、建议可行等。

4. 时效性

统计分析的实用性决定统计分析的时效性。同样的信息，先提供，是"及时雨"；后提供，是"雨后送伞"。统计分析报告具有很强的时效性。失去了时效性，也就失去了实用性。要保证统计分析报告的时效性，统计人员要有"一叶知秋""见微知著"的敏感度，要有争分夺秒的时间观念，要有连续作战的工作作风。争取"雪中送炭"，避免"雨后送伞"，把统计分析报告提供在领导决策之前和社会各界需要之时。

5. 实用性

统计分析报告是统计工作的最终成果，为领导科学决策提供参考，满足社会各界了解形势、制定政策、编制计划、经营管理、检查监督、总结评比、科研教学等方面的实际需要。它不但反映信息，还能进行分析研究，能进行预测，能指出工作中的不足和问题，能提出有益于今后工作的措施和建议。

6. 通俗性

统计分析报告是一种说明和议论相结合的文章，以事实来叙述，以数字来说话，在开展中议论，在议论中分析。统计分析报告，在写作上大众化，在理论上深入浅出，在文字上简明朴实（少用"术语""行话"，不夸张、不虚构），在语气上平易近人，要让"专家看得起、群众看得懂"。

（三）统计分析报告的类型

1. 进度性统计分析报告

进度性统计分析报告是以定期统计数据为主要依据，辅以其他必要的统计调查资料，对被研究对象（宏观、微观）的发展动态进行分析的一种统计分析报告。其特点是进度性、时效性、针对性、灵活性。这类统计分析报告主要适用于以下几个方面。

（1）统计报表说明

统计报表说明，又称文字说明。这种说明，主要是对报表的数据作文字的补充叙述，帮助领导审查报表，以保证数字的质量。严格地说，统计报表说明只是附属于统计报表，不能独立成篇，也无完整的文章形式。但由于它具备统计分析报告的基本特点，我们可以把它看作统计分析报告的雏形。

统计报表说明，文字简明，直截了当，没有标题，没有开头和结尾，没有严格的要求，文中的各个段落有其独立的内容，结构呈并列式，条理清晰。写统计报表说明时要注意以下几个方面。

①与报表无关的内容不应写进文字中。

②可对整个报表做综合说明，也可只对报表中的某些统计数字加以说明。

③可作出简要的分析，不宜论述过多，如需要深入研究，应另写专题分析。

（2）快报

快报是一种定期统计分析报告，突出一个"快"字。常用于反映生产进度、工程进度等，便于领导了解情况，对生产和工作进行及时指导。快报所涉及的统计指标少而精（有代表性，能反映主要方面的数量情况）。快报的写作规范：指标项目相对稳定，便于观察进度和对比；标题基本固定；结构简单，先列出反映情况的主要数字，接着写文字情况；文字简明扼要。

（3）计划执行情况

计划执行情况的统计分析报告是检查计划执行情况的定期统计分析报告，有实际数、计划数，还有计划完成相对数。通过计划完成对比分析，找出计划执行过程中存在的问题，提出对策建议，以保证计划的顺利完成。写作规范：统计指标相对稳定，以便进行对比检查；标题固定或变化（突出某些特点）；结构——开头总说计划完成情况，然后进行分析，提出建议。

（4）总结分析

这是对一定时期社会经济发展情况进行总结分析的统计分析报告，不是工作总结、技术总结等。总结分析报告有综合总结、部门总结和专题总结。总结分析的对象是本地区、本部门或本单位的社会经济发展情况、经验教训。标题形式不拘一格。文章结构规范——开头简要总说，接着写成绩与问题、经验体会与教训、今后的方向和目标，最后写建议，每个部分应设小标题，使层次更分明。通过分析总结，可以全面认识一个地区、部门或单位的社会经济形势，或某个方面的情况，以便发扬成绩，总结经验教训，制订新的措施，为今后工作创造更好的条件。

2. 专题性统计分析报告

专题性统计分析报告是对社会经济现象的某一方面或某一个问题进行专门调查或深入

研究而形成的一种统计分析报告。专题性统计分析报告的特点：目标集中、内容单一、重点突出、形式灵活、认识深刻。专题性统计分析报告选题灵活，不受时间、空间的限制，可以分析战略性问题，也可以分析战术性问题。专题性统计分析报告是分析反映某个社会经济现象的具体状态，一般不涉及规律性问题，针对一个问题，单刀直入，深刻解剖，提出观点，分析问题，提出建议。它的重要作用是为领导制订某项政策或解决某个问题提供参考依据。

3. 综合性统计分析报告

综合性统计分析报告是从社会生产全过程或者是站在宏观的角度分析社会经济现象之间平衡关系的一种分析报告。其特点是全面性、系统性、客观性。

综合分析比较的类型主要有：从总体的各个方面分解和比较，从结构上分解和比较，从因素上分解和比较，从联系上分解和比较，从心理、思想上分解和比较，从时间上分解和比较，从地域上分解和比较，等等。

4. 统计调查报告

统计调查报告是通过非全面的专门调查来反映部分单位社会经济情况的统计分析报告，一般不直接反映和推论总体情况。统计调查报告的写作要点体现在以下4个方面。

①文章有明显的针对性，明确的调查目的。

②占有大量的第一手材料，用事实说话，要有一定的深度，发现其实质和典型意义。

③统计资料和生动情况相结合，少写或不写调查方法和调查过程。

④调查型统计分析报告的标题灵活多样、结构形式不拘一格。

5. 统计预测报告

统计预测是在认识社会经济发展趋势及规律的基础上，进行具体的定向和定量研究，预测社会经济发展前景，对制订方针、发展策略、编制计划、搞好管理等都具有很大的帮助。统计预测型分析报告是高层次的统计分析报告。

预测型统计分析报告的写作要点体现在以下3个方面。

①全文要以统计预测为中心，其他内容都要为预测服务。

②如果写给同行或专家看，可写数学模型的计算过程；如果写给领导和广大群众看，模型和计算过程可略去。

③中、长期预测，要体现战略性和规划性，文字可概略一些；近、短期预测要具体分析和估量，文字应详细、具体。

6. 统计研究报告

统计研究报告研究解决问题的办法或进行理论探讨，将具体状态上升到理论高度，提出理论性的见解或新的观点，是一种高层次的统计分析报告。

写作要点包括以下几个方面。

①在研究的题目确定之后可以拟订一个研究提纲。

②在具体分析的基础上，抽出其本质属性来认识事物。在抽象的基础上，把个别事物的本质属性推及为一般事物的本质属性。正确认识社会经济现象中的共性、普遍性和规律性。

③从多方面、多角度、多种资料、多个事实及多种逻辑方法来论证，做到论述严密、说理充分、没有漏洞。

7. 统计公报

统计公报是政府统计机关向社会公告重大社会经济情况的统计分析报告。统计公报是政府的一种文件，一般应由级别较高的统计机关发布，行文严肃，用语郑重，文字简练明确，情况高度概括，具有较强的政策性和权威性。

统计公报由反映事实的统计资料来直接阐述，不作过多地分析。统计公报的标题是一种公文式的标题，正文的结构是总分式。

二、统计分析报告的选题

（一）选题的概念、意义和原则

1. 选题的概念

选题，是指从复杂的社会经济情况和大量的统计资料中选择一个需要研究和反映的对象，确定分析研究的范围，确定统计分析报告的主题思想，确定规划统计报告的基本内容。选题是确定写作对象，选题决定标题，标题体现选题。统计分析报告的选题有三种：任务题，领导交办或上级部门布置的题目；固定题，定期统计报表制度进行定期分析的题目；自选题，来自统计资料、现实生活的选题。

2. 选题的意义

选题是写作过程最重要的环节。选题的好坏，关系到统计分析报告的编写能否顺利进行，关系到统计分析报告"销售"时是否"产品对路"、是否具有实用性、是否符合社会需求适应度。选题恰当，可以为之后的取材、分析、构思、表达等打下一个良好的基础。如果选题的难度超过了作者的能力或工作条件，写作也不会成功。人们常说："选好了题目就等于成功了一半。"这句话是有一定道理的。

3. 选题的原则

（1）针对性原则

①统计分析报告的现实针对性。统计分析报告的选题只能从实际出发，而不能靠想象、凭兴趣。有了针对现实的好的选题，编写出的统计分析报告才能展现社会经济发展的本来面目，才能源于实践又高于实践，对实践有一定的指导作用。

②统计分析报告的对象针对性。不同读者对象对统计分析报告有不同的需求，有的只是为了了解信息，有的是为了研究对策，有的是为了探讨理论，有的对某些问题需要经常

反映,有的对某些问题只需要一次性反映,等等。要认真地研究不同层次的读者的不同需求,因人、因事、因地、因时地选题。

（2）新颖性原则

选题新颖,编写出的统计分析报告才可能有新的内容或新的见解,才可能发挥一定的作用。

（3）可行性原则

统计分析报告反映了作者对客观事物的认识,但认识不可能超越作者的主观条件和客观条件。主观条件是指作者所具备的科学知识及研究能力,客观条件是指编写统计分析报告所必须具备的资料和其他协作条件。在一般情况下,选题最好能结合自己的专业工作,结合自己的分析研究特长,而且必须考虑所需的资料是否齐全或比较齐全,如果资料不齐全是否能收集到等情况。切不可好高骛远,选题过大过难,以致力不从心,写不出来。

（二）选题"三要点"

1. 注意点

社会各界比较关心的问题就是"注意点",如"供给侧结构性"改革、房价问题、大学生就业问题等。抓住"注意点"来选题,一般来说编写出的统计分析报告是符合社会各界的需要的。

2. 矛盾点

"矛盾点"是指在社会经济发展过程各个环节中问题比较集中、事情比较关键、影响比较大、争议比较多的事物。"矛盾点"也不是固定不变的,随着旧矛盾的解决,新矛盾又会出来,新的"矛盾点"又成了我们应该注意的地方。抓住"矛盾点"来选题,编写出的统计分析报告不但符合需要,而且实用价值较大,容易引起党政领导和社会各界的注意。

3. 发生点

"发生点"就是在经济发展过程和各个环节中,处于萌芽状态的、人们需要认识但尚未察觉到的新事物,即我们常说的新情况、新问题。抓住"发生点"来选题,编写出的统计分析报告一般来说意义较大。进行统计分析,应该具有超前意识,当新事物刚刚出头,即还处于"发生点"时,就去分析它、研究它,基于这样选题的分析报告,不但具有现实意义,而且有时还具有一定的理论意义。

（三）选题的具体方法

①围绕社会经济发展中的新情况、新问题选题。关注经济改革过程中重大措施的出台,紧密跟踪重大措施的执行情况提出统计分析报告的选题。

②围绕贯彻执行方针政策的新成就和新经验来选题。

③围绕国民经济和社会发展计划选题：分析计划的基础,如国情国力,地情地力,企

业的生产经营条件、市场潜力等；分析计划的策略，如发展方向、增长速度、产品或产业结构、技术改造、投资及资金安排、劳动力的组织等；检查计划的执行情况，如计划的完成程度、计划的薄弱环节；发现计划本身的缺陷，为总结经验教训和修订计划提供依据。

④围绕中心工作选题。党政领导在一段时间内集中力量开展的某项工作就是中心工作。在不同地区、不同部门、不同时期，其中心工作是不同的。统计分析报告应该认真地研究和反映中心工作，以便党政领导掌握情况，正确地指导工作，进而保证全局工作任务的完成。

⑤围绕重点选题。所谓重点，是指在全局中处于举足轻重地位的某些部门或某些工作。每个地区、部门和单位，都有自己的重点，如工业有重点工厂，工厂又有重点车间和重点产品，等等。这些重点对企业工作都有重大的影响，也是党政领导经常注意的地方。

⑥围绕群众意见选题。抓住群众反映的有关意见选题，充分反映人民群众的看法和意见，这种统计分析报告一般会受人民群众的欢迎，也可以帮助党政领导更好地了解民情。

⑦围绕各方面有不同看法的重大问题选题。这些问题往往是党政领导和社会各界比较关注的问题，选择这些问题进行具体分析，充分利用统计资料，提出比较客观的看法。

三、统计分析报告的写作步骤

（一）收集、整理和鉴别统计信息资料

在这里，从写作的角度作简要归纳。

1. 写作素材与写作题材

写作材料一般可分为写作素材和写作题材。写作素材源于作者所处的外部环境（如时代环境等），决定于作者的自身素质（如理论水平、政策水平）。写作素材，是作者在长期的社会生活中采集和积累的原始材料，是原始的、感性的、零散的、不系统的写作背景资料，是一切写作的基本前提。占有素材越丰富，文章的内容就越充实。统计写作题材来源于素材，是经过作者细心选择、提炼得到的写入文章的素材，是经过统计调查、统计整理用以反映社会经济数量方面的、以统计数字为主要表述语言的信息资料。筛选题材的过程是作者观点形成的过程。

素材是统计分析报告构思的基础，是作者观点形成的基本，是阐明事物发展变化情况的依据。统计分析的过程就是通过事实材料揭示社会经济变化发展的内在规律的过程。一篇文章的质量，在很大程度上取决于作者对写作材料的占有和处理，只有占有一定广度的材料，才能准确展现作者的写作意图，使分析报告具有典型意义和针对性。因此，只有广泛地收集素材，才能提炼出好的题材。

2. 统计分析报告写作材料的来源

（1）定期统计报表资料

定期统计报表资料构成统计信息资料的主要内容，主要提供进度性统计分析报告的题

材选材。

（2）一次性统计调查资料

一次性统计调查是为了一定特殊目的、专门组织的统计调查，如人口普查、工业普查、重点调查等。这类资料专门性和针对性强，主要为专题性统计分析报告和调查报告的题材选材。

（3）统计汇总资料

统计汇总资料是对繁杂的、原始的资料数据，按照一定的分析目的的要求，进行加工整理，得到的统计信息资料，为各种统计分析报告提供素材。

（4）统计分析资料

统计分析资料是统计数据与文字资料的结合，是已成文的统计分析报告。统计分析资料对写作新的统计分析报告，在选题的确定、分析方法、数据运用等方面都有很好的启发作用。

（5）统计理论和经济理论资料

统计分析报告的内容来自社会经济生活，反映社会经济生活中的问题。写作中必须以统计理论为支撑，以经济理论为依据。掌握相关的理论，是统计分析报告写作者必备的素质。

此外，在写作统计分析报告时，还应占有统计图表资料和有关的政治资料。

（二）统计写作的资料分析

在这里，从写作的角度分析统计原理与方法的应用。

1. 确定分析方法的一般原则

（1）简明实用的原则

统计分析方法并不是越复杂越好，关键在于适用。根据研究的对象尽可能选择简明适用的统计分析方法，可以扩大统计分析报告的读者面，从而增强统计分析报告的影响力。

（2）定性与定量相结合的原则

任何事物都有"质"和"量"两个方面，统计学主要研究事物"量"的方面，也研究事物"质"的方面。统计分析的方法是以定量分析为基本特征的。定量分析方法就是研究社会经济数量方面、把握数量界限、提供数量依据的方法。但在统计的分析中绝不能忽视定性分析方法的运用。定性分析是在定量分析的基础上深入解释数量的含义，并指导进一步的数量分析。

（3）创新性原则

提倡应用新的方法、创造新的方法去分析研究社会经济问题。新方法往往是与被研究对象的情况相联系的，针对性最强，分析也最深入，而作为一种新的方法，对同类型问题又不失普遍意义，可以得到相对广泛的应用。

2. 统计分析的一般方法

（1）分组分析法

根据事物之间的同一性与差异性将复杂多样的社会经济现象区分为不同类别，反映和研究总体的内部结构。正确选择分组标志是科学运用分组分析法的关键。

（2）综合分析法

应用综合指标，在划分类别的基础上，从个别到一般，从个性到共性，进行综合概括。分组分析法和综合分析法主要适用于对截面数据的分析。

（3）动态数列分析法

动态数列分析法描述社会经济现象的发展趋势和发展速度，探索其发展规律，为预测发展趋势提供依据。动态数列分析法主要适用于对时间序列数据的分析。

（4）指数方法

指数方法综合反映社会经济变动方向和变动过程，研究事物的长期变动趋势。

（5）平衡分析法

平衡分析法分析各种比例关系相适应的情况，揭示不平衡的因素和经济的潜力，利用已知的平衡关系预测未来。

（6）统计图示法

统计图示法是绘制统计图把统计资料形象化的方法。

（7）相关与回归分析法

相关与回归分析法可提高我们对现象间相互依存关系的认识；可用于预测、预报；可用于补充缺少的资料。

（8）抽样推断分析法

抽样推断分析是在总体中抽取一定数量的总体单位组成样本，通过对样本的调查资料分析，来推断总体的情况。

（三）系统分析与构思

1. 系统分析的意义

统计分析报告写作过程的系统分析就是，在确立主题、选取材料后专门对事物发展变化进行全面的、系统的、深刻的认识。通过系统分析，揭示客观事物的本质和内在规律，构思文章的内容与写作形式。在构思统计分析报告时，如何确立文意，并以什么样的论点，阐明哪些论据，采用哪些写作结构形式，如何划分层次，都需要从社会经济现象实际的、内在的情况来考虑。系统分析，是根据统计信息资料对社会经济领域中各种问题进行统计研究，从感性认识上升到理性认识，是确定题材和具体分析方法的基础，是文章构思的前提。

在统计分析报告写作过程的系统分析基础上，抓住事物发展变化的关键，抓住事物的主要矛盾，把握事物发展变化的未来，提出解决问题的对策，是提高统计分析报告写作质量的关键。统计分析报告价值的大小，是否为社会所承认，取决于作者系统分析水平的高低。只有对客观事物认识得深刻、细致，才能在统计分析报告中进行清晰的表达、深刻的再现与剖析。

2. 构思

在统计分析报告写作之前，要清楚反映哪方面的情况、确立什么基本观念、采用哪些论据、阐述哪些具体内容、层次结构如何安排等一系列问题。解决这些问题的过程就是构思。构思是写作前循序渐进的思维演变过程，是理顺文章从开头到结尾的表达程序，是对整篇文章的谋篇布局。

构思的要求——作者要以实事求是的态度，客观地认识社会经济现象，拓宽视野，广开思路，准确反映社会经济的本质和规律，并善于辨析、区别不同事物的发展方向和变化因素，使统计分析报告的写作能围绕基本观点，有顺序、有条理地展开。构思要求运用各种资料、有轻重缓急、合理安排次序、数字与事实相吻合，使文章的观点切中要害，从而提高分析报告的全面性、系统性。

构思的第一步——确立文意。文章的立意是指经过作者反复思考、选择、提炼与整理后形成文章的中心意思，是统计分析报告的核心，它决定统计分析报告的内容和形式。确立文意的原则是真实反映事物的本质且立意新颖（涉及的领域新、研究的课题新、涉及的动态新、研究的角度新）。确立文意的方式：一、将通过分析研究所得到的反映全部情况的整体定性结论转移为文意。二、作者在全面认识事物的基础上，从整体认识中选择其中最迫切、最突出、最有价值的内容作为文意。

构思的第二步——选定类型。选定类型就是明确文章的表达形式。文章表达形式的选择对文章基本观点、作者思路的表现、文章价值实现等都有很大影响。选定类型的依据：按照写作意图来选定类型，往往在确立文意、明确写作意图的同时选定类型；根据使用需要选定类型；根据对社会经济认识的程度选定类型。选定类型时应尽量减少作者自身条件、客观条件（如资料条件等）的限制，以适当的类型充分表现作者的认识。

构思的第三步——划分内容。对统计分析报告的内容进行由粗到细的划分，可以增强统计分析报告的逻辑性，便于文章的展开，使读者更容易把握事物发展的来龙去脉。划分内容的依据：按文意划分，围绕中心论点，构想辅论点，确定文章的层次和各组成部分的写作重点；按逻辑关系划分，先说什么、后说什么、以哪部分为主、以哪部分为辅等；按社会经济发展的进程划分，社会经济发展本身就包含了规律性、逻辑性等。

（四）拟订统计分析报告的写作提纲

经过收集统计信息资料、选择分析方法、系统分析和构思之后，拟订统计分析报告的写作提纲，这是写作准备阶段最后的步骤。

写作提纲的主要内容：主题思想、论点、论据。拟订提纲，并不是写作统计分析报告必经的步骤，有些短小的统计分析报告可不必有提纲。但对于大型的综合性较强的统计分析报告的写作和初次撰写统计分析报告的人来讲提纲是十分重要的。拟订提纲，是作者对整篇文章做深入的构思，进一步搞好整篇布局，落实合理的写作结构。拟订提纲使写作材料更有针对性。有了提纲，写作可以"按图施工"，避免遗漏。

写作提纲一般有粗纲和细纲之分。粗纲比较简单，一般只列出统计分析报告的主要层次的划分，摆出论点、提示主要论据，能大体描绘出文章的骨架即可。细纲则比较详细，除包括粗纲的内容外，还包括文章的开头、结尾以及各层次内容的结构安排。

写作提纲不是写作的框框，在具体的分析中，常会出现新的问题，有新的发现，根据不同情况，要随时补充新的资料、新的观点、论证新的发现，不要受写作前拟订的提纲的约束。最后形成的统计分析报告，往往同提纲有不同程度的差别。

（五）统计分析报告的撰写

统计分析报告一般由标题、导语、正文以及结尾四部分组成，与一般的应用文并无多大区别。

1. 标题

标题是一篇文章的篇名。统计分析报告的标题既要如实反映统计分析报告的内容，又要精练、生动，能够抓住读者的眼球。常见的标题类型如下。

①揭示主题：标题直接揭示统计分析报告的主题思想。

②表明观点：标题直接表明作者的观点和看法。

③设问提问：以设问方式提出分析报告所要分析的问题，以引起读者的注意和思考，增强读者的阅读兴趣。

④小标题的运用：小标题必须服从总标题，小标题之间必须有逻辑关系。

2. 导语

统计分析报告的开头也称导语。导语，要吸引读者、引人入胜，要牵出头绪、文导确定格局，要形式新颖、文字精练。导语的写法主要有以下几种。

①开门见山，直奔主题。文章一开头就紧紧围绕文章基本观点，简明扼要，直叙入题。

②提纲挈领，总览全文。这是一种常见的导语写法，它通过概括性地介绍文章的主要内容和结构，为读者提供一个清晰的框架，帮助他们快速把握文章的核心思想和逻辑脉络。

③说明动机，导出正文（专题分析常用的方式）。以交代社会现象发生变化的原因或以调查背景为开头，起因线索完整，时间、地点、人物、事件俱在，分析动机清楚，命题明显自然。

④提问根源，制造悬念。在开头先提出令人关心的问题，然后自问自答，或只问不答，制造悬念。提问，可提问原因、可提问结果、可提问标题。提问原因，先提出问题、摆出矛盾，再问原因、寻找根源。提问结果，让"问"设立思索性课题，用"问"寻求结局的解答。提问标题，使题文紧紧相扣，引起读者关注，使读者轻松入题。

3. 正文

主体分层次，先写什么，后写什么，哪些详写，哪些略写，等等，都要统筹安排，合理组织。统计分析报告还可以分为几个部分，每部分冠以小标题，以便一目了然。主体分层次，层次之间用过渡段、过渡句、过渡词来实现自然转换，使全文形成"针线紧密"、文意贯通的整体。使用过渡的地方：由一个意思转到另一个意思；由具体转到概括或由概括转到具体；由论述转图表或由图表转到论述。

正文的结构一般有以下几种形式。

（1）横式结构

横式结构把统计分析报告的总体部分按照研究对象的构成和属性分成并列的几个部分，横向展开，各个部分之间是并列关系，没有严格的先后次序，然后通过由此及彼的横向联系，共同表现分析对象整体和分析报告的基本观点。

（2）纵式结构

纵式结构是指按照研究对象的发展阶段或内部逻辑关系安排材料，把整体纵向展开为几个部分，各部分之间具有发展或递进关系，位置顺序较严格，不可随意交换。

（3）交叉式结构

交叉式结构是横式结构和纵式结构的综合。

（六）结尾

结尾即结束语，好的文章结尾能发人深省、耐人寻味。结尾要自然、圆满、短、不拖泥带水。结尾的写法常见的有以下几种。

1. 总括全文

在结束全文时对前面的分析研究予以归纳总结，加强作者的观点，突出中心思想。

2. 呼应开头

在文章开头提出问题，通过分析归纳，在结尾给予回答，深化统计分析报告的主题和意义。

3. 得出结论

在文章开头不亮出基本观点，经过一系列分析、论证得出结论，在文章结尾点明题意，表明作者的基本观点。

4. 预测未来

统计分析报告采用数学模型对社会经济现象的发展趋势进行预测，结尾部分显示预测结果，表明作者对其未来的看法。

5. 提出建议

用若干条建议来收笔，或用简练的语言把建议内容概括在终篇段内。注意建议要切实中肯，具有可行性；既不与主体部分的内容重复，又要密切相关；既要全面考虑，又要突出重点,对症下药,具有针对性。

(七)修改

文章写完,写作并未完,还有一道"工序"——修改。从文章的内容到形式进行审改加工,精雕细刻,使文章趋于完善。修改是把好写作质量关的关键。常见的修改步骤和方法包括以下几种。

1. 主题是否符合形势

看统计分析报告是否主题清楚、观点明确,是否具有现实意义,是否紧跟现时的热点问题,是否对当前的中心工作有帮助。

2. 内容是否服从主题

看选择的材料是否符合主体,看材料是否充分说明主体,看是否还需增加材料。

3. 结构是否严谨

大小标题之间是否有逻辑关系,段落之间是否衔接,过渡是否自然。

4. 材料是否准确

数据要准确无误,观点要与数据相符,材料要与事实相合。

5. 语言是否规范

将通过以上四步修改过的统计分析报告从头到尾轻声地读一遍,修改不顺口、不连贯、说理不顺畅的地方。经过这道"程序"后,统计分析报告基本可以定稿了。

第八章 高校财会工作未来的发展

第一节 高校财务管理的信息化建设

一、高校公务卡结算方式探讨

（一）公务卡的概念及意义

从消费的方式和类别来看，公务卡是信用卡的一种，是其中比较特殊的类别，其发行方当然是银行，一般情况下面向的是高校和其他行政事业单位员工以及企业单位的职员，该类型的银行卡具备正常的转账和存取现金的基本功能，同时具备和信用卡一样的信用消费能力。根据使用者的不同需求或者使用权限，卡片可能具备上述的全部或部分功能。总体而言，公务卡是主要应用于单位事务报销领域的、可以使用信用支付的工具。公务卡与信用卡的相同之处在于，其具备银行赋予的透支以及在一定时间范围内免息的权益。公务卡对我国支付体系的创新与完善具有重要意义，现金报销在其影响下会逐渐退出历史舞台，公务卡这种集消费、透支等于一体的全新金融工具将成为未来的消费主流工具。

推广应用公务卡具备以下几个方面的好处。

第一，公务卡的大规模使用能够有效降低日常生活中的现金交易数量，控制现金流通的额度与频次，让资金的流动主要发生在电子商务领域等国家便于监督监控的范围内，一步步蚕食游离于国家监管范围外的打擦边球的行为的存在空间，提高一切资金流通信息的透明程度，通过这样的方式加大国家对资金的监管力度以及对贪腐现象的遏制强度。

第二，在全国范围内更多地推广公务卡的应用，降低现金出现的频次，有利于国家税务系统的进一步完善，减少现金的日常生活应用可以确保更多人的工资情况被实时反映到国家监管中，减少偷税漏税行为。

第三，有利于提高财务管理效率，在大多数人都选择使用公务卡的情况下，社会交易支付渠道整体变窄，国家在监控财富流通方面可以降低财务成本。

第四，在大多数人选择使用相同支付方式的情况下，无论是对账目记录还是对交易记录等的统计都更加轻松，对财务系统的全面建设完善很有好处。

综上所述，推广应用公务卡一方面能够降低国家统筹全国范围内的资金流通情况的经济成本和人力成本，另一方面能够让社会的资金流通和发展呈现出更加清晰的态势，让企业家和富豪们的资金来源与去向呈现在国家的监管中，让每个公民的个人所得税申报与实际缴纳情况被其他人监督，让社会的经济建设和法制建设朝着更加完善的方向发展。

（二）公务卡结算方式的作用

1. 公务卡结算方式

公务卡结算方式是财务部门将职工在公务活动中使用公务卡消费的资金，或者职工因公借款的资金，通过单位零余额账户和发卡银行划入职工公务卡的方式。

2. 公务卡的转账与报销范畴

在因公务而产生的消费中，公务卡可以进行透支消费，可以随时接受财务部门转入的员工因公务而垫付的全部费用以及出于报销目的划入其中的资金。具体来讲，公务卡在转账支付和小额公务支出领域具备非常广阔的应用空间，其中包括办公费、邮电费、印刷费、差旅费、招待费、水费、电费、交通费、劳务费等商品服务性支出。大额支出仍使用支票、票汇等方式进行结算。

二、高校财务信息系统安全问题管理研究

（一）高校财务信息系统安全问题管理概述

传统的高校财务管理是会计核算型的，然而随着国际社会的不断发展和我国对高校建设工作的不断展开，高校财务管理也发生了转型，开始由会计核算型转向财务管理型。随着财务在管理中的作用越来越大，财务信息系统的开放性要求也日益增高。收费系统、教务的选课系统及宿舍管理系统、工资发放与人事薪酬管理科、核算项目管理与科研管理部门的互联互通，网上工资查询、项目经费的收支及学生收支情况查询，银行与学校的互联系统等都要求财务信息系统必须具备一定的开放性，对财务信息系统的要求越来越高，对高校财务管理者的实时性、动态性决策与宏观调控能力的要求不断提升，这样的信息系统在社会的普遍需求下正在慢慢成形。虽然这种开放性更强的高校财务信息管理系统能够为高校的发展以及社会的教育建设带来很大的好处，但是从安全性角度看，越开放的系统面临越大的被攻击的可能性，因此在对其中的其他方面进行建设时，必须重视高校信息开放管理系统的安全性，在信息化发展过程中，受高校财务人员配置和知识结构的影响，存在很多过分注意业务层面的管理系统，忽略信息安全等重大问题。研究制定一套适合高校财

务部门实际情况、切实可行的信息安全管理方案显得非常必要且已迫在眉睫。

(二)高校财务信息系统面临的风险

1. 软硬件系统故障

计算机的使用是在不同的硬件和软件的共同作用下进行的,硬件设备就是那些具有物理形态的、实际存在的计算机组成部分,软件则是不真实存在于客观世界的、帮助我们利用计算机系统的程序,如操作系统就是最典型的软件。计算机的组成部分是硬件和软件,一旦两者出现问题,将对计算机造成严重危害,其具体危害如下。

(1)硬件故障

从危害性来讲,硬件故障要比软件故障严重,因为硬件中往往存储着大量的计算机数据。对于财务工作,计算机硬件故障可能导致长期工作成果和重要财务信息随之丢失。硬件故障是计算机信息安全的重要威胁之一,对数据进行备份就是为了应对这样的情况。

常见的计算机硬件故障有两种:其一,计算机长时间被使用会产生高温,进而导致硬件被烧坏;其二,计算机硬件被大面积的电磁波或物理作用破坏。

(2)软件故障

软件的开发应用中存在的局限性和漏洞都是造成软件故障的原因,外来入侵和软件本身的问题也可能造成软件故障,其防治工作任重道远,需要对软件开发技术进行不断提升,对软件使用和售后进行不断加强,从短期来看,只有加强备份和规范使用才能够遏制计算机故障带来的危害。

2. 系统外部因素对系统或数据的威胁

黑客在利益的驱使下对系统发起攻击,窃取秘密并进行恶意使用或披露。对于来自系统外的威胁,高校要积极使用防火墙"御敌于外",在恶意代码入侵的情况下使用杀毒软件能在很大程度上保障计算机系统的安全,虽然这种被动防御并不能追溯病毒的源头,但是熟练使用防火墙和杀毒软件能够为计算机抵御大部分侵害。成千上万的黑客在不停地搜寻系统的漏洞并设法避开安全软件的监控进行攻击,而绝大部分杀毒厂商为了保护自己的杀毒引擎等核心商业秘密,基本上处于单独应战的层面。因此,杀毒厂商需要付出很大的努力才能应付全球黑客的攻击与破坏。防火墙能够防御的领域是有限的,其针对的是恶意代码和没有得到授权的非法信息的入侵,对于一些通过SQL(Structured Query Language,结构化查询语言)渠道"浑水摸鱼"的信息则无能为力,对于内部问题也束手无策。遍布世界各地的黑客攻击、病毒威胁和木马攻击随时都有可能导致数据被窃取、破坏,服务中断,计算机无法运转等。

(三)高校财务信息系统风险的应对策略

绝对的信息安全是不存在的,每个信息系统及网络环境都在一定程度上存在漏洞和风险。高校财务信息安全工作应该把重点放在如何防范和应对财务系统崩溃、病毒破坏和数据丢失威胁等方面，兼顾系统外部黑客的攻击和内部人员泄密，有效地利用有限的资源对财务信息系统做出最理想的保障。下面将从技术、管理层方面探讨如何提升信息安全管理水平，提高对信息安全的保障。我们需要在成本和效益之间寻找最佳平衡点，既要避免信息安全保障不力等严重后果，也要杜绝因信息安全过度保护而产生巨额费用的情况。

1. 内外网物理隔绝管理

对内网和外网的管理必须采取双重标准，并且在两者之间树立起物理方面和网络方面的双重藩篱，对内网进行经常性的交互，对外网进行经常性备份，让两者都能在即使受到攻击也不会造成太大损失的情况下使用，这也是如今对高校财务网络内外网的标准化管理。其中，内网作为内部信息交互的重要领域，尤其要做好防御工作，一旦失守将损失惨重，反观外网，只要做好数据备份工作，即使受到攻击也不会造成太大损失。

2. 对防火墙和杀毒软件的安装与规范使用

现有的杀毒软件和防火墙可以防范大部分已知的病毒和木马，部分杀毒软件还具有系统加固等主动预防功能。虽然当前杀毒软件对未知的病毒和木马的预防和查杀能力有限，但对于已知并加入病毒库中的病毒查杀效果还是比较理想的。由于财务的核心信息系统采用与外网进行物理隔离的方式，信息系统感染新的未知病毒的可能性比较低，因此当前病毒库模式的杀毒软件就能起到很好的保护作用。

3. 软件与系统的测试与运行安全

计算机网络技术的发展并不只体现在那些大的方面，很多小的软件也为我们的生活和计算机使用提供了很大的便利性，然而需要注意的是，这些软件在帮助我们更好地使用计算机资源的同时，也为黑客展现出我们的弱点，让这些不法分子有了越来越多能够直接攻入计算机内部的途径。被黑客动过手脚的共享软件往往在不知不觉的情况下给系统装上木马或后门，而且这类木马和后门往往很难被发现或清除。

部分商用软件在设计或开发过程中存在一些小缺陷，如结算单号被存入错误的分录后面、在特定情况下新凭单被存到历史库中、IC卡挂失异常等，这些现象在测试中均被发现过。所以，就像很多游戏在开启服务器之前一定要召集专业人员进行"内测"一样，对更新的系统及软件的严格测试是很有必要的，没有经过测试的软件和系统在安全性上缺乏必要的保障，在为用户提供便利的同时，也给黑客提供了更多的机会。即使系统经过了投入使用前的检测，在使用过程中也难免会出现一些突发情况，面对这种情况，一定不能大意，不能因为"感觉没什么大不了的"就对这些问题放任不管，而是要及时通知管理员，管理员作为系统的重要安全保证不能玩忽职守，要对其予以足够的重视，在自己能够修复漏洞的情况下，结合以往经验认真分析问题的成因并及时修复现有漏洞，如果无法解决问题或问题频繁出现则需要联系供应商对系统进行彻底检测。

三、无现金报账在高校财务工作中的实践与思考

（一）实施无现金报账的意义

1. 有利于全面提升高校财务管理水平

作为高校管理工作的重要项目之一，高校财务管理工作可以在很大程度上直接反映出高校管理者的能力和高校当下的发展状态，当前，高校财务工作内外部关系复杂化、财务流程多层次化、财务管理力度薄弱化，都是高校财务管理迫切解决的问题，而高校财务管理中的报账工作是基础性的工作，随着高校规模不断扩大，财务处报账大厅的相关业务也日益繁忙，这花费了财务人员大量的精力。实施无现金报账，可以提高报账效率，把财务人员从日常的事务堆中解放出来。

2. 有利于加强财政支出管理，提高资金使用的透明度

在国家全面实行国库的收付改革之后，国家对财政资金的把持力度以及对单一账户体系的运营都有了很大程度的提升，但对现金的控制和把握却始终不在国家的严格控制下，甚至可以说，这种交易和支付方式在很大程度上完全脱离了国家的控制。就像很多电影中演的那样，一旦某人因为违反法律而不得不逃亡，就需要完全抛弃原本的手机和信用卡，并随身携带一定数量的不连号的现金，然后尽量不出现在海关和机场等国家监控力度很大的区域，这样就可以最大限度地回避国家的追踪，从这里也能看出国家在对银行卡和线上支付领域监控力度上的强劲以及对现金流通与交易控制的无力。在交易者选择现金作为支付手段的情况下，国家对此进行预算和执行的能力就会被大幅度削弱。如果在国家范围内进一步普及电子支付和线上支付并且逐步消除绝大部分现金交易，就能够实现国家对安全领域的资金流动的监察，电子商务作为唯一的支付方式不但能够实时结算且帮助消费者免除随时携带大量现金的烦恼，还能够降低国家的资金占用成本，有利于国家建设更加全面透明的资金支付网络，能够帮助国家更好地监控所有企业的资金流转情况，对其实际盈利等方面的数据有精准的认识，杜绝偷税漏税现象。

（二）目前高校采用的无现金报账方式及其比较

目前，无现金结算方式主要有如下两种。

1. 网上银行无现金结算方式

由开户银行在能连接互联网的计算机上安装网上银行系统，单位进行付款时就可以通过互联网访问银行网站，办理款项支付结算、汇兑业务，从而实现无现金结算。该支付方式的缺点是数据须二次输入，这样会增加财务人员的工作量。

2. 银行 POS（Point of Sale）系统支付方式

POS 机经历了从固定 POS 机到移动 POS 机的阶段，移动 PQS 机支付系统不受空间、场地的限制，不用上网，也不限卡种，使用越来越广泛。POS 机通过电话线与交易平台的结算

系统相连，其主要任务是为交易提供数据服务和管理功能，并进行非现金结算。单位经办人员输入收付款金额，发出请求成功后，即可实现无现金结算。缺点是单位须办理一张单位卡，且预先存入一定量的资金，每日报账结束后还要进行轧账。

第二节 新会计制度下高校财务管理工作的创新

伴随着社会的发展，以往的会计制度已无法满足新时代的需求，因此，为能够更好地顺应社会经济发展的需要，我们必须对传统的会计制度进行调整和优化。新会计制度为新时代财务管理工作的开展指明了方向。高校作为社会的重要组成部分，其财务管理工作在新会计制度下也必然要作出相应的创新，只有这样，才能更好地促进高校财务管理工作的开展，提高高校财务管理工作的水平。

一、新会计制度在财务管理工作中表现出来的新特点

相较于传统会计制度，新会计制度有了较大的改进和提升，它的理念和方法与传统会计制度有很大的不同，其摒弃了陈旧的会计理念，导入了新的思想，去除了过时的会计方法，引入了新的核算办法，弥补了传统会计制度的缺陷。新会计制度的新特点主要体现在以下几个方面。

①在国库收支、工资薪酬等国有资产管理方面，新会计制度提出了新的核算内容。

②在部分固定资产方面，新会计制度要求财产处理遵循不浪费的原则。

③新会计制度将基建会计纳为重点内容。

④新会计制度在收支的科目上，增加了更能反映财务收支状况的新内容。

⑤新会计制度对财务收支和预算的平衡提出了新的要求。

⑥为确保财务收支预算的准确性，新会计制度对财务报表的建设提出了新规范。

二、新会计制度的实施对高校财务管理工作的影响

（一）优化高校资源配置

高校办学规模扩大、设施设备的更新等都离不开资金的投入，高校为谋求更高层次的发展，就必然会扩大对资金的需求。由于高校的各个学科都有其固有的特点，因此，这些学科在投入和产出上就必然会存在一定的差异，高校在决定资源投入的分配上就会产生困扰。而新会计制度，可以使高校的财务管理工作形成成本核算模式，对成本和效益进行合理配比，使高校的财务支出和应用更加明确、细致。通过采用这种精细化的管理模式，高

校财务工作者可以获得更为准确的数据和理论支撑,更加科学、合理地规划与分配高校资金,促进高校各学科专业健康、合理地发展。

(二)为高校成本核算提供依据

教育是国家培养人才的根本,对青少年的成长与成才极为重要,为此,无论是国家还是家长,都对孩子的教育非常重视。为了孩子能够成为有用之才,政府和家长都投入了大量的资金,因此,对于高校的收费,社会民众比较关注。对高校学生而言,高校的各项收费标准和收费方式都意义重大。由于高校每个学科专业的教育都有其特点,所针对的对象也各有不同,因而不同的学科专业的收费标准也会有所差异,进而给高校财务人员成本核算工作带来困扰。在新的会计制度下,其精细化的管理模式对各会计要素都有了明确的设定,因此,高校财务人员可以依据明确的会计项目进行成本核算。

(三)真实反映高校的财务状况

高校的可持续发展需要大量的资金,因此,高校的财务状况会给其健康发展带来直接的影响。从资产的类别上看,高校的资产以固定资产为主,如教学设施、设备、各类教学器材等,因此,在高校日常工作中,对这些固定资产的管理和维护非常重要。但在以往的会计制度下,高校对各类教学设施和设备的管理和维护并未落实到位,很多设备和设施都无法正常使用,进而造成高校资源成本的严重浪费。而在新的会计制度下,各个会计项目明确,数据精确,可以很清楚地展现各类资产的资金数据与占比情况,进而使高校管理者能够了解本校真实的财务状况,合理地开展各项工作。

(四)实现了对高校经费来源渠道的拓宽

我国高校长期以政府拨款为经费来源的主要渠道。在社会经济发展和教育体制改革的背景下,我国高校筹集经费的渠道日益增多。高校多渠道筹集经费的方式,导致旧会计制度难以良好地适应高校各项财务管理需要。新会计制度增设了资金预算与资金核算的相关项目,能帮助高校对其经费筹集渠道进行拓宽。

(五)增加了会计核算的内容

旧会计制度缺乏会计核算的相关内容,严重阻碍高校在开展财务管理工作中实施良好的会计核算。新会计制度增加了会计核算的内容,高校在开展财务管理的实际工作中,可根据新会计制度实施资金核算,能有效提高资金透明度。

三、新会计制度下高校财务管理水平提升的策略

(一)完善高校会计核算制度

为了更好地落实新会计制度,高校要从宏观层面上结合自身的实际情况,建立以报告体系为主的会计核算制度,同时对相关内部控制进行细化和调整。

一是要严格落实《事业单位成本核算基本指引》的文件精神，明确成本核算的对象、成本核算的分配等，以此科学规范财务管理工作。二是对高校内部控制进行细化和调整，进一步细化操作指南，为高校开展财务管理工作提供操作指引。三是结合新会计制度建立健全高校成本核算体系，加强对成本核算实施的考核，完善相关方面的制度和规则，以此提高高校的成本核算水平。四是注重新旧制度之间的衔接。高校应基于会计核算工作开展的具体要求，围绕资产分类、资产的使用寿命和购买日期、固定资产的数量、固定资产折旧等内容开展新旧账目的衔接工作，从而推动会计核算效能的提升。

（二）加强全面预算管理工作

要想有效加强全面预算管理工作，高校需要做好以下两方面工作。

第一，在开展全面预算管理工作之前，高校应结合新会计制度完善全面预算管理制度，规范预算管理流程，并依据新会计制度完善预算管理科目，调整预算管理方法，以此保证全面预算管理工作的有效实施。

第二，在开展全面预算管理工作过程中，高校需要将预算执行的职责划分到各个部门，并由各部门负责人将具体工作划分到个人，同时安排监督管理部门结合相关制度加强对预算执行方面的监控，以此确保预算按照计划落实到位，避免出现财务风险。

（三）加强高校资产管理

要想加强资产管理，高校应基于新会计制度的相关要求完善资产管理制度，规范资产管理与公允计量方式，以此为财务管理工作的顺利开展奠定基础。

一方面，高校要按照新会计制度的要求建立资产台账与折旧摊销备查簿，并根据固定资产类型进行折旧或无形资产摊销，以此提升自身的资产管理水平。同时，高校应根据自身的实际需求购买固定资产，根据国家的相关制度按照新会计制度的规定评估前期无明确入账价值的资产，并结合相关评估结论确定固定资产的入账价值，在此基础上定期进行固定资产折旧或摊销，以此确保固定资产管理质量。

另一方面，做好资产后续计量相关工作。高校应弥补自身资产清查制度缺陷，建立健全资产定期清查制度，并安排专门人员对资产进行定期或不定期盘点，同时及时处理盘盈、盘亏问题，以确保固定资产账实相符，从而使相关资产变动完整地反映在高校的财务报表中，进而提高会计报表的准确性与相关性。

（四）加强内部监督与管理

在新会计制度背景下，高校要想加强内部监督与管理需要适当加大监督管理力度，这样才能进一步提高高校财务管理质量。为此，高校应做好以下3个方面工作。

第一，增强会计人员的专业素质与监督意识。高校应积极组织会计人员学习新会计制度,掌握新会计制度的变化,从而及时调整会计工作,明确监督工作重点,将监督工作落实到每一项工作中,提高高校的监督管理水平,从而提高高校财务管理工作质量。

第二,完善内部监督制度。高校应结合新会计制度的相关要求,对现有的学校管理制度、内部控制制度的相关条款进行修订,以此减少重点经济业务或监管存在的空白地带,并积极组织相关教职员工学习修订后的制度,从而促使高校监督管理工作高效开展。

第三,积极与外部合作充分发挥内部监督与管理作用。一方面,高校自身应定期安排财务部门牵头进行财经工作检查,形成制度化的定期监督检查机制,并在检查之后编制检查报告,同时针对发现的问题及时整改,以此使高校按照新会计制度及管理会计的要求做好财务会计工作。另一方面,高校应积极配合主管部门、财政部门、审计机关进行专项检查、审计、巡视,并结合主管部门与高校的检查结果对自身的工作进行绩效考核,根据绩效考核结果对相关人员进行奖惩,从而促进高校财务管理工作水平不断提高。

(五)提高财务管理信息化水平

为适应新会计制度要求,高校财务部门应积极与信息化部门进行沟通合作,并在此基础上做好需求分析和软件供应商的招投标工作,构建统一架构的财务信息管理平台,依托人工智能、大数据等前沿技术完成会计核算、信息数据共享、成本控制分析等工作,以此实现资产、人事等部门的数据信息互联互通,减少新旧会计制度之间的衔接阻力,并跟随时代的发展,不断提高信息收集和数据管理等工作的效率,从而保证数据处理的及时性、准确性、高效性。

四、新会计制度下高校财务管理工作的创新路径

(一)对财务管理的具体内容进行创新

将新会计制度与旧会计制度进行对比,可知新会计制度增设了诸多项目。为确保高校在开展财务管理各项工作的过程中,良好适应新会计制度,要对财务管理的具体内容进行创新。可从以下两个方面着手:一是对高校筹资渠道进行管理创新。高校筹资渠道呈现出多元化发展趋势,对此要秉持与时俱进的原则,对高校筹资管理实施创新。二是对高校投资管理的具体方式进行创新,通过科学管理,增强高校投资的合理性,促进高校提升其资金使用效益,并对投资方式进行创新,最大化降低投资风险。

(二)建立系统科学的财务管理工作制度

在新的经济形势下,高校原有的财务管理制度已无法满足其发展需要,为此,在新的会计制度下,高校必须对其财务管理工作制度进行改革,建立系统、科学的财务管理工作制度,只有这样,才能为高校财务管理工作的创新提供制度保障。

(三)提高财务人员的综合素质

高校财务管理人员的综合素质对高校的财务管理工作有直接影响。尤其是新会计制度对高校财务管理人员的综合素质提出了更高的要求，因此，对高校的财务管理人员来说，无论是专业能力，还是综合素质都需要进一步提高。高校在提高财务人员综合素质的过程中，除督促他们主动加强学习以外，还应当对他们加强相关的教育培训，不断地提高他们的专业知识和技能水平。此外，高校还应对财务部门的团队建设予以高度重视，既要提升他们的业务能力，也要提升整个财务部门的凝聚力，只有这样才能切实提高财务管理工作的整体水平。

(四)强化对财务管理工作的监管

在实施新会计制度的背景下，高校应当对财务管理工作的监管给予高度重视，强化各项监督措施，使每一项财务事项都能清晰透明，提高财务管理工作的质量。为了确保新的会计制度能够在高校财务管理工作中顺利实施，高校除加强对其财务管理工作的监督和管理之外，还应当根据自身的实际情况进行不断创新，对自身现有的资源进行整合、优化，堵住财务管理工作的漏洞，确保各项财务管理工作正常、有序运行。

(五)创新财务预算管理工作

财务预算是高校财务管理工作中的一项重要内容，财务预算的准确性及合理性等都会对高校资金的安排产生直接影响。从整体上准确把握财务预算，能够有效降低高校的财务风险，避免出现资金亏损问题，进而让高校能够合理地规划各项成本。在以往的会计制度下，高校的财务预算不明确，因此产生了一些损失。为此，在新会计制度实施背景下，高校应当对财务预算管理予以高度重视，创新预算管理工作。首先，应当重视财务报表的制作，对财务报表的内容要进行科学、细致的分析，及时地发现并纠正问题。其次，要重视财政预算支出方面的管理，量入为出，避免财政赤字，确保有足够的流动资金。最后，要制定明确的财务标准，对每一项收入和支出都要详细记录，做到财政预算的数据可追溯。只有这样，才能让高校预算管理工作准确、高效地运行。

(六)创新财务管理内容，拓宽融资渠道

相较于传统的财务会计管理制度，新会计制度有较大幅度的创新。为此，高校财务管理工作要结合自身情况科学、合理地应用新的会计制度。此外，高校在创新财务管理工作的具体实践中，还要拓宽融资渠道，这样可以使自身的资金更充足，确保各项财务活动能够顺利地开展。在新的会计制度下，高校要对财务管理工作进行创新和完善，但在创新的同时也要结合自身的实际情况，确保各类资源都能得到有效的运用，由此一来，既能够对财务管理工作进行有效的创新，又能够有效地控制投资风险。

（七）提高资金使用率

在高校的总资产中，固定资产所占的比重最大，因此，提高资金的使用率，便成了高校增加经济收益，保证稳定健康发展的关键。为此，高校有必要定期对自身的资产进行核查，登记不动产与固定资产，掌握各类资金的动向，降低资产的闲置率，提高资金的使用率。

（八）对固定资产加强管理

固定资产在高校资产中占据着重要地位，直接关系高校发展的稳定性，对此，高校要根据自身实际情况，针对固定资产构建合理的管理制度。同时，要加强财务部门与各部门之间的沟通协调，对固定资产实施定期清查。另外，高校要构建系统完善的固定资产清查盘点制度，确保账实相符。高校要对资产购入加强管理，并优化财务支出的具体结构，有效减少资金流失。高校要对固定资产加强成本核算，据此对固定资产进行优化配置。高校要对固定资产进行科学评估和系统登记，避免出现固定资产闲置和损耗问题，促进固定资产发挥最大化功效。

总而言之，在新的会计制度下，高校进行财务管理工作创新是一种必然。高校的财务管理工作者应当正确地认识和理解新会计制度并进行深入的思考，在财务管理工作中科学、合理地应用新制度。

第三节 区块链技术在高校财务
共享服务平台的应用

在区块链技术创新发展的过程中，其应用水平不断提升，为各行业的科学发展作出了巨大贡献。以金融领域为例，区块链技术的科学应用将进一步提升不同节点的衔接水平与连贯性，从而有效缩短金融链条，降低第三方组织所占比重，在提升交易效率的同时，有效减少交易成本，显著提升金融运转效率和综合绩效。目前，我国区块链技术呈现高速发展势头，在大型互联网企业、小型私募机构等领域得到了日益广泛的应用，同时，区块链技术成为各大高校、科研院共同关注的重要课题。从整体来看，区块链技术在财务会计领域应用发展相对滞后，无论是理论研究还是实践经验都有不足，不利于高校财务共享平台的建设与发展。

一、区块链技术与财务共享

（一）区块链技术及特征

区块链技术基于数据生成的时间序列，以区块为数据的存储单元，同时基于存储区块构建起的链式数据结构。该技术基于密码学技术理论对数据进行加密，在确保数据不可篡改特性的基础上构建起一种全新的分布式财务账簿。其数据存储表现出显著的分布式、去中心化特征，能够有效避免处理系统或数据信息被特定组织或个人控制，允许所有用户同时使用该系统并基于其处理时间将数据信息按序存储，每个用户所存储的数据将以"区块"的形式存在，并结合密码学理论技术对"区块"数据进行加密，确保其安全性与可靠性，避免数据信息被篡改或伪造，从而提升数据质量。

技术将实现信息存储技术的创新，为数据编写、存储提供了一个数据库工具。基于不同区块间特殊的链接关系特征构建起完整的信息链条，为产品信息追踪提供了全面、完善的依据，实现了交易信息的全程查询。该技术的去中心化特征确保了数据存储的独立性和自由性，存储节点的地位并无区别，避免了节点被控风险，从而提升了数据信息的安全性与可靠性。

（二）财务共享的内涵及意义

基于现代网络技术、信息技术的财务共享能充分发挥相关技术的优势作用，基于财务业务流程实现了财务核算工作、财务数据在财务共享中心的高效整合，在提升数据处理效率的同时，实现优化组织结构、提升业务效率、规范业务流程以及降低管理成本的效果，为广大经济主体创造提供了一种更加专业、可靠、高效的财务会计管理服务工具。该工具的创新和应用将有效避免财务信息的不对称性风险，提高财务信息的准确性，与可靠性为资源配置提供更加科学、可靠的决策依据。财务共享服务平台能够实现财务核算及处理流程的优化和改进，实现数据处理程序的简化，从而减少处理时间、提升处理效率并降低处理成本，在节约成本的同时，提高工作效率、财务运作管理的标准化水平，为财务管理工作提供统一的标准与口径，有效减轻财务管理的负担，为财务管理决策提供更加全面、准确、可靠的依据，有效降低主观因素对管理质量的不利影响，提升财务工作质量。上述财务共享的优势得到了国内外高校的共同认可，其科学应用能够显著提升财务管理的规范性和效率，表现出巨大的技术优势和应用价值。

二、区块链技术下高校财务共享模式实行的必要性与可行性

（一）区块链技术下高校财务共享模式实行的必要性

1. 提升工作效率的要求

近年来，高校财务制度逐步增加，财务工作日渐复杂，这对有关部门的工作效率提出

了更高的要求。高校相关部门要对会计核算、预算等进行流程上的优化或标准化处理，避免出现重复性工作，影响工作效率，同时加快信息采集、汇总、查询速度。高校主管部门要利用财务共享服务中心，以更快速度获取标准化格式数据，在保证数据质量的同时减少信息传递的时间，这需要区块链技术在高校财务共享模式中得到有效体现。

2. 节约运作成本的要求

高等院校在进行财务管理工作期间，采用以价值创造为重要目的的管理模式，有利于节约高校运作成本。在新模式下，各项业务流程会被纳入统一的财务共享中心，财务组织得到进一步优化，产生一定的规模效应。同时，运用信息设备对相关工作进行信息共享，对节约机构建设、日常维护成本有着一定的作用。

3. 加强财务管理的要求

目前，我国高校财务管理工作存在如下问题：一是预算、核算和决算的协同化程度不高，轻预算而重核算与决算的现象普遍存在；二是信息化程度较低，且存在不同程度的信息壁垒现象，在高校规模扩大及各项经费收入出现多元化的情况下，这一现象更加突出；三是工作模式固态化，且财务人员在职业发展上受到阻碍。针对这些问题，区块链技术下高校财务共享模式体现出显著优势。对高校管理者、信息需求者与上级部门而言，可通过区块链支持下的财务共享，提高工作协调性，保证各项具体工作任务处于高度信息化场景中，财务人员的工作方式也将变得更加灵活。

（二）区块链技术下高校财务共享模式的可行性分析

1. 区块链同高校财务共享特性间的兼容

区块链具有去中心化、公开透明、匿名性、信息不可篡改的特征，同财务共享服务所要求的标准化、流程化及高效率等相融合，可以使高校财务工作更为准确高效。如区块链去中心化的分布式账簿特征，可使系统内的全部节点达到高度自治，同时，点对点网络的开放性、扁平化特征，避免了因逐级审批弱化信息传递效果的问题，符合高效财务共享服务提出的打破组织间刚性壁垒的要求，实现协同化合作。再如，区块链所具有的公开透明性可以保证双方在无须验证信息的情况下完成交易，降低了业务处理的时间成本，符合财务共享的需要，可在高校财务管理工作中发挥突出作用。

2. 区块链和财务共享系统架构间的兼容

在引入区块链技术后，原本高校财务工作中的财务共享、具体财务业务，可分别与数据区块链、业务区块链对应，这种具体的兼容，满足数据和业务的发展需要。由此得到的战略区块链可为高校提供财务预算与决算、绩效考核，以及风险控制等方面的信息分析支持，使学校内部治理及战略决策更为优质准确。此外，区块链和基础系统架构之间的整合，使原有共享财务层及业务财务层具备较强的风险控制能力，通过业务区块链及数据区块链的战略技术支持，高校可保证财务预算等工作财务信息的真实准确与不可篡改，并随时能够获取、报销有关数据，同时流程各节点均能够依智能合约，自动完成相应记录。

三、基于区块链技术的高校财务共享模式的使用原则

（一）坚持去中心化原则

去中心化属于区块链技术的显著特点，也就是说区块链不依靠中心化硬件或者管理机构实现运行，而是利用分布式形式做核算与存储，此时所有节点权利与义务均平等。在开展财务工作时，若采用财务共享模式，可以区块链新系统的去中心化理念为引导，即高校要突出分布式结构的作用，这样无论哪个节点发生问题，都不会导致它对其他节点造成不利影响，这将有效突破数据信息汇集的劣势区间，最大限度降低高校财务安全风险。在此期间，高校财务工作者需从区块链视角出发，突出分布式记账模式的权限赋予优化功能，使去中心化后的各部分与主体关系清楚。例如，可将区块链技术内的分布式结构应用到记账中，让原本各分级机构职能权限汇集于高校统一的管理主体之中，转变分级机构的职能权限范围，让区块链视域下的各节点均保持与实际需求相对应的记账及保管权限，这种做法将使会计账务处理流程有关程序被充分简化，同时可依据实际情况变化，因势利导、因时制宜地解决问题。

（二）自治与开放原则

在使用基于区块链技术的高校财务共享模式时，需保证内容的开放性及对应方法的自治性。首先，区块链内的系统信息应做到公开透明，使之可以达到公共记账效果，从而产生数据共享理想结果。除交易各方应加密的私人信息外，区块链内的数据均应公开，使任何人均能够利用接口做数据查询。其次，保证区块链技术的高校财务共享工作足够自治，采用一致性规范与协议，把公开透明算法输入区块链系统，然后让使用者能够在有保障的环境下做数据交换，由对"人"的信任向对"机器"的信任转化，避免个体对行为的不当干预，以有效促进区块链安全性能的提升。

四、区块链技术在财会行业的应用现状

（一）应用于会计信息系统内部控制

会计信息系统以现代信息技术为基础，实现了会计数据"一站式"的收集、处理和存储等功能，既为会计管理业务提供了一种高效、便捷的信息化工具，也为高校财务管理及决策工作提供了更加全面、可靠的数据信息，更为高校财务管理水平的提升作出了巨大贡献。在信息技术创新发展的过程中，高校会计管理信息化水平也不断提升，但信息技术固有的风险使得会计信息系统不可避免地存在系统漏洞及信息风险，这对高校会计信息管理工作质量造成了不利影响。因此，高校必须健全完善内部控制制度，严格规范信息使用者的行为，尽可能降低数据风险，确保数据使用流程的规范性和标准化。区块链技术能够有效克服数

据篡改风险,为数据安全提供更加充分可靠的保证。传统的集中化的信息系统并未严格限制用户权限,无法保证数据信息的安全性,引发比较严重的数据泄露风险。而区块链技术的去中心化优势则能够有效解决上述问题。各区块只能基于自身密钥访问自身数据,无法对其他区块的数据信息进行查询和修改,这种不可篡改的特性也进一步提升了数据信息的安全性,降低了数据风险。

(二)应用于财务风险预警

财务风险的防范与控制是各高校财务管理工作的基本内容之一,也是财务风险预警存在的价值和意义。财务风险预警能够在分析财务报告的基础上对财务风险进行识别和确认,进而有针对性地采取风险防控措施以避免风险损失,对规范高校财务管理制度、优化财务管理机制、降低财务风险、提升财务管理水平具有巨大的意义,是高校利益的重要保障。区块链技术的应用能够显著提升财务信息传递的及时性与有效性,确保财务数据更新速度,避免信息滞后的不利影响。基于区块链技术的新型高校财务信息管理系统能够确保财务信息收集、管理、存储的效率水平和质量水平,发挥区块链技术优势,降低数据风险,为财务风险预警提供了准确依据,从而有效降低了风险水平和危害性。此外,区块链技术也会为会计数据信息提供更加有效的保障,提高财务信息的及时性、准确性与可靠性,有效避免部分用户权限过大导致的数据风险,避免数据片面化造成的财务风险。去中心化技术特性则充分保证了财务信息管理各主体在权利、义务上的平等性,保障其对财务数据进行处理、分析的能力,从而提升数据的全面性与可靠性,降低主观因素的不利影响,提高财务风险防控水平。

(三)应用于财务审计

区块链技术的应用也将显著降低审计工作的复杂性并提升审计效率,在降低审计工作成本的同时,提升工作效率与质量。对高校财务管理工作而言,审计是非常关键、必不可少的一个环节,审计工作质量将直接决定财务管理水平和财务风险水平。特别是对大型高校而言,审计工作质量和效率将对其核算业务发挥更加显著的影响作用;而小型高校虽然财务管理工作量较少,但是却因相对复杂的管理环境导致审计工作的难度相对较大。区块链技术独特的共识机制能够充分保证数据信息在不同节点之间的连贯性与统一性,有效避免节点自身行为对数据信息质量的干扰,并且为后续审计工作创造便利条件,在降低审计成本的同时,优化审计工作流程并提高审计效率,有效降低恶意行为对数据安全的危害。

五、基于区块链技术的高校财务共享平台构建

财务共享平台将实现财务数据在不同部门之间的互联互通,发挥信息化共享平台的技术作用实现了财务数据的科学整合与共享。不同部门在处理财务业务时可通过平台对原始凭证等相关资料进行扫描上传,结合财务数据进一步丰富财务信息,为会计核算管理提供

更加全面、可靠的工具,发挥其信息化管理优势,提升会计核算的效率和质量。

(一)底层应用设计

基于其业务特征与功能需求,财务共享平台的基本功能系统包含 UPM、IDC、SAP、银企直连等四项。具体而言,UPM 系统主要实现了业务表单编制、流程设计、财务授权、预算审核、自动凭证生成、数据报表分析等应用管理功能;IDC 系统主要实现了票据定位、条码扫描、影像资料扫描、上传、退回、撤销等应用功能;SAP 系统主要实现了会计凭证处理、财务报表信息查询、预算管理等基本功能;银企直连系统则能够实现支付信息、资金流向、付款审批等信息的查询功能。该信息化平台能够充分发挥区块链技术的优势,充分保证其数据管理工作的先进性,提升财务管理的效率和质量,有效降低财务管理风险。

(二)基础系统构建

作为高校财务管理创新的典型代表,财务共享平台既能够显著提升高校财务管理的信息化水平,也能够大大提升其价值创造能力与管理绩效。该信息化平台具有相对全面、完善的管理工具,能充分发挥各管理工具的功能,确保财务管理的系统性与规范性,能够有效降低管理风险,提高管理效率。以收费管理这一功能模块为例,区块链技术的应用能够充分保证各主体监督权利的实现,对高校收费工作进行全程、全方位监督管理,充分保证收费管理工作的透明度,降低主观因素对数据信息的不利影响。

(三)会计核算模式设计

区块链技术的科学应用能够加快会计核算模式的创新发展速度,在减少工作量的同时,提升工作效率,进而显著提升会计信息质量,为管理决策提供更加及时、准确的数据依据。基于区块链技术的显著优势,会计核算管理的财务信息将高度整合,充分保证财务报告的全面性与准确性。基于区块链的技术优势,会计核算工作量将显著减少,工作效率也将显著提升,数据风险也将得到有效控制,既能充分保证财务核算的工作质量,也能为后期审计工作创造便利条件,还能为财务监督提供更加全面、可靠的依据,进而降低财务风险。

(四)战略层面建设

目前,财务战略已经成为高校持续发展的重要保证。科学的财务战略将有利于高校竞争优势的形成和壮大,为高校长远发展奠定更加扎实的基础。因此,必须保证高校财务战略区块同其他部门数据区块的互联水平,发挥财务战略区块的核心主导作用,配合预算管理、会计核算、财务报告等功能模块实现最佳财务战略管理效果,构建起不同区块之间及时、便捷的信息交互网络,为高校管理和决策活动提供更加充分可靠的依据。财务战略区块将作为高校财务管理的核心,在综合分析财务数据的基础上制定科学的发展战略,充分保证高校财务管理工作的质量水平。在充分发挥财务战略区块优势的基础上,各高校能够对自身会计信息形成更加全面、准确的认知,能够对各项会计业务数据进行更加全面、准确的记录，能够为财务管理、决策分析提供更加科学的数据信息，从而提高高校对自身财务状况的了解和监督管理水平，以此保证自身持续稳定发展。

六、区块链技术下高校财务共享平台实施的保障措施

必要的保障措施能够为财务共享平台优势功能的实现提供有力支持。保障措施的科学性与有效性将直接影响财务共享平台的运行质量和效率。

（一）以国家政策为导向强化制度保障

国家政策是高校运营管理的先决条件。国家制定实施的各项政策既为高效管理提供了明确的法律依据，也为高校制度建设提供了科学指导。由于区块链技术表现出一定的固有缺陷，这就在客观上导致财务共享平台的技术风险，因此需要配合相关制度避免上述风险的不利影响。政府方面需要做好监督管理工作，针对区块链技术的特性及缺陷采取科学有效的监管控制措施，确保区块链技术应用发展的规范性和标准性，尽可能降低技术风险，发挥其技术优势，提高高校财务管理水平。

（二）深化组织文化建设，推动创新发展

对财务共享中心这一创新型管理工具而言，组织文化建设水平将直接影响其创新发展速度。财务共享中心实现了财务管理由分散型向集中型的转变，大大提升了财务管理的集中性和效率性，同时为财务管理模式的创新发展提供了科学指导，在切实有效提升高校财务核算、财务审批等工作集中性的基础上加快财务管理一体化转型发展速度。现阶段财务共享中心在组织架构上多以业务流程为依据，在此基础上对财务管理工作进行科学分工，提高财务管理的专业化水平。

（三）引进新型技术，保证共享实现

以 ERP 系统、财务信息化管理工具为代表的新型技术将为财务共享中心的建设发展提供科学参考并奠定良好基础。财务共享中心将实现财务信息的高度集成，实现财务管理流程的科学统一，实现财务数据的全面关联，进而发挥相关信息技术的优势，提升高校财务管理信息化水平。借助各类信息化工具，高校财务管理的效率和质量水平将显著提升，能够显著减少人工管理工作量并降低主观风险，从而提升财务管理工作的科学性与可靠性。财务人员需要及时转变理念，根据财务共享中心的发展要求积极学习相关理论知识，确保财务共享中心的应用水平，更好地发挥财务共享中心的技术优势，实现更好的管理效果。

（四）提高培训质量，确保人才产出

复合型、高素质人才是财务共享平台这一创新型管理工具建设和应用水平的决定性因素之一。而人才数量不足、会计人员专业能力有限、信息技术应用能力差等问题将成为制约财务共享平台建设发展的主要因素。因此，必须做好技术人才培养工作，健全完善培养

制度，不断提升财务人员的专业技术水平，完善自身技能结构，确保财务共享平台的运行使用水平。为了实现上述目标，高校需要制订科学有效的培训计划，在提升财务人员理论水平的同时，提高其实践能力，实现会计核算与区块链技术的有机结合，更好地发挥区块链技术的优势，提高财务共享平台应用水平，从而充分保证自身财务管理的科学性，降低区块链技术的固有风险，实现更好的管理效果。

第四节 高校财务机器人的创新应用

人工智能是时代的潮流，被引入财务工作当中，能高效率地完成会计核算、报表编制、报税等会计工作。虽然在很多领域的研究和工作中的财务机器人，人类的参与还具备不可替代的意义，由于机器具备很多人类没有的优势，因此在一些需要复杂计算的工作中使用计算机代替人类工作，可以很好地优化该领域，并且解放人的生产力，在高校财务管理工作中添加财务机器人正是这样的目的。

一、机器人

人工智能（Artificial Intelligence，AI）是目前世界范围内最火爆的顶尖计算机技术，人工智能的本质是一种通过计算机编程让计算机在特定情况下执行人类为其设置的应对选项的技术。最初，人工智能的设想被很多人称为"异想天开的做法"或"为人类带来灾难的潘多拉魔盒"，也就是存在按照当时的理念和技术不可能实现人工智能和人工智能的出现会给人类带来灭顶之灾两种观念。虽然目前的人工智能发展远远未到巅峰状态，那种真正像设想的一样能够通过与人类相同的思维方式代替人类工作甚至决策的系统还没有诞生，但是在很多领域中都已经有了人工智能的参与，如纳米机器人、自动驾驶技术、扫地机器人等，逐渐习惯了使用这些技术的人类在生活中越来越离不开人工智能。人工智能的标准化定义以及人工智能对人类究竟是福是祸等问题就不需要在这里做无意义的讨论了，当下的研究重点是如何拓展人工智能的应用领域和实用性。

虽然目前人工智能和我们生活中很多科技领域的运用已经深入密切地结合在一起，似乎融入了生活的每一个角落，但是真正对人工智能有迫切需求的并不是生活中的我们，而是处于不同工作岗位上的职业者。德勤机器人是人工智能在我国财务工作领域的初始运用，也是我国财务领域和人工智能领域的最早融合。财务机器人掀起了财务领域的革命，传统财务管理模式在新技术和新理念的冲击下摇摇欲坠，最终选择了与时代发展的必然步调相统一，因此如今的财务模式，既有传统因素也有新的科技带来的影响，很多原本必须由人工完成的财务工作，现在都成为机器人的工作。比如，基础的核算、对报销票据的审核、报税、审计等，更不用说最基本的账目记录了，机器人的严谨特性在财务领域是弥足珍贵的，无论多么严谨的人，都存在犯错的可能性，而只要机器本身不出现故障或者不受到外来的非法修改机器就能永远保持其准确性，也就是说，在录入的系统和机器人硬件不出现问题的情况下，财务机器人的财务工作是永远不会出现失误的。除精准性优势之外，财务机器人还具备任劳任怨以及对繁杂账目进行简易化处理的优势。

有了上述优点，相信读者对将财务机器人引入高校财务管理系统中的必要性有了更深刻的认识，高校的日常财务工作十分繁忙，每所高校在财务工作繁忙的时候都面临财务人员数量不足的情况，如果增加财务人员，那么在某些空闲时期又会造成人力成本的浪费。日常的报销工作虽然占用了大量时间，但是其效率低下的主要原因是报销人员的非专业性以及签字等环节的拖沓，与财务人员的数量并没有很大关联。报销人员抱怨报销流程复杂，签字和填票据等对他们来说都是难题，财务人员也总是因为前者的不规范报销和日常工作的高度重复性而感到烦躁，这就是高校财务工作中主要的摩擦所在，也是当前财务制度带来的严重弊端。将财务机器人引入高校财务工作中，可以让双方都不再受这一问题的困扰，财务工作人员可以将更多的精力投入对高校财务收支等更重要的问题的管理和思考中，报销人员也可以从繁杂的报销流程中解脱出来，能够以更加饱满的热情和更充裕的时间进行各自的研究和教学工作，从这个角度来看，财务机器人进入高校财务管理系统对高校建设的整体是很有利的。

二、财务机器人的发展与应用

财务机器人诞生之时的人工智能技术发展还不够成熟，机器人流程自动化（简称 RPA）是当时的主要技术核心，对机器人的控制力度较低，机器人能够执行的工作通常流程单一、操作死板，简单一点讲，就是当时的财务机器人相当于一个被安装在电脑上的简单程序，其中事先录入了必要的基础财务内容，然后根据使用者输入的数据进行相应的财务运算，但对于比较个性化的财务要求就无法实现了。虽然当时的财务机器人用今天的眼光来看还比较"稚嫩"，无论是技术还是理念都远未成熟，但是其中的核心思想和对财务工作的简易化思路都引发了热潮，除德勤之外的其余三家大型财务事务所也都不甘落后，借鉴这一最早的财务机器人的制造思路，纷纷推出了各具特色的初代财务机器人。

随着时代的发展和科技的进步，计算机在每一个行业都有了独特的应用市场，财务机器人是计算机技术中的人工智能技术与财务领域的紧密结合，目前四个最大的国际会计师事务所在财务机器人的使用方面进行了深入探索，在这样的行业背景下，作为财务领域中唯一一家有着多核算体系及智能会计平台的大型企业服务商——"金蝶"也终于按捺不住，其在技术的不断积累中取得了突破，同样研发出了属于自己的财务机器人。金蝶研发出来的智能机器人与其他财务领域的人工智能在功能和涉及的领域方面大致相同，都是利用了目前最先进的人工智能技术和大数据技术，一方面，收集更多的信息并进一步提升信息挖掘和使用的效率，另一方面，利用这些数据为企业提供更加人性化的服务，这也是财务机器人存在的普遍价值。

事实上，很多专家都曾经预言，随着我国财务工作的不断发展进步，在不远的将来，财务机器人将会成为行业内的普遍工具。

三、财务机器人走进高校财务

（一）目前高校的财务现状

世界上绝大多数事物在发展过程中都呈现纺锤形，就拿治学的注意事项来说，最早的学习只是对学习本身和学习内容的初步认识，内容相对狭隘简单，随着时代的发展和学识的进步，我们懂得了越来越多的规矩和学习方法，因此在学习活动中表现得越来越复杂，需要注意的事项也越来越多，而到了最后，随着我们对学习的内容融会贯通，对规矩和方法的理解越来越深入，也就达到了"从心所欲不逾矩"的境界，对一切形式准则等都有了自己的理解，在做法上也越来越符合客观规律。这种发展形势在任何领域都是适用的，高校财务工作也不例外。随着国际上对教育的重视程度不断加强，各个国家在高校建设中都投入了越来越大的精力，在这种大形势下高校的一系列相关问题都变得越来越复杂，财务作为高校建设的基础之一，也正在向多样化方向发展，无论是财务本身的问题还是管理者在高校财务管理方面表现出的问题都值得深思。

据相关调查数据显示，目前令高校财务管理者困扰的问题之一就是报销，由于高校财务管理人员数量不会很多，而报销者往往不具备专业的财务知识与财务能力，所以在报销和工作交流的过程中广泛存在效率低下的问题。具体来讲，影响高校财务工作效率的因素有以下3个方面：第一，高校财务管理人员数量比较少，但其中需要报销的人数比较多，所以很多报销者都面临需要排队的情况，对这些人来说，高校财务的办事效率显然是不合格的；第二，财务报销不是随意进行的，票据上需要有相关负责人的亲笔签字，但高校中的管理者往往工作繁忙，所以需要报销的人员在找负责人签字的时候经常会扑空，这也浪费了其大量的时间；第三，大多数报销人员并非从事财务工作或相关教学工作，因此不具备专业知识和专业能力，在找人报销的过程中经常会犯一些对方眼中的常识性错误，如凭证本身或所填的内容不符合相关财务规范等，因此经常面临被退回重写的情况，这也是造成高校财务报销效率低的重要原因之一。

以上提到的几点主要是高校报销人员面对的困难，而对高校的财务工作人员来说，这种重复性很大且技术含量低的工作同样令人感到厌烦甚至痛苦，这也会对高校财务工作的效率产生很严重的影响。此外，那些经常需要在凭证和票据上签字的负责人也会受到严重影响，这种本职工作外的签字经常会打断其正常的工作连贯性。从这个角度来看，如果不能解决高校内部的财务报销问题，必然会令财务工作者、报销人员和需要签字的负责人三者的工作效率和工作状态受到影响。

随着国际上对教育的重视程度不断加强，我国对教育建设尤其是高校建设的重视也不断增加，对这些学校兴建大规模的校园和教育体系的支持力度也越来越大，而单个校园的大小是有上限的，过于庞大的校园会令很多事务的办理受路程等因素的限制而缺乏效率，所以在学校的体量达到一定规模之后，建设分校基本是必然选择，这种多校园的共同管理模式是我国高校当前的主要发展状态。从调查统计得到的数据来看，我国三分之二的高校在建设分校的时候都选择了重新建立新的财务处和财务系统，这样的做法可以理解，因为各分校之间的距离往往比较远，而本校的财务人员平日里负责本校的财务工作已经比较吃力，基本不存在可以兼顾其他校园的可能性，但是可以理解不代表这种财务管理方式就是最佳选择，这种做法存在多个弊端，其中最典型的是对人力成本、资源成本以及时间成本的大量浪费。由于缺乏财务部门和财务人员的监管，对新校园建设过程中的资金使用情况和资金规划的科学性很难形成有效的监督与管理，很可能造成浪费；由于不同的校区距离比较远，因此对资金的使用和统筹很难做到一体化，资金的分散和各自管理又会导致新一轮问题的出现，那就是在一些需要大量资金投入的问题上调动迟缓且协调性差；不同校区的财务人员在工作的具体方式和标准方面，必然存在一定的差异，这种差异带来的可能是财务报销工作或其他工作的复杂性。如果出于对这些问题的顾忌而不愿意在每个校区分别建设财务部门，而是选择使用本部的财务部门统筹管理所有校区的话，对工作的实效性也会造成很大的伤害，无法真正解决不同校区的高校财务管理问题。

（二）财务机器人走进高校的重要性

一流大学与一流学科的建设不仅涉及学科和文化领域，而且涉及社会性和科技性，时代的发展带来的社会环境与社会制度的沿革以及科技的创新都是对高校建设的重要影响因素，没有这些时代性元素的融入，高校所谓的"与时俱进的建设"不过是纸上谈兵。只有在传统教育这潭平静的湖水中投入新时代和新科技这两个重磅炸弹，才能激起教育建设的千层浪。教育领域的闭门造车从来都是教育工作者摒弃的做法，只有对所处的国家乃至国际大环境的社会特点与科技特色有足够的了解，并且将其积极融入高校建设中，才是高校能够在不断发展中勇攀新高的关键所在。

高校是国家最重要的人才基地，肩负着为国家培养并输送高端人才的任务，为社会发展提供了源源不断的"源头活水"，因此作为推动时代发展进步甚至引导时代发展的社会组织，高校也必须紧紧跟随时代发展的潮流，这样才能有效引导高校中的学习者。从这个角度来看，高校中引入财务机器人对学习者有很大的好处，财务机器人虽然不是最近几年才诞生的新兴事物，但是其正式应用的时间还很短，无论对财务领域还是对其他需要进行财务管理的领域来说，都属于新鲜事物，况且财务机器人的技术理念也在不断变化革新。将财务机器人引入高校校园除了基本地对财务工作的辅助支持外，也能让学生看到高校对新科技的重视和实际应用，带给学生一种"对最新技术的利用是作为国家人才培养基地的高校也会做的事"的观念，让他们将使用国家最新科技成果促进生活和工作质量的提升作为一件应该做的事，能够激发部分学生的创新精神，让他们在生活和日后的学习中将推动科技的发展创新当作自己的任务，这都是财务机器人进入高校的积极影响。

综上所述，高校财务系统引入财务机器人是很有必要的，其对财务工作办事效率的提升以及对高校建设成本的节约都有重要作用。

（三）财务机器人在高校运用的可行性

随着名为"财宝"的高校财务机器人的出现，以及其带给电子科技大学全体师生在财务问题上的便利性，我国对高校财务机器人的实际应用也有了更多的想法，对高校财务机器人的研发得到了更多的鼓励，这方面的科技创新在我国的研发热潮中占据越来越重要的地位。

尽管使用财务机器人能够为高校财务系统的建设与完善带来好处，但这并不意味着社会各界的所有人都支持高校引进财务机器人，一些唱反调的声音始终存在。比如，有些人认为财务机器人作为一种刚刚发展起来的计算机智能技术的种类，必然会和其他新兴信息技术一样价格昂贵，而高校的资金来源主要是国家拨款，在这种情况下，为了财务工作者和其他相关人员工作的便利性花费高昂的资金购置财务机器人，而不是将资金投入对教学或者科研的建设中是否属于铺张浪费？而且目前的计算机网络安全问题始终没有得到有效解决，如果将高校的财务工作交给这种智能型机器人，会不会导致高校的财务安全性受到巨大威胁？像这样的疑问可以从目前众多高校的选择和做法上来具体看待。

财务机器人作为财务领域的重要科技产物，在价格方面确实比较高昂，但对大多数高校来说并不是不能接受，而且使用财务机器人可以大幅度提升高校财务工作者的办事效率，利用节省的时间对高校的财务建设和财务管理进行完善，将花费在财务机器人上的资金从其他领域找补回来。而从安全性的角度来看，对财务机器人的不信任显然是没有道理的，即使如今的高校财务工作还没有大批量使用财务机器人，但是对计算机技术的运用已经是常态了，同样作为与互联网连接的计算机设备，很难说两者之间安全性的高低。虽然说很多高校都可以承担财务机器人的购买费用，但是由于大多数高校同时具备教育基地和研究基地的双重作用，因此在研发能力上是其他校园所不具备的，所以在这种选择购买或者自主研发的选择上，很多高校宁可花费一定的时间和精力去自主研发，一方面，能够节省不菲的资金成本，另一方面，这种自主开发更加具备校园的个性化特色，在满足实际需求方面是购买得到的产品所做不到的，而由于高校同时具备顶尖的科研人才和庞大的研究者基数，还能够参考国家开放数据库，因此在科研能力方面也未必不如其他研究组织，从各个角度来看，自主研发都是最适合高校的。

只有人才方面的优势不足以让高校在财务机器人的开发上取得其他组织无法比拟的优势，但是高校在国家以及地方政府的财务与政策支持上是其他任何组织都不具备的。此外，大量的在校学生都是潜在的研究者或研究助手，高校内也不乏各领域的教授，这些方面共同构成了高校自主研发具备自身特色的财务机器人的基础条件，这也是我国高校有底气面对任何质疑的原因。一方面，高校对财务机器人的自主研发是对国家科技水平的一种促进；另一方面，科技研发也是帮助高校学生将学到的内容应用到实践中的最好方式。

四、财务机器人在高校财务的应用方案

（一）总体规划

一所高校具体的发展情况与发展目标以及对自身的发展定位是其特征的重要体现，然而，无论两所高校的建设方向和建设方法多么相似，其中必然会存在根本性的不同，这也是在建设高校的时候要对不同的学校进行相应的具体考量的原因，无论是人员组成、物资情况还是财务能力等都是这些高校的不同点的体现。因此，虽然具有普适性的财务机器人系统也可以对高校的日常财务管理工作有巨大的帮助，但是如果能够根据高校本身的特色及其发展定位等情况对其进行财务系统的量身定做，必然能够让高校财务系统得到最大的好处，让为此花费的所有资源都物有所值，让高校的财务管理和整体建设都能够得到最大限度的科学发展。为此，高校在财务机器人的建设或者改造中，需要以下几个方面的支持。

①研发团队。一所高校往往具备不同领域的专业型人才，而计算机技术作为近些年来大火的专业，基本是每一所高校都必然要大力建设的专业，因此高校财务机器人的研发团队的主体应该由校内的计算机与财务领域的专业人才组成，在必要的情况下，还可以从校外聘请专业人士对团队进行专业的指导。

②研发资金。高校的研发资金主要来源于国家的资金倾斜，而对高校财务工作的完善和对财务系统的建设是符合国家对资金使用的要求的，因此在具体的研究工作中可以由财务处带领研发团队向校方申请专项研究资金。

③实验室及设备。实验室是任何一所合格的高校都必须具备的，由于财务机器人的设计不需要实验材料和宽阔的场地，只需要数量足够的计算机以及相关的技术支持，因此在向研究团队提供场地和计算机设备之后，校方还需要提供相应的其他设备，如果高校本身不具备这样的能力，可以进行采购。

（二）功能优化

以人为本永远是服务工作最重要的核心思想，对于为高校量身打造的财务机器人系统的建设工作，研究团队也要做出足够人性化的处理，如对登录账号的使用者做出区分，这种区分可以是以学生和高校工作人员为区别，也可以是以财务人员和其他人员为区别，目前主张的主要是前者。对学生和在校职工的账号进行区别的主要目的类似于我国在线开放

课程平台的导航建设，都是为了让用户获得更加便利的使用体验，不需要在初始页面就面临大量的选择，对使用者身份的区别能够让相应身份的使用者只能看到与自己有关的服务类型，极大地减少了时间花费。除这种对导航系统的便捷化建设外，必要的线上服务功能也是财务机器人作用的主要体现，目前，我们建设的高校已经全面使用了财务机器人，提升了原本的财务服务质量，其中显著的好处体现在以下5个方面。

①财务人员不再受办公环境等的限制，通过电子设备上的财务机器人终端可以在任何有信号的地点进行财务工作的处理。

②高校的财务机器人可以绑定微信公众化或者特定的App，由此将使用者的日常生活与财务机器人紧密联系在一起，任何高校方面的财务通知都会及时反映在公众号的推广和App的更新上，让使用者随时随地了解高校财务变化。

③财务机器人在本质上只是一段存在于计算机当中的程序代码，其并没有休息的需要，因此财务人员和其他使用者在有需求的情况下可以随时登录并进行操作，这与在财务人员下班后就无法进行相应的财务互动形成了鲜明对比，也是机器人与人类相比的优势之一。

④在原本的高校财务流程当中，如果要报销需要先取得相应负责人的本人签名，而很多报销者都会遇到这样的情况——在需要签字的时候很难找到负责人，而负责人总是需要进行一些与本职工作全无关系的签字，且常常被打断工作思路，双方都在这种不断地往返拉扯中浪费了很多时间，而有了财务机器人之后，可以通过线上预约的方式提前确定双方最合适的会面时间，从而推动双方工作的正常开展。

⑤高校在发展到一定规模之后进行分校建设本就是正常的发展途径，关于这一点，既没有更改的必要也很难找到发展的替代路线，因此财务机器人在这一领域要做的就是解决高校不同校区之间的财务沟通问题，原本的高校在开设分校的时候会重新建设财务部门，浪费大量的财力、人力以及时间成本，财务机器人作为具备联网功能的计算机系统可以很好地解决这个问题，一所高校的所有财务数据以及相关记录在机器人的数据库中都有备份，在建设新校园的时候可以通过简单的查询获得所有需要的数据，从而节省大量成本。

上面提到的五个方面的便利性都只是针对高校财务机器人的线上功能，接下来从线下角度看一看财务机器人对高校建设的提升体现在哪些方面。说到财务机器人的线下功能，就必须从其线下实体互动机器人的角度来看，从某种程度上来说，这种线下的面对面服务机器人和财务系统之间并没有太密切的关联，其中录入的关于财务问题的一些基础常识信息，主要作用在于实现与咨询者的线下问答，目的是降低咨询人员在线上过多提问占用财务工作时间情况的发生率。

需要特别注意的是，虽然目前市面上的高校财务机器人主要针对的是同一校区内的财务建设问题，对跨校区的财务建设并没有太多涉及，但是其发展方向必然和作者分析的相差无几。

正如前文所述，报销的困难以及报销工作效率低下的问题是高校财务工作长久以来的弊端之一，如何提高报销效率是所有高校都曾经头痛的问题。这一部分的内容正是通过对高校使用财务机器人后的财务流程的模拟，让大家明白在高校财务系统中引入财务机器人的重要性和便利性。

（三）注意要点

在高校中使用财务机器人虽然能够带来很多好处，但是在具体的使用中也必须注意一系列问题，避免其所带来的不好的影响。高校财务机器人使用的注意事项如下：第一，在不使用财务机器人的情况下，我国高校主要使用的是传统财务制度，而财务机器人的加入必然会对传统财务制度造成严重的冲击，在这种冲击到来前应该极力避免，在全面普及财务机器人之前对高校的财务管理方式和财务流程及时做出调整，避免由于财务制度的突兀改变而带来损失；第二，与财务制度相对应的是财务人员，高校在准备应用财务机器人的过程中，不但需要对高校财务流程和管理等做出相应的调整，也需要对高校中的财务人员进行相应的培训与替换，让财务人员和财务制度相互适应，营造和谐的高校财务氛围；第三，高校引入财务机器人是为了提升报销工作中财务人员与其他人员对接工作的便利性，因此只对高校财务人员和财务制度进行单方面的调整并没有实际意义，必须在全校范围内科普财务机器人的作用及其使用方法，让所有与财务工作相关的人员都能够了解财务机器人的重要性，并熟练掌握财务机器人的使用方式。

参考文献

[1] 廖四维 . 新形势下高校财务管理优化策略研究 [M]. 北京：中国纺织出版社，2023.

[2] 王珊，邓娟娟 . 统计学原理与应用 [M]. 上海：立信会计出版社，2023.

[3] 程豪 . 互联网统计学：方法与应用 [M]. 北京：电子工业出版社，2023.

[4] 张兰花 . 高校财务管理与实践 [M]. 长春：吉林人民出版社，2023.

[5] 田巧芬，王南，李平 . 高校财务内部控制与风险防范研究 [M]. 北京：中国纺织出版社，2023.

[6] 向守超，张欢，杨娟 . 应用统计学（基于 SPSS）[M]. 西安：西安电子科技大学出版社，2023.

[7] 相广萍 . 应用统计学——基于 SPSS[M]. 北京：北京理工大学出版社，2023.

[8] 薛斯炜 . 内部控制视域下的高校财务管理研究 [M]. 长春：吉林大学出版社，2023.

[9] 蒋莹，柳彩莲 . 高校财务风险控制与财务管理体制创新研究 [M]. 北京：现代出版社，2023.

[10] 钟云华 . 公立高校财务预算管理模式优化研究 [M]. 长沙：中南大学出版社，2023.

[11] 赵翔宇 . 高校财务管理改革与创新研究 [M]. 北京：北京工业大学出版社，2023.

[12] 孙慧玲 . 新时期高校财务管理创新探索与发展 [M]. 北京：新华出版社，2023.

[13] 李虹 . 高校财务管理与创新研究 [M]. 北京：地震出版社，2023.

[14] 乔春华 . 高校财务发展研究 [M]. 南京：东南大学出版社，2023.

[15] 王刚 . 高校财务内部控制制度研究 [M]. 太原：山西经济出版社，2023.

[16] 林惠玲,刘慧,祁晓琳 . 财务会计工作与统计学应用 [M]. 汕头:汕头大学出版社，2022.

[17] 顾艳，莫翔雁 . 高校财务管理 [M]. 延吉：延边大学出版社，2022.

[18] 于学文，杨欣，张洪迎 . 应用统计学——SPSS 项目分析实践 [M]. 北京：北京理工大学出版社，2022.

[19] 高静，李小燕，张大超 . 财务管理实务与统计学应用 [M]. 长春：吉林出版集团股份有限公司，2022.

[20] 魏石勇,林立伟,郑家兴.财经应用统计学 [M].北京:首都经济贸易大学出版社,2022.

[21] 何承文,张天舒.应用统计学 [M].上海：立信会计出版社,2022.

[22] 栾泽沛,刘芳菲,于瑞杰.高校财务管理与会计理论应用 [M].北京：中国商务出版社,2022.

[23] 张小山.社会统计学与SPSS应用 [M].武汉：华中科技大学出版社,2018.

[24] 刘斌.财务绩效与高校财务管理研究 [M].长春：吉林人民出版社,2022.

[25] 沈建红,姬忠莉.统计学基础及应用 [M].北京：人民邮电出版社,2022.

[26] 冯佳慧,龚婕,刘丹.新时期高校财务管理创新探索与发展 [M].长春：吉林大学出版社,2022.

[28] 刘盈池.高校财务内部控制与绩效管理研究 [M].北京：新华出版社,2022.

[29] 辛妍.新时期高校财务管理与审计 [M].北京：新华出版社,2022.

[30] 石彬.高校财务内部控制的问题与对策研究 [M].延吉：延边大学出版社,2022.

[31] 张海凤,舒春光,晋新焕.统计学原理及应用研究 [M].北京：中国华侨出版社,2022.

[32] 梁勇.高校财务文化实务研究与培育思考 [M].北京：中国财政经济出版社,2022.

[33] 宋振水."互联网+"视域下的高校财务管理创新研究 [M].西安：陕西科学技术出版社,2022.

[34] 杨丹华.新形势下高校财务管理与发展研究 [M].太原：山西经济出版社,2022.

[35] 颜节礼.应用统计学 [M].2版.西安：西安电子科技大学出版社,2021.

[36] 姚凤民.高校财务治理的实践与改革探索 [M].北京：经济科学出版社,2021.

[37] 曹琳剑,李海萍.应用统计学 [M].北京：经济科学出版社,2021.

[38] 邱向英.高校预算管理模式创新研究 [M].北京：中国纺织出版社,2021.

[39] 马睿.信息化背景下高校财务会计教学研究 [M].北京：北京工业大学出版社,2021.

[40] 冯宝军,沈佳坤.中国高校财务资源配置管理研究 [M].北京：科学出版社,2021.

[41] 赵富平.新时期高校财务治理研究 [M].长春：吉林科学技术出版社,2021.

[42] 宋大龙.新形势下高校财务管理与审计监督 [M].长春：吉林人民出版社,2021.

[43] 孟泽云.统计学——原理与应用 [M].北京：电子工业出版社,2021.